Marie-Luise Enkelmann: Was uns geblieben ist

Marie-Luise Enkelmann

Was uns geblieben ist

HPV

Helmut Preußler Verlag · Nürnberg

Impressum:
ISBN: 3-925362-75-4

Dagmarstraße 8, 90482 Nürnberg

Vorwort

Minken, wir sind Dir gut.
Fremde Menschen mit einer fremden Sprache
haben sich Deiner bemächtigt.
Sie wohnen in Deinen Mauern,
sind auf Deinen Feldern und Wiesen,
sammeln Blaubeeren und Pilze in Deinem Wald.
Wir sehen zu aus der Ferne.
Wir empfinden das Leid, das uns widerfahren ist,
als wir uns trennen mußten von Dir.
Deine Geschichte, Du Dorf, ist unsere Geschichte.
Etwas von ihr haben wir festgehalten.
Du sollst, wenn unsere Herzen aufhören zu schlagen,
nicht vergessen sein.

Ahnatal-Weimar, den 26. Februar 1993

Marie-Luise Miserre Enkelmann

Was uns geblieben ist

Herausgegeben von
Marie-Luise Enkelmann

Fotos von
Brix Ernst
Enkelmann Marie-Luise
Führing Irmgard
Gertz Trudel
Hiller Günther
Hoffmann Elly
Höppchen Erna
Kinast Günther
Kosok Manfred
Krautwurst Ursel
Lauweh Hannelore
Lindner-Porzelt Luise
Miserre Karl
Mokros Wilhelm
Neumann Ruth
Ottmann Heinz
Podeschwa Erna
Poguntke Mariechen
Pospich Georg
Ruhm Ewald
Schmalisch Therese
Schmidt Max
Seidel Gertrud
Urban Richard
Wende Fritz

Zeichnungen:
Panorama und Kirche:
Urban Richard

Schlesien ist dein Heimatland,
Minden ist dein Schulanfang,
aber wo dein Grab wird
sein, das weiß nur
Gott allein.

Zum Andenken
von deiner
Schulfreundin

Frieda Reichziel.

Minden, den 1. 12. 1934.

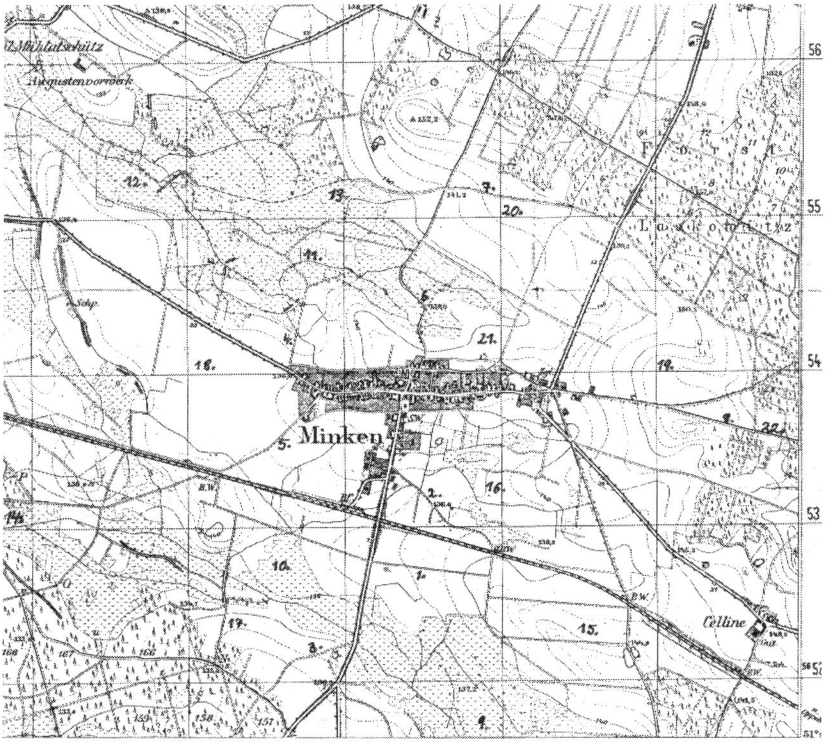

Die Wege:

1. Neuer Weg
2. Nummerweg
3. Lipinkaweg
4. Klein-Mühlatschützer-Weg
5. Trieb Schwarze-Gasse
6. Helderweg
7. Mittelweg
8. Wilhelminscher-Weg

Die Wiesen:

9. Teichwiesen
10. Tammelwiesen oder Dammern
11. Schmollenwiesen
12. Mühlchenwiesen
13. Helderwiesen
14. Hutung

Die Äcker:

15. Korsawe-Felder
16. Kräckeracker
17. Lipinkaacker
18. Rodeland-Felder
19. Pastoracker
20. Mittelfelder
21. Hauptfelder
22. Auf den Röhren

Minken

J. G. Knie, Seite 412. Alphabetisch-statistisch-topographische Übersicht der Dörfer, Flecken, Städte und andern Orte der Königl. Preuß. Provinz Schlesien, Breslau 1845:

Minken, Miekinow, 1266 Minkowitz, 1360 Minkenow, Dorf, sonst Hauptgut der Domaine gleichen Namens, Regierung und Ober-Landes-Gericht Breslau, Breslau-Briegsche Fürstenthums-Landschaft Ohlau, Nord-Ost zu 0st 2 Meilen, Post Kreisstadt u. Bernstadt. Gemeindeglieder zu Minken, welche das hier gewesene königliche Vorwerk erkauft haben, im Uebrigen zinsbar dem Rent-Amt Ohlau, Land- und Stadt-Gericht Ohlau, criminaliter fiscus. Das ehemalige Domainen-Amt-Vorwerk hat als Rittergut sein Fol. beim Ober-Landes-Gericht.

96 500 Reichsthaler Kaufpreis 1841.

110 Häuser, 1 Schloß mit der Arrende verkauft, aus den Scheuern und Stallungen sind 2 Bauerngüter gebaut, 1 Freischoltisei, 1 Vorwerk, 910 Einwohner (153 katholisch, 18 jüdisch); evangelische Pfarrkirche mit Thurm und 3 Glocken, sehr alt, Patron königlich, Pfarr-Wiedmuth und Gebäude, ein gepfarrt pro oneribus Minken mit Korsawe, Bischwitz nebst Kolon. Baruthe, Rodeland mit Garsuche, Steindorf mit Zelline, verbunden mit Minken ist die Schwesterkirche in Peisterwitz, 1 evangelische Schule nur für den Ort, 1 Lehrer, Collatur königlich, Superintendentur Ohlau, 1 katholische Parrkirche, neu erbaut 1817, Patron königlich, ohne Wiedmuth, eingepfarrt pro oneribus die bei der evangelischen Kirche angegebenen Orte, außerdem pro actibus und im Oelser Kreis Ellguth, Fürstlich-Kazur, Lampersdorf, Mühlatschütz Groß- und Klein-, Postelwitz, Prietzen, Wilhelminenort, und Zantoch, Archipresbyterat Oels.

1 katholische Schule, Inspection Ohlau, Collatur königlich, 1 Lehrer, eingeschult die katholischen Kirchorte exclusiv Kazur und Zantoch.

1 Windmühle, 1 Roßmühle, 1 Brauerei, 1 Brennerei, 1 Ziegelei, 1 Kretscham, 1 königliche Unterförsterei, 8 Leinweberstühle, 26 andere Handwerker, 9 Händler, 1090 Merinos, 414 Rinder, Fischerei im Schnellen-Teich, Flachsbau. Im Westen königlicher und Dominium-Wald, meist Nadelholz.

Hierzu gehört: Korsawe, auch Paperwitz, Kurzawa oder Paprowice gen., Kolonie Süd zu Südost 3/8 Meilen, 6 Häuser, 39 Einwohner (7 katholisch).

Minken

Wie aus vorstehender Schrift zu ersehen ist, wurde Minken schon sehr früh genannt. Nach Kauf und Aufsiedlung der 560 ha großen Domäne im Jahr 1841 durch Minkener Bauern, (als Käufer traten die Bauern Kinast, Mühl und Junak auf) entwickelte sich Minken zu einem blühenden Bauerndorf. Neue Vollbauernstellen entstanden, der größte Teil des Domänenlandes wurde jedoch zur Aufstockung kleinerer Betriebe verwendet, so daß zuletzt (1945) 64 Erbhöfe in einer Größenordnung von 8 bis 46 ha vorhanden waren.

Die gesamte Feldmark war 1450 ha groß. An gewerblichen Betrieben waren vorhanden:

1. eine leistungsfähige Mühle mit Getreidehandel
2. ein Sägewerk
3. eine Autowerkstatt
4. eine Stellmacherei mit Brunnenbau
5. zwei Schmieden
6. zwei Tischlereien
7. zwei Schneiderein
8. fünf Schuhmachereien
9. ein Frisörsalon
10. vier Lebensmittelgeschäfte
11. ein Textilgeschäft
12. ein Milchgeschäft
13. vier Gastwirtschaften, davon 3 mit Fleischerei
14. ein Bauunternehmen
15. eine Raiffeisen Gen. mit Spar-und Darlehnskasse
16. ein Arzt
17. zwei Zahnärzte
18. eine Gemeindeschwester
19. zwei Hebammen
20. ein Fliesenleger und Ofensetzer
21. ein Dachdecker- und Klempnermeister
22. Zimmerleute und Maurer
23. Obsthändler und Viehhändler
24. eine Sattlerei
25. ein Schausteller

sowie eine Postagentur und eine Polizeistation.

Zum Amtsbezirk Minken gehörten die Gemeinden und Orte: Bischwitz, Zelline, Sandhof, Rodeland mit Garsuche.

Letzter Amtsvorsteher war der Bauer Georg Miserre.

Von den 1200 Einwohnern der Gemeinde waren 4/5 evangelisch, 1/5 katholisch. Die evangelische und die katholische Volksschule wurde in den dreißiger Jahren zu einer Gemeinschaftsschule zusammengelegt.

Eine katholische Kirche und eine große evangelische Kirche, letztere 1870 als Backsteinbau erbaut – Platz für ca. 1000 Menschen –, es gehörten mehrere Gemeinden zum Kirchspiel.

Im Jahre 1909 wurde die neu erbaute, moderne 2 gleisige Eisenbahn Breslau-Karlsmarkt-Oppeln, mit kreuzungsfreien Straßenüberführungen dem Verkehr übergeben. Von nun an bestand eine sehr gute Zugverbindung vom Bahnhof Minken nach Breslau.

Viele Einwohner fanden als Pendler in Breslau einen sicheren Arbeitsplatz. Unsere Kinder aus Minken und Umgebung konnten als Fahrschüler die weiterbildenden Schulen in Breslau besuchen. Breslau wurde für uns Einkaufszentrum.

Minken war ein gepflegtes Dorf mit breiten Straßen, gepflegten Bürgersteigen und Vorgärten. Vor dem Krieg wurden viele schmucke Einfamilienhäuser und Villengrundstücke neu erbaut. Minken hatte Zukunft als zentraler Ort.

Die Einwohner von Minken fühlten sich immer als geschlossene Dorfgemeinschaft. So kam es auch, daß sie bei der Vertreibung im Juni 1946 in einem Sammeltransport zum größten Teil im Kreis Hameln-Pyrmont Unterkunft fanden.

Georg Miserre, 1898 – 1988

Liebe Tochter, die Gemeinden sind aufgefordert worden, einen Beitrag für das Heimatbuch der Stadt und des Kreises Ohlau zu schreiben. Ich habe die Schrift von Knie und noch etwas in Kurzfassung dazu geschrieben und nach Iserlohn geschickt. Es sollen nur zwei Schreibmaschinenseiten sein. Habe ich es richtig gemacht!? Für Dich die Abschrift.

Dein Papa

Unvergessenes Minken

Minken war ein sehr schönes Dorf, etwa zwei Kilometer lang, mit großen, aneinander gebauten Bauernhöfen, schöner Dorfstraße, mit Kanalisation, zu beiden Seiten gepflegte Fußwege, mit herrlich schattenspendenden Lindenbäumen, zwei Kirchen, zwei Schulen.

Die Umgebung war ebenfalls sehr schön. Durch ausgedehnte Kornfelder kam man nach viertelstündiger Wanderung auf beiden Seiten des Ortes in die mächtigen Kiefernwälder, die sich weit bis nach Oberschlesien erstreckten und zum Wandern und Verweilen einluden. Unermeßlich waren die Schätze, die diese großen Wälder an Holz enthielten. Tausende von Stämmen lagerten oftmals auf dem Holzlagerplatz am Bahnhof Minken, zumeist für das Industriegebiet in Oberschlesien bestimmt. Groß war auch der Reichtum an Beeren und Pilzen, den sie bargen und der manchem ärmeren Bewohner des Ortes Nahrung und Nebenerwerb abwarf.

Als die Notjahre des Krieges kamen, brachte der Morgenzug aus Breslau hunderte von Sammlern mit. Uns selbst war der Wald in den Elendsjahren 1945/46, die wir bei den Polacken verbringen mußten, ein segenspendender Lieferant von Pilzen und Beeren. Noch heute sei dem

Himmel gedankt, daß er damals ein so günstiges Wetter über Schlesien schickte, denn so brauchten wir doch nicht so großen Hunger erleiden. Die Polen gaben uns nichts, sondern versuchten uns nur zu bestehlen.

Welch wunderschöne Ausflüge konnte man mit den Kindern in die Umgebung machen. Da waren die Röhren. Niedrige, dünenartige Sandhügel, mit Kiefern bewachsen, stellenweise mit heideähnlichen Flächen unterbrochen mit herrlich blühendem Heidekraut, Ginster und Moosen geziert. Dort standen wir vor winzigen Sandtrichtern, unter deren Spitze verborgen, der Ameisenlöwe lauerte (Larve einer Libellenart), der die Ameise, die sich an den Rand des Trichters verirrte, mit Sand bombardierte, bis sie in den Trichter abrutschte und dort von seinen Zangen gepackt, ihr das Blut aussaugte.

Etwas weiter war der sogenannte Höhepunkt – 171 m – mit einem mächtigen Holzturm. Von diesem Turm aus konnte man die Kirchtürme von Brieg, etwa zwanzig Kilometer, oder bei gutem Fernblick, die hohen Schornsteine des Kraftwerkes Schlesien in Kraftborn sehen. Dann gingen wir zu dem von schattigen Birken umrahmten „Quohle" (Waldquelle), wo das kristallklare Wasser aus mehreren Rinnsalen aus der Erde sickerte. Rechts hinüber hatte man das Wasser in einem Teich gesammelt, der dann zur Minkener Badeanstalt ausgebaut wurde. Fast alle Minkener Schulkinder haben hier das Schwimmen gelernt. Unweit davon war das Fußballfeld des SV Germania Minken, auf welchem manches Spiel, auch gegen Stadtmannschaften, ausgefochten wurde.

Waren dann die sonnigen, schönen Herbsttage gekommen, so wanderten wir bis nach Lampersdorf zum Pechkreuz, das zum Andenken der Pest im Jahre 1600 an die 300 an der Pest Verstorbenen erinnerte.

Märchenhaft schön war die Wanderung durch den weiten Mischwald, vor allem, wenn der Herbst das Laub in bunten Farben zeichnete. Eine schöne Waldstraße führte durch den „Spitzbubenweg" zum Judenfriedhof, mitten im Walde, wo wir die hebräischen Grabinschriften anstaunten und uns über den Inhalt den Kopf zerbrachen.

Nicht zu vergessen die Grabine, ein kleiner Laubholzhain, der uns im Frühling immer mit blühenden Maiglöckchen versorgte und von der man erzählte, daß dort ein Schloß gestanden sei, welches später versunken ist.

Wollten wir aber einmal müde Beine riskieren, gingen wir südlich von Minken in den Staatsforst zum Zinnobersee. So genannt wegen seines rötlich gefärbten Untergrundes, oder nach Smortawe, später

Waldwasser genannt. Wie oft habe ich in den Jahren, die ich in Minken war, beide idyllischen Plätze besucht, zu FuB oder mit dem Fahrrad. Am Zinnobersee traf ich dann den alten Fischmeister Böhm. Im Herbst war großer Fischzug, dann ging ich mit meinen Schulkindern hin, da gab es viel zu sehen, wie die Netze ausgeworfen und die dicken Karpfen eingeholt wurden. Diese wurden auf einen Wagen mit Plane und Wasser gefüllt verladen. Graf Saurma-Jeltsch hat die Karpfen dann eigenhändig mit verkauft. Es war auch zugleich die Bezugsquelle für die Weihnachtskarpfen, denn eine bestimmte Menge wurde einquartiert in sogenannte Mönche. Der See war auch ein Vogelparadies; Tauchenten, Wasserhühner, Rohrdommeln, ja sogar der Eisvogel, der schönste aller Wasservögel, waren hier zuhause.

Ähnlich schön war auch Smortawe. Hier strömte ein Waldbach, der sich seeartig verbreiterte und in einen alten Oderarm mündete, mit schilfbewachsenen Ufern und sich als ideales Paddelgewässer anbot. Natürlich wurde auch das Baden rege betrieben. Vor oder nach der Ruderpartie konnte man in einladenden Gartengaststätten seinen Mokka oder sein Bierchen oder einen kühlen Schoppen einnehmen. Smortawe war ein Ausflugsziel vieler Breslauer, die bis Minken per Bahn anreisten und dann die Wanderung über Steindorf, Döbern benutzten. Daran schloß sich in Richtung Peisterwitz der große Oderwald an. Es war der schönste in Schlesien. Mit mächtigen Eichen, Buchen, ausgedehnten Waldwiesen und kleinen Bächen. Er wurde auch der Fürstenwald genannt. Deshalb, weil hier ab und zu auch der Kaiser Jagdgast war.

Hier stand auch die bekannte Königseiche. Ein uralter Baum – seinerzeit geschätzt auf 600 Jahre – mit 27 Meter Höhe und 10 Meter Stammumfang. Auch röhrte hier noch der mächtige Hirsch. Es war die schönste Waldstraße von Peisterwitz nach Linden an der Oder. Aber auch Reh und Fuchs konnte man beobachten. Abends hörte man das Käuzchen klagen und bei Einbruch der Dunkelheit konnte man tausende von Glühwürmchen auf ihrer bizarren Bahn verfolgen.

Die Sommer waren einmalig, hatte doch Schlesien von allen deutschen Provinzen die längste Sonnenscheindauer (kontinentales Klima) zum Unterschied von Westdeutschland, das mehr ozeanisch ist.

Die besten Beobachtungen der Natur konnte man in zeitiger Frühe machen, wenn der Wald erwachte und die Vögel um die Wette eiferten mit ihren unterschiedlichen Gesängen. Pech hatte man, wenn einen der Häher erblickte, der als Waldpolizist gleich alarmierte, da scheuchten Hase und Reh ins Dickicht.

Aber auch zuhause im Schulgrundstück konnte man die Natur beobachten. So freuten wir uns alle, wenn im Frühjahr der Storch seinen Nestbau auf der alten Linde neben der Kirche begann, oder wenn die Fledermaus aus der Schulscheune abends auf Nahrungssuche ausflog. In der Gartenlaube waren unsere kleinen Stammgäste Meise und Hänfling, die auch im Winter ihr Futter dargeboten bekamen. Aus dem Pastorgarten nebenan schlug in warmen Sommernächten die Nachtigall, so daß man öfters das Schlafengehen vergaß.

Alles in allem, unsere schlesische Heimat bleibt uns unvergessen, und dieses Gedenken soll in die folgende Generation weitergegeben werden, bis wir Schlesier wieder daheim sind, so Gott will.

Rudolf Brauner, 1885 – 1970

Lehrer Rudolf Brauner hat in Breslau die Schule besucht, Präparandie und Lehrerseminar. Erste Lehrtätigkeit 1906 in einem Bergdorf bei Bad Landeck, anschließend Lehrer in Brosewitz, das ursprünglich auch zum Kreis Ohlau gehörte, durch die Gebietsreform 1931 zum Kreis Strehlen. Ab 1912 war Lehrer Brauner an der Volksschule in Minken, wo er segensreich wirkte mit kulturellen Veranstaltungen für alle Dorfbewohner. 1946 von den Polen vertrieben, hat er in Soest gewohnt, dort „Unvergessenes Minken" verfaßt. Am 26. 3. 1970 ist er in Soest verstorben und wurde auf dem dortigen Friedhof zur letzten Ruhe gebettet.

Unsere beiden Kirchen

Kirchen gibt es fast überall in der Welt, aber keine rühren unser Herz bis zum Grunde wie die Gotteshäuser der Heimat, seien sie noch so klein und architektonisch scheinbar unbedeutend.

Denken wir an unsere beiden Kirchen in Minken und betrachten wir ihr Aussehen und ihre Geschichte. Wir wandern in Gedanken beim Kreuzmühl vorbei: er heißt so, weil ein in die Erde gepflanztes Holzkreuz mit dem gekreuzigten Jesus von Nazareth vor seiner Scheune stand. Wir gehen gemächlichen Schrittes die Braunergasse entlang, so benannt nach dem Lehrer Rudolf Brauner, rechter Hand sehen wir das Gebäude der katholischen Schule und geradeaus die katholische, schwarzweiß gestrichene Fachwerkkirche mit Holzturm und Zwiebelkuppel inmitten des katholischen Kirchhofs. Zwei Altäre aus dieser

Kirche werden uns noch beschäftigen. Doch gehen wir zunächst einmal weiter.

Einige hundert Meter entfernt davon, auf dem Tuhm, steht die evangelische Kirche auf einem mäßig hohen Hügel, umrahmt vom evangelischen Friedhof.

Wie wir wissen, hat Pastor Winkler am 16. Mai 1871 als dreiundsiebzigjähriger Mann die neuerbaute Kirche eingeweiht. Dazu heißt es in „Lokomotive über der Oder, Nr. 98, 20. 5. 1871": Der 16. Mai war ein wichtiger Tag für die evangelische Kirchengemeinde Minken, ein Tag, nach welchem sie sich schon lange gesehnt hatte. Es fand nämlich, begünstigt von schönem Wetter, unter großem Zudrange der ganzen Kirchengemeinde und der umliegenden Ortschaften die Einweihung der hiesigen neuerbauten Kirche statt. Die Gemeinde fühlte sich an diesem Tag geehrt durch die Gegenwart vieler distinguierter Personen; das Patronat wurde durch den Oberregierungsrat Herrn von Willich aus Breslau vertreten. Das Bauwerk ist im Rohbau von geschickten und bewährten Meistern aus hiesiger Gegend ausgeführt und fand allgemeinen Beifall. Dasselbe ist vorzüglich geschmückt mit drei bunten Fenstern hinter dem Altar, aus der Fabrik von Seiler aus Breslau, ein Geschenk der Kirchengemeinde.

Um zehn Uhr begann die Feier, der Zug bewegte sich von dem Pfarrhause nach dem Schulgebäude, wo während der Zeit des Kirchenbaues der Gottesdienst abgehalten worden war. Nach einigen Worten des Abschieds ging man zur Kirche. Der Schlüssel zu derselben wurde von weißgekleideten Jungfrauen auf einem weißen Atlaskissen getragen. Nach einer erbauungsvollen Ansprache des General-Superintendenten Herrn Dr. Erdmann wurde demselben der Schlüssel zur Öffnung der Kirche überreicht. Letztere füllte sich bald mit Menschen aus Nah und Fern bis auf den letzten Platz. Die Weihrede wurde über Psalm 65 gehalten und in erhebender Weise auf den gegenseitigen Verkehr zwischen Gott und der Gemeinde durchgeführt, die Gemeinde nämlich soll ihm nahen mit Loben, Gelübden und demütigem Flehen, da sich Gott nahet zu ihr in seinem Wort, Geist und Sacrament. Der Ortsgeistliche, Herr Pastor Winkler, welcher schon 34 Jahre Seelsorger der Gemeinde Minken ist, hielt in seinem 73. Jahr seines Lebens die erste Predigt in der neuen Kirche über Hebr. 13, V.8-12 mit dankbarem und bewegtem Herzen; er führte das darin enthaltene Thema: „Es ist ein köstlich Ding, daß das Herz fest werde, welches geschieht durch den Glauben an Jesum Christum", da hinaus, daß durch den Glauben 1. eine richtige Erkenntnis stattfindet, 2. Friede und Freude bewirkt wird, woraus 3. die Liebe, die uns in die Kirche leitet, hervorgeht. Unter den brausenden Tönen der prächtigen Orgel schloß die Feier mit dem Choral „Nun danket alle Gott".

Der einschiffige, gotische Hallenbau aus handgeformten Ziegelsteinen, mit seinen aufgesetzten Ecktürmchen und dem hohen Vierungsturm, in dessen Spitze die Kirchenglocke hängt, die die Namen der beiden Minkener Pastoren Adam Jakisius von 1637-1668 und Benjamin Schypelius von 1668-1703 eingraviert hat, wurde, sieht man einmal von der nicht vorhandenen Zweiturmfassade ab, nach dem Grundriß romanischer Baukunst errichtet, wie sie in der Ottonischen Zeit bei uns in Deutschland entstanden ist. Die Stilelemente Westportal mit Tympanon, Rundbogenfenster und vor allem der Altarraum, die halbkreisförmige Apsis nach Osten, ergeben auch für die Minkener evangelische Kirche das Bild der klaren Räumlichkeit.

Ein Geschenk der evangelischen Familien von Minken, Bischwitz, Baruthe, Celline, Steindorf, Sandhof, Rodeland und Garsuche, die alle zum Kirchensprengel gehörten, war also auch, wie wir gehört haben, das bunte Mittelfenster im Altarraum: Jesus mit der Weltkugel.

Während des Baues der neuen Kirche hielt Pastor Winkler den Gottesdienst in der Schule ab, was bedeutet, die alte Kirche war abgerissen worden und die neue auf dieselbe Stelle gebaut. Pastor Winklers Amtszeit – die neue Kirche kann als Krönung seines Lebens betrachtet werden – endete 1882 mit der Einführung seines Nachfolgers Pastor Rolffs. „Lokomotive über der Oder" schreibt: Minken, 30. Juni 1882:

Gestern nachmittag 4 Uhr hielt der neuerwählte Geistliche Pastor Rolffs, früher Prediger zu Jarotschin in Posen, seinen Einzug in Minken. Er wurde von den Mitgliedern des Gemeindekirchenrates in einem offenen, geschmückten, mit 4 Pferden bespanntem Wagen aus dem Prietzener Pfarrhause Punkt 2 Uhr abgeholt. Die Gemeinde Bischwitz über der Oder, welche in unser Kirchspiel gehört, hatte ihm 10 Vorreiter bis Lampersdorf entgegengeschickt. Um Punkt 3 Uhr langte der Zug von Bischwitz über der Oder an. Vor dem Dorf wurde der geistliche Herr von der Schuljugend mit ihrem Lehrer Herr Kladzig festlich begrüßt. Nach dem Gesange des Liedes: „Lobe den Herrn", hielt Herr Kladzig eine Ansprache, in welcher er unseren neuen Seelsorger willkommen hieß und ihm Glück und Segen wünschte. Herr Pastor Rolffs dankte in herzlichen Worten. Mit Musik bewegte sich alsdann der Zug durch das Dorf und langte um 4 Uhr in Minken an. Hier wurde Herr

Pastor Rolffs von der Schuljugend, von sämtlichen Lehrern der Parochie Minken-Peisterwitz, von einigen 20 weißgekleideten Jungfrauen, von den übrigen Mitgliedern des Gemeinde-Kirchenrats und vom Kriegerverein empfangen und begrüßt. Auf jede an ihn gerichtete Ansprache dankte der Herr Pastor mit bewegten, liebevollen, zu Herzen gehenden Worten. Nach der von der Schuljugend und den Lehrern vorgetragenen Gesangspiecen bewegte sich der lange, lange Zug mit Musik und unter Glockengeläut durch das Dorf bis auf den Pfarrhof, woselbst Herr Rolffs nach einigen Ansprachen vom Amtsvorsteher Herrn Kinast die Wohnung übergeben wurde. Hieran schloß sich ein gemütliches Zusammensein in der dortigen Restauration bei S. Ein Kränzchen im Pohlitschen Gasthause und ein prächtiges Feuerwerk beendeten die Festlichkeiten des Tages. (Lokomotive über der Oder Nr. 153, 5.7.1882)"

Mit dem Kränzchen im Pohlitschen Gasthause ist der Erbkretscham gemeint, den zu unserer Zeit bis zur Vertreibung Erwin Poguntke und seine Frau Mariechen geb. Glaser inne hatten mit Pächter Walter Höppchen. Mit „der dortigen Restauration bei S.", da nehme ich an, mein Ururgroßvater Amtsvorsteher Daniel Kinast hat die Gäste zu seinem Sohn geführt, in das Gasthaus zum guten Johann.

Eine Notiz aus Pastor Winklers Amtszeit sei erwähnt, gefunden in „Schlesische Provinzialblätter" im Archiv in Göttingen. Während in Wüstebriese im Jahre 1849 nur das Klingelbeutelgeld von 48 1/3 Reichsthalern, vier Altartücher und andere Effekten aus der Kirche in Wüstebriese gestohlen wurde, haben Diebe in der Minkener Kirche alles geraubt, was an Bekleidung auf Altar, Kanzel und in der Sakristei vorgefunden wurde.

Die Namen der evangelischen Pastoren von Minken, nachdem Ulrich von Mönsterberg-Minckenau 1560 seines Wohnsitzes Minken und aller Lehen verlustig ging, weil er für das Luthertum Partei ergriffen hatte, sind:

1. Georgius Zwarosek 1566, ord. Brieg 19. 11. 1566
2. Suatomir Paritius 1591 – 1613, † 1613
3. unbekannt oder schon Michael Graff aus Löwen: 21. 9. 1598 in Frankfurt immatrikuliert, um 1597 Pastor in Kauern, dort noch 1613, als seine Tochter Helena sich in Brieg verheiratete; 1623, 13. 12. ist er als Pfarrer zu Müncken Pate in Brieg, bis 1628 in Minken.
4. Philipp Trummer sen. aus Teschen bis 1637, 1637/38 nach Ohlau, † 21. 5. 1655.

5. Adam Jackisius (Jackisch) aus Kreuzburg 1638 – 1668, † 12. 5. 1668, 74 Jahre alt.
6. Benjamin Schypelius von Kauern 1668 – 1703
7. Isaias Ripien von Wansen, katholischer Pfarrer, 1703 – 1707
8. Johann Flottwell 1707 – 1720
9. Daniel Flottwell 1720 – 1762
10. Samuel Mietlowius aus Kreuzburg 1762 – 1786
11. Benjamin Kutsch 1786 – 1826
12. Rüdenburg 1826 – 1837
13. August Winkler 1837 – 1882
14. Eberhard Rolffs 1882 – 1915
15. Bierbaum 1915 – 1926
16. Fischer 1927 – 1934
17. Schuster Vikar 1934 – 1936
18. Wohlfahrt 1936
19. Herbert Pfeil 1937 – 1943
20. Herr Vikar Hentschel aus Peisterwitz bis 1945

Der Markstädter Pastor, der während der Polenzeit 1945/46 auch die Minkener Kirchengemeinde betreute und eben auch die letzten in Minken geborenen deutschen Minkener taufte, heißt Hartung. Sein Sohn Johannes Hartung war Pastor in Peisterwitz und also unser Vikar, der uns 1944 konfirmierte, sein Stellvertreter. Johannes Hartung ist im Zweiten Weltkrieg gefallen.

Herr Vikar Hentschel gab uns Konfirmandenunterricht, weil Krieg war und Pastor Pfeil Soldat. Herr Vikar, ein junger Mann, seinen Namen kennen wir jetzt aus dem Familienstammbuch von Irene Glaser, der als Kind Kinderlähmung gehabt haben soll, kam stets mit dem Fahrrad aus Peisterwitz. Konfirmation 1944, die letzte deutsche Einsegnung in Minken. Familie Nichziol aus Steindorf ließ sich in Munder Bertholds Kalesche zur Kirche fahren. Kosok Lydia wurde als erste konfirmiert, noch vor Erika Adam. Mich segnete Herr Vikar nach Marga Wieloch ein, Jäschke Hilde als letzte. Als vierzehnjähriges Mädchen dachte ich darüber nach, wie diese Reihenfolge zustande komme, und wie sie zu bewerten sei, nach dem Alphabet jedenfalls nicht.

1938, als meine große Schwester Hildegard konfirmiert wurde, war die Einführung in die Welt der Erwachsenen durch Pastor Pfeil eine glückliche. In unserem Bauernhaus gab es ein Fest, wie wir Kinder es noch nicht erlebt hatten und nie wieder danach erlebten. Wir Konfirmanden von 1944, nun aufgenommen in die christliche Gemeinschaft der Erwachsenen, wuchsen einem Elend entgegen, das mit der Flucht aus unserem Dorf begann. Während der Polenzeit bis zur Vertreibung im Juni 1946 war deutscher Gottesdienst in unseren Kirchen nicht erlaubt. Die Kinder wurden in der Wohnung ihrer Eltern getauft. Frau Erna Pfeil, die Gattin des letzten Pastors in Minken schreibt: Mit dem Verlust der Kirche nahm die Heimatlosigkeit ihren Anfang. Von Frau Pfeil wissen wir auch etwas über die geschnitzte Christusfigur im Altarraum der evangelischen Kirche. „Den Altarraum schmückte nur ein hochaufragendes schlichtes Holzkreuz, an das 1944 eine zirka 60 cm große holzgeschnitzte Christusfigur geheftet wurde." Die Tochter von Pastor Rolffs fand diese geschnitzte Christusfigur im Nachlaß ihres Vaters, ließ sie restaurieren und schenkte sie den Minkenern. Diese geschnitzte Christusfigur führt uns nicht nur zurück zum Anfang meines Berichtes, zur katholischen Kirche, sondern zurück in die Jahrhunderte. Von Siegfried Kretschmer, dessen Vater aus Minken stammt, besitzen wir die Kopie eines Aufsatzes von Paul Knötel über die Geschichte der Minkener Altäre im Diözesanmuseum in Breslau. Es kommt nicht alle Tage vor, den Namen unseres kleinen Dorfes im Zusammenhang mit Kunstwerken zu sehen, die in der gelehrten Fachwelt beachtet wurden. Schon allein das ist bedeutsam. Beim Lesen der Ausführungen hatte ich den Gedanken, unsere holzgeschnitzte Christusfigur könne zum Minkener Schnitzaltar gehört haben, der zur Amtszeit von Pastor Rolffs von Minken nach Breslau ins Museum wanderte. Denn Knötel schreibt, eine Abbruchstelle an der rechten Seite lasse erkennen, daß dort das für diese Darstellung typische Holzkreuz gestanden haben müsse. Dieser Schnitzaltar soll einer alten, nicht mehr vorhandenen Inschrift zufolge von 1503 stammen und Dr. Nikolaus Merboth aus Neisse gewidmet sein, der seit 1461 Kanonikus an der Breslauer Kathedrale war, zu Glogau, Probst in Ratibor und Archidiakonus in Liegnitz und 1503 starb.

Der zweite Minkener Altar ist ein gemalter Flügelaltar von 1507 und mit J. E. W. signiert. Knötel untersucht, ob es sich dabei um den Maler Johannes Effenberger handele, der als Bürger der Stadt beurkundet ist und 1507 Meister der Malerinnung wurde. W. für Wratislaviensis zweifelt er an. Rembrandt hat jedenfalls sein Monogramm – auf der Radierung von 1628, dem Bildnis seiner Mutter – aus Rembrandt Harmensz und L (Leiden seine Vaterstadt) gebildet.

Wie kommen zwei so prächtige Kunstwerke in ein so kleines Dorf wie Minken? Der Kunsthistoriker Knötel will beweisen, da gehören sie gar nicht hin. Wir aber freuen uns, wenn wir lesen, Minkener Meister, Minkener Kirchen, Minkener Altäre. Sie waren da.

Auf Seite 214 in dem Buch der Brieger Land-Prediger-Geschichte lesen wir: Wie es der Fall bey mehrern andern ist, so ist es auch bei der Parochial-Kirche zu Minken, daß man ihre Gründung iezt nicht mehr weiß. vermuthlich ist sie, mit den übrigen Landkirchen des Ohlauer Kreises, ein Werk der Andacht aus dem vierzehnten Jahrhundert. Durch Landesherrliche Fürsorge Herzog Friedrichs 2. von Liegnitz und Brieg ist 1534 der evangelische Gottesdienst in dieselbe eingedrungen. Diese hoben die Papisten 1703 auf eine Zeitlang auf, mußten aber 1707 die Kirchen wieder herausgeben.

Auf der Namensliste der evangelischen Pastoren von Minken finden wir Isaias Ripien von Wansen. Wir können ihn als den ersten katholischen Geistlichen betrachten, von dem wir wissen. Zum katholischen Sprengel gehörten neben Minken die Dörfer Lampersdorf, Groß- und Klein-Mühlatschütz, Postelwitz und Wilhelminenort. Das Titelblatt des katholischen Kirchenbuches von Minken 1717 – 1754 , das Original befindet sich in Breslau im Diözesan-Archiv, weist folgende Namen aus:

1. Johann Friedrich Nagel
2. Mathias Faltz
3. Georg Holtzer 1730
4. Johannes Gavron testibus Curatus Mai 1737 – Januar 1738
5. Melchior Alexander Administrator 1739
6. Ferdinand Anton Hartmann 1739 – 1744
7. Johannes Axmuth administrator Oktober 1744
8. Franziscus Sczenzina Administrator
9. Mathaeus Bartholom Bula Administrator 1745
10. Valentin Nowak Admistrator 1753

Die letzten drei Pfarrer der ersten Hälfte des zwanzigsten Jahrhunderts waren:

1. Pfarrer Ziebold aus Würben
2. Pfarrer Lawatsch
3. Pfarrer Nerger

Pfarrer Nerger treckte nicht mit uns Minkenern am Sonnabend des 20. Januar 1945, morgens um 6 Uhr, ging nicht mit uns auf die Flucht. Er hielt sich noch im Dorf auf, als mein Vater, der beim Volkssturm war, am Montag danach noch einmal nach Minken zurückging. Die Frage: Herr Pfarrer, was machen sie denn noch hier?, hat er mit: Ich warte auf die Anweisungen meiner Kirche, beantwortet. Er soll Minken mit dem letzten, deutschen Militärfahrzeug verlassen haben. Von Pfarrer Ziebold wird erzählt, er sei ein guter Handwerker gewesen. Ein Handwerker aus Passion. Ihm verdankt die katholische Kirche von 1717 manche Ausbesserung.Pfarrer Lawatsch war weltlich. Unter anderem fuhr er gern mit den Ziegenböcken der Miserre-Jungen. Ein Gedicht von Pfarrer Lawatsch ist uns überliefert. Der letzte Amtsvorsteher von Minken, Georg Miserre, hat es über die Jahrzehnte hinweg in seinem Gedächtnis aufbewahrt:

Die Wunde brennt, die bleichen Lippen beben. Ich merk an meines Herzens mattem Schlage, hier steh ich an den Marken meiner Tage. Gott, wie du willst, dir hab ich mich ergeben. Als lichten Seraph seh ich es vor mir stehen, und wie die Sinne langsam mir vergehen, trägt mich ein Hauch zu morgenroten Höhen. Pfarrer Lawatsch liegt in Minken beerdigt. Die deutschen Grabsteine sind verschwunden. Die Emporen in der evangelischen Kirche wurden abgerissen. Das Mittelfenster, Jesus mit der Weltkugel, haben die Polen entfernt und durch ein farbloses ersetzt. Nur das Gebänk mit seinen bekannten, verkanteten Holzbolzen an Anfang und Ende ist geblieben und unsere Erinnerung daran.

Zur Geschichte der Minkener Altäre

III.

Zur Geschichte der Minkener Altäre im Diözesanmuseum.

Von

Paul Knötel.

Im Jahre 1902 gelangten zwei spätmittelalterliche Altäre aus der katholischen Kirche von Minken im Kreise Ohlau in das Diözesanmuseum. Von dem künstlerisch bedeutsameren finden sich Abbildungen im 7. Bande der neuen Folge von Schlesiens Vorzeit (Tafel VI u. VII) neben einem kurzen Aufsatz von J. Jungnitz aus dessen Nachlaß.

Die Minkener katholische Kirche entstammt erst dem Beginne des 18. Jahrhunderts, und es ergibt sich daraus die Frage, woher diese Altäre dorthin gekommen sind. In Minken bestand wahrscheinlich schon im Mittelalter eine Pfarrkirche, wenn es auch urkundlich nicht nachweisbar ist. Dafür spricht die Einführung der Reformation im Jahre 1534. Im Jahre 1703 erfolgte hier die Gegenreformation, doch mußte schon vier Jahre später auf Grund des Altranstädter Vertrages die Kirche in die lutherische Hand wieder zurückgegeben werden. Nun entstand hier eine der sogenannten Josephinischen Kuratien für die Katholiken des Ortes und der Umgegend. Der Bau der Kirche sollte sich noch Jahre lang hinziehen, und frühestens erst 1717 scheint der Holzbau, der noch heute steht, vollendet worden zu sein[1]). Jungnitz spricht in seinem Aufsatze die Vermutung aus, daß der von ihm behandelte Altar möglicherweise aus der alten Minkener Kirche stammen könne, erwähnt aber auch eine im Orte umgehende Überlieferung, wonach er aus einem österreichischen Kloster erworben sein solle. Dann bliebe aber noch die Frage nach der Herkunft des zweiten Altars. Und gerade dieser führt uns auf die richtige Spur: beide Altäre haben einst im Breslauer Dome gestanden.

Der eben berührte zweite Altar ist ein Schnitzaltar. Der Schrein (165 cm hoch, 122 cm breit) zeigt den hl. Hieronymus als Einsiedler. Vor dem Goldgrunde des Himmels baut sich eine ziemlich roh ge-

[1]) Soffner, Die Altranstädter Konvention (1707) und die Kaiser-Josephin-Pfarrfundation (Schles. Pastoralblatt, 17. Jahrg. 1896, S. 203 ff.).

arbeitete Felsenlandschaft auf, die aber eines naiven Reizes nicht entbehrt. Eine Abbruchstelle auf der rechten Seite läßt erkennen, daß dort das für diese Darstellung typische Holzkreuz gestanden haben muß. Vor diesem und zu ihm hinaufblickend kniet der Heilige. Er ist nur in ein vergoldetes, hemdartiges Gewand gekleidet, das Arme und Brust freiläßt. Während er die Linke wie beteuernd auf sein Herz legt, hält er in der erhobenen rechten Hand einen Stein. Mit diesem kasteite er sich der Legende nach, weil er es bereute, sich zu sehr mit den heidnischen Schriftstellern des Altertums beschäftigt zu haben. Hinter ihm steht ein Löwe und beleckt den auf der Erde liegenden Kardinalshut. Der Löwe, der ursprünglich rein symbolische Bedeutung hatte, wird durch eine Legende gedeutet, die Hieronymus zu einem christlichen Androklus macht: er habe dem Löwen einen Dorn aus einem Fuße gezogen, und nun sei ihm das Tier voller Treue gefolgt. Als Dornauszieher in Kardinalstracht sehen wir den Heiligen vielfach dargestellt, z. B. zweimal auch am Westportal des Breslauer Domes.

Vor dem Heiligen kniet in kleinerer Gestalt ein Domherr, aber der Augenschein lehrt, daß diese Figur überhaupt nicht in das Mittelfeld des Altarschreins gehört, sondern erst später an dieser Stelle aufgenagelt ist. Wir kommen noch auf sie zurück. Die beiden, ebenfalls geschnitzten Flügel zeigen die beiden Johannes, den Täufer links und den Evangelisten rechts vom Beschauer. Nach Schließung des Schreins erblicken wir auf den Außenseiten der Flügel die vier lateinischen Kirchenväter Gregor, Hieronymus, Ambrosius und Augustinus als Gemälde. Wie sehr häufig, sind ihnen die Abzeichen der Evangelisten beigegeben: Gregor der Adler, Hieronymus der Löwe des Markus, den beiden genannten Bischöfen Engel und Ochs.

Nun beschreibt Ezechiel in seiner Inschriftensammlung[1]) „ein alt höltzern Altar", der zu seiner Zeit (1698/99) in der vierten Kapelle der Südseite des Domes (von der Sakristei aus gerechnet) stand, folgendermaßen: „Mitten im Altar unter einem Creutz kniet ein Mann haltend in der einen Hand einen Stein, und hinter ihm stehet ein Löwe ausgeschnitzet und übergoldet, zur Rechten aber stehet S. Johannes baptista und zur Linken Johannes evangelista gemahlet." Es ist wohl klar, daß wir es in diesem Werke mit unserem Minkener Altar zu tun haben. Dagegen könnte höchstens das Wort gemahlet sprechen, das auf Gemälde gedeutet werden könnte, aber es steht wohl nur im Gegensatze zu dem früheren übergoldet, das

[1]) Bresl. Stadtbibl. Hs. M. 2798, S. 51.

sich auch auf das Gewand des Hieronymus bezieht. Wichtig dagegen ist die übereinstimmende Stellung des Löwen, der sonst gewöhnlich liegend dargestellt wird.

Nach Ezechiel war über dem Altar zu lesen: Hanc tabulam aere et impensis venerabilis domini doctoris Merbothi executores per venerabile capitulum Vratislaviense designati fieri curaverunt sub anno domini MCCCCCIII (1503) VIII. Kalendas Aprilis. Auf Grund dieser verloren gegangenen Inschrift verdient der Altar eine um so größere Teilnahme, als er dem Andenken an ein bedeutendes Mitglied des Breslauer Domkapitels gewidmet ist. Es war Dr. Nikolaus Merboth aus Neiße. Spätestens seit 1461 Kanonikus an der Breslauer Kathedrale, hat er im Laufe der Jahrzehnte noch eine Anzahl Pfründen in seiner Person vereinigt, indem er auch Kanonikus zum hl. Kreuz in Breslau und zu Unser Lieben Frauen in Glogau, Propst zu St. Marien in Ratibor und Archidiakonus der Kollegiatkirche zum hl. Grabe in Liegnitz wurde. Er starb am 19. März 1501. In seinen Beiträgen zur Literaturgeschichte des schlesischen Humanismus hat ihm Gustav Bauch einen längeren Aufsatz gewidmet[1]). Dort mag man über seine Beziehungen zum Humanismus, aber auch über seine diplomatischen Sendungen und Verhandlungen, über seine Streitigkeiten nachlesen, die ihn jedenfalls als einen äußerst tätigen, wohl auch hartnäckigen Mann charakterisieren. Der später in der Reformationsgeschichte von Liegnitz bedeutsame Valentin Krautwald schreibt über Merboths Tod: Infaustus illius viri fuit exitus[2]).

Bauch berichtet uns, daß Merboth schon in Italien von nicht fester Gesundheit gewesen sei und auch später kränklich war[3]). So haben ihm vielleicht große körperliche Beschwerden einen schweren Tod gebracht. Kann aber der unglückliche Ausgang seines Lebens nicht auch auf der geistigen Seite zu suchen sein? Gerade dahin scheint mir der Bildinhalt des Altars zu weisen, den er vielleicht selbst vorgeschrieben hat. Hieronymus war der Schutzheilige der Humanisten, und gewiß insofern mit Recht, als er sich aufs eifrigste mit den Schriften der Alten beschäftigt hatte. Nun erzählt aber die Legende, daß er einst, als er lange im Cicero und Plato gelesen hatte, von einem heftigen Fieber befallen wurde und dem Tode nahe zu sein schien. Da wurde er plötzlich vor den Richterstuhl Gottes (des Richters) geschleppt und gefragt, welchem Glauben

[1]) Zeitschr. des Vereins f. Gesch. Schles., 40. Bd, 1906, S. 140 ff. [2]) a. a. O. S. 167. [3]) a. a. O. S. 165.

er angehöre. Er erwiderte: „Ich bin ein Christ". Da sprach der Richter: „Du lügst, ein Ciceronianer bist du, nicht ein Christ; denn wo dein Schatz ist, ist dein Herz". Seitdem gab der Heilige das Lesen der heidnischen Schriftsteller auf und las mit dem höchsten Eifer nur „göttliche Bücher". Aus Reue aber zog er sich später in die Wüste zurück und kasteite seinen Körper[1]). Auch Merboth war ein eifriger Leser der Klassiker gewesen, wie ein Verzeichnis seiner Büchersammlung beweist. Vor allem aber liebte er als Philosophen und Stilisten den Cicero, dessen sämtliche Schriften er sich zu beschaffen bemühte[2]). Bereute auch er es gleich Hieronymus und wählte deshalb dessen Buße als Hauptinhalt des Altarschreins? Dazu würde dann die Darstellung der vier lateinischen Kirchenväter auf den Außenseiten der Flügel passen als der Verfasser von libri divini, wie die goldene Legende sagt, darunter auch denselben Hieronymus, nicht als Büßer, sondern als den großen Kirchenlehrer im Kardinalkleide. Alles das ist nur eine Annahme, aber sie entbehrt nicht der inneren Wahrscheinlichkeit. Wie schon erwähnt, ist im Mittelfelde die kleine Holzfigur eines Domherrn angenagelt (41 cm hoch). Schon durch ihre Tracht beweist sie, daß sie wie der Altar aus der Domkirche stammt. Den Umständen nach muß von dort auch die Staffel sein, auf der heute der Altar im Diözesanmuseum steht und die ebenfalls aus Minken hierher gekommen ist. Sie gehört ihrer Formengebung nach jedenfalls nicht zu unserem Werk, mit dem sie auch in den Abmessungen nicht übereinstimmt. So könnte auch die Figur des Kanonikus anderswoher stammen. Immerhin ist es unwahrscheinlich, daß sie als einzelnes, an sich belangloses Stück nach Minken mitgekommen sei, und so dürfen wir doch mindestens vermuten, daß wir das Bildnis unseres Helden vor uns haben. Stilistisch stimmt es mit dem übrigen Altar überein. Es zeigt uns ein vollbackiges Prälatengesicht, wie man zu sagen pflegt, mit einer bis weit auf den Schädel reichenden Stirn. Seelenkämpfe vermöchte man allerdings aus dem Antlitz nicht herauszulesen.

Durch Ezechiel sind wir auch über die weiteren Schicksale der Kapelle unterrichtet, in der heut an Stelle des alten Altars der Hedwigsaltar steht. Nach ihm befand sich in ihr eine Inschrift, die auf ihre Erneuerung durch den Kanonikus Bonaventura Han im Jahre 1586 hinwies. Es ist derselbe, der 1596 zum Bischofe von Breslau gewählt wurde, aber freiwillig verzichtete, da er die kaiser-

---

[1]) Legenda aurea, ed. Graesse, 3. Aufl., S. 654 f. [2]) Zeitschr., a. a. O. S. 148.

liche Bestätigung nicht erlangen konnte. In demselben Jahre, wo er die Kapelle erneuerte, ließ er auch an deren Westseite sein kunstgeschichtlich bedeutsames Epitaph anbringen, das sich heute noch dort befindet[1]). Er starb erst 1602 in Olmütz.

Während die Barockzeit mit den Schöpfungen des Mittelalters meist aufräumte, hören wir nach Ezechiel durch eine unter unserem Altar angebrachte Inschrift von seiner Erneuerung im Jahre 1664: Ad honorem et gloriam perennem s. s. et individuae trinitatis, gloriosae deiparae foecundae integritatis et omnium sanctorum universitatis et tutelariorum angelorum communitatis reparari fecit anno MDCLXIV Johannes a Leuderode custos cathedralis ecclesiae Vratislaviensis. Wenn Leuderode gerade den Altar Merboths erneuern ließ, so beruht das vielleicht darauf, daß er diesen als Gelehrten schätzte. War Leuderode doch selbst, wie seine Grabschrift sagt: ob raras animi dotes et singularem eruditionem notus. Er starb schon im folgenden Jahre (1665). Sein Grabdenkmal ist unter dem Fenster der Kapelle eingemauert, und bietet in der Weitschweifigkeit der Inschrift ein gutes Beispiel der Ruhmredigkeit des Barock. Auch in der Häufung der Pfründen in seiner Person glich er Merboth. Wie dieser war er auch Kanonikus an der Kreuzkirche und am Glogauer Dome und hat dort Altäre gestiftet[2]).

Wir wenden uns nun dem zweiten Minkener Altar zu. Auch er ist ein Flügelaltar, besteht aber nur aus Gemälden. Das Mittelbild zeigt die Beweinung des vom Kreuze herabgenommenen Heilands, die Innenseite der Flügel den zwölfjährigen Jesus im Tempel, die Beschneidung, die Kreuzigung und die Gefangennahme. Auf den Außenseiten der Flügel erblicken wir acht Einzelgestalten von Heiligen. Auf der Salbenbüchse der Magdalena im Mittelstück steht die Jahreszahl 1507 und darunter die Buchstaben J. E. W. Damit ist das Alter des Werks festgelegt, das sich allerdings auch stilistisch auf die Jahre um 1500 herum feststellen läßt. Jungnitz mutmaßt in seinem im Anfange erwähnten Aufsatz auf einen Maler Johannes Effenberger, der 1506 Bürger von Breslau und 1507 Meister in der Malerinnung wurde. Danach wäre das W als Wratislaviensis oder Wratislaviae zu deuten. Ich möchte aber nicht glauben, daß damals ein Breslauer Handwerker, der doch sicher der Maler des Altars war, den Namen der Stadt lateinisch gegeben oder vielmehr

[1]) Vgl. W. Nickel, Die Breslauer Steinepitaphien aus Renaissance und Barock, S. 9 f. [2]) Vgl. Erdmann, Beschreibung d. Kathedralk. u. der Kirche z. hl. Kreuz in Breslau, S. 158 f., Hilgner, Der Dom zu Glogau, S. 54, u. meinen Aufsatz über diesen Dom in Schles. Vorzeit, alte Folge, 5. Bd., S. 38 f.

in der Abkürzung angedeutet hätte. Das W dürfte wohl seinen Familiennamen bezeichnen, der sich allerdings nach dem vorliegenden Material nicht deuten läßt. Auch der anderen Vermutung von Jungnitz, der Altar, der in demselben Jahre entstand, wo Effenberger Meister wurde, sei sein Meisterstück gewesen, kann ich nicht beistimmen, da mir unser Werk künstlerisch wie formal doch weit über ein solches hinauszugehen scheint. Leider fehlen für Breslau Bestimmungen über den Inhalt des Meisterstückes. In einem Statut der Maler in Posen von 1574 wird als solches verlangt: die Jungfrau Maria mit dem Jesuskinde, die Kreuzigung „cum turba“ oder der hl. Georg zu Pferde — also kein ganzer Altar, und so dürfte es auch in Breslau gewesen sein[1]).

Wenn, wie ich nachgewiesen habe, der Hieronymusaltar von Minken aus dem Breslauer Dome stammt, so darf das auch von dem anderen Altare gelten. Aber er selbst enthält auch bestimmte Hinweise darauf. Die beiden Flügel, die den Mittelteil in geschlossenem Zustande bedecken, zeigen die beiden Johannes, den Täufer und den Evangelisten oben, und unten Hieronymus in geistlicher Tracht, sowie die hl. Hedwig. Mit Ausnahme des Hieronymus sind diese drei neben einem vierten die Patrone des Domes, und der hier fehlende vierte, Vincentius der Diakon, findet sich nun auch noch, und zwar auf der Rückseite des einen Außenflügels, der heute mit dem anderen im Diözesanmuseum auf der Seite des Altars angebracht ist. Daraus ergibt sich seine Herkunft aus dem Dome aufs bestimmteste.

Daß, wie wir sahen, Vincentius seinen ihm eigentlich gebührenden Platz unter den Patronen Hieronymus abgetreten hat, muß seinen Grund haben, und es liegt nahe anzunehmen, daß dieser seine bevorzugte Stelle dem Umstande zu verdanken hat, daß er der Namenspatron des Stifters ist. Wenn wir diesen, was an sich nicht notwendig ist, unter den damaligen Kanonikern suchen wollen, könnten wir an den 1512 gestorbenen Domherrn Hieronymus Schwofheim denken oder auch an Hieronymus Morenberg († 1518). Der erstere stammte aus Görlitz. Da aber die anderen Heiligen unseres Altars (Stanislaus, Dionysius und Thomas) keine Beziehungen zu Görlitz haben, wie man wohl mindestens für einen annehmen müßte, so scheint mir Schwofheim auszufallen. Sehr zweifelhaft ist allerdings auch Morenberg aus Breslau, wenn wir nicht annehmen wollen, daß die Wahl der Heiligen aus anderen Gründen erfolgt ist. Möglicherweise könnte nämlich der hl. Bischof, den ich eben als Dionysius bezeichnete, weil er seinen Kopf in der

[1]) A. Schultz, Untersuchungen zur Gesch. d. schles. Maler (1500—1800) S. 9.

Hand trägt — außerdem auch noch auf dem Halse — St. Adalbert sein, und dann wäre vielleicht eine Beziehung zu der gleichnamigen Kirche in Breslau gegeben. Jedenfalls läßt sich über den Stifter des Altars vorläufig nichts Sicheres sagen.

Die hier befindliche Zusammenstellung von Hieronymus und Hedwig neben dem Täufer Johannes findet sich noch an einer anderen Stelle des Domes. An seiner Nordseite ist an der Mauer ein älteres Steinbild dieses Heiligen eingefügt, über dem sich ein malerischer Vorbau erhebt. Zu beiden Seiten dieser Gestalt finden sich nun als fast erloschene Malereien Hieronymus als Büßer und Hedwig [1]). Der gegenwärtige Zustand der Malereien läßt eine stilistische Zeitbestimmung schwer zu. Besser erhalten aber sind die rein ornamentalen Darstellungen in den Bogenfeldern des Vorbaues. Sie tragen entschiedenen Renaissancecharakter und erinnern unwillkürlich an das Schmuckwerk über den Innenbildern des Minkener Altars. All das zusammen macht es wahrscheinlich, daß dieser und die eben angeführten Malereien, vielleicht auch der Vorbau selbst, auf dieselbe Persönlichkeit als Stifter zurückgehen.

Im Treppenhause des Diözesanmuseums hängt ein großes Gemälde auf Holz, das sich zuletzt in der Ägidienkirche befand [2]), seinen Abmessungen nach aber sicher aus dem Dome selbst stammt. Es zeigt die Kreuzigung Christi. Der eigentliche Vorgang ist rechts seitwärts in den Mittelgrund gerückt, links erblicken wir ebenda die trauernden Frauen. Dahinter öffnet sich der Blick auf die Landschaft, in deren Vordergrunde sich eine auf hügligem Gelände gelegene Stadt erhebt. Die Teilnahme an dem ergreifenden Vorgange wird aber abgelenkt von einer Anzahl von Reitern und einigen Fußgängern. Die Ähnlichkeit der beiden Schächer hier und auf dem Minkener Altare ist in die Augen fallend, aber auch sonst zeigen sich inhaltlich und stilistisch soviel Beziehungen zwischen beiden Werken, daß man auf denselben Künstler schließen möchte. Ein abschließendes Urteil wage ich aber nicht auszusprechen. Im anderen Falle ist der Schöpfer des Bildes stark von dem Minkener Meister beeinflußt worden, hat ihn sogar geradezu kopiert. Jedenfalls spricht auch dieser Umstand für die Breslauer Herkunft des Minkener Altars, und nur aus diesem Grunde habe ich das Bild herangezogen [3]).

---

[1]) Eine Skizze davon habe ich in Schles. Vorzeit, alte Folge, 4. Band, zu meinem Aufsatze über mittelalterl. Wandmalereien in Breslau gegeben (Tafel 2).
[2]) A. Schultz, Urkundl. Gesch. d. Bresl. Malerinnung, S. 136. [3]) Wie mir Herr Diözesanarchivdirektor Nowack mitteilte, soll Jungnitz auf dem Gemälde die Jahreszahl 1522 gelesen haben. Jetzt ist sie nicht mehr aufzufinden.

Es bleibt noch übrig, darüber zu sprechen, wie die beiden Altäre nach Minken gekommen sind. Infolge des sich wandelnden Zeitgeschmacks erhielten gerade in den letzten Jahrzehnten des 17. Jahrhunderts und noch weiterhin ältere Kirchen ganz neue Ausstattungen. So wurden z. B. seit 1680 die alten Altäre der Schweidnitzer Pfarrkirche, neununddreißig an der Zahl, von den Jesuiten abgebrochen und durch eine geringere Anzahl neue ersetzt [1]. Ebenso geschah es im Breslauer Dome unter dem Bischofe Landgrafen Friedrich von Hessen (1671—1682), der ihm ein bis in das vergangene Jahrhundert erhaltenes barockes Gewand anzog. Die abgebrochenen Altäre wurden z. T. an arme Landkirchen verschenkt, z. T. in die Unterkirche der Kreuzkirche gebracht [2]. Daß dabei nicht alles Alte beseitigt wurde, beweist uns noch heute das Vorhandensein älterer Ausstattungsstücke an dieser Stelle, wie auch der Umstand, daß Ezechiel den Merbothschen Stiftungsaltar noch 1698/99 an seinem ursprünglichen Platze sah. Wenn ihn Leuderode trotz des Geschmackswandels sogar erneuern ließ, so bildet das für jene Zeit eine Ausnahme und erklärt sich wohl am besten aus der Verehrung, die er für Merboth empfunden haben mag. Ich habe schon darauf hingewiesen. Als es sich dann nach dem Altranstädter Vertrage um den Bau und die Ausstattung der neuen Josefinischen Kuratialkirchen handelte, lag es nahe, auch dazu ältere abgängig gewordene Ausstattungsstücke zu verwenden, und so mögen damals unsere beiden Altäre nach Minken gekommen sein. Die Annahme ist erlaubt, daß auch andere Kuratialkirchen damals mit Altären u. a. aus dem Dome oder anderen Kirchen bedacht wurden. Lutsch hat diese und unter ihnen auch Minken nicht in den Kreis seiner Untersuchungen gezogen; deshalb fehlen auch unsere beiden Altäre in seinem schlesischen Kunstinventar. Ich möchte deshalb anregen, in den ehemaligen Josefinischen Kuratialkirchen Nachforschungen nach älteren Kunstwerken anzustellen [3].

---

[1] Zeitschr. des Ver. f. Gesch. u. Altert. Schles., 15. Bd., S. 564. [2] Schles. Kirchenblatt, 49. Jahrg. 1883, S. 193. [3] Die Geschäftsstelle des Vereins f. Gesch. Schles. (Breslau XVI, Tiergartenstraße 13) ist gern bereit, die Vermittelung hierin zu übernehmen.

Pastor Eberhard Rolffs.

1. Januar 19

Herzlichen Segenswunsch
zum Neuen Jahre!

Pastor Rolffs und Frau.

Ich, Carl August Hugo Eberhard Rolffs, bin geboren zu Schweidnitz d. 25. Nov. 1847 als 4. Sohn des dasigen Diaconus C. A. L. August Rolffs an der dasigen Friedenskirche. Nach erhaltenem Privatunterricht – eine Volksschule habe ich nicht besucht – kam ich bereits mit 8 Jahren auf das Gymnasium u. bestand das Abiturientenexamen daselbst Michaelis 1867. Hierauf besuchte ich als stud. theol. ev. 2 Semester die Universität Breslau, 2 Semester Halle, 2 Semester wieder Breslau. Noch während des 6. Semesters wurde ich d. 27. 7. 1870 als Soldat eingezogen: meine Erlebnisse als solcher sind in den folgenden Blättern aufgezeichnet.

Am 1. ~~April~~ Mai 1871 wurde ich vom Militär entlassen u. blieb auf Wunsch der Eltern eine Zeit lang zu Hause. Am 1. April 1872 ging ich als Hauslehrer nach Niederkunzendorf, Kreis Münsterberg, wo ich 1½ Jahr blieb – dann wurde (bei Landrat u. Major a. D. v. Janetzki) ich Hauslehrer in Krien bei Winzig, Kr. Wohlau, am 1. Okt. 1873 bei Rittergutsbesitzer v. Tschirschky. Von dort aus habe ich die erste theologische Prüfung in Breslau gemacht, sie endete d. 16. Dezember 1873*). Am 1. April 1875 ging ich als Pfarrsubstitut nach Jurpitz, Kreis Strehlen, zu P. Volkmann. Er starb im Juni dess. Jahres, und ich ging auch einige Wochen wieder ins Elternhaus. Dann mußte ich zum 2. theol. Examen einberufen: es endete am 4. August 1875: an demselben Tage wurde ich ordiniert u. ernannt. Am 5. August dess. J. ging ich als Vikar nach Frankenstein i/Schl. zu Superintendent Grave. Dort war ich 4 Monate. Am 1. Dezember 1875 ging ich als Hilfsprediger nach Rogasen, Kreis Obornik in Posen. Dort lernte ich meine liebe Emma u. verlobte mich mit ihr am 16. Febr. 1876, an welchem Tage sie gerade 20 J. wurde. Am 4. März ej. a. wurde ich vom Posener Konsistorium als Pfarrverweser der 2 unbesetzten Pfarrstellen Jarotschin und Breitenfeld nach Jarotschin berufen. Dort wurde ich bald zum Pastor gewählt, worauf d. 18. April 1876 Consist. J. No 1195. Dort blieb ich bis 30.6. 1882

---

*) im August und September 1874 war ich auch dem Seminar zu Münsterberg.

Am 14. Juni 1882 J. No 8660 wurde ich vom Kon-
sistorium zu Breslau berufen als Pastor der verei-
nigten Kirchengemeinden Minken (mater) und Peister-
witz (filia). Dieses Amt trat ich d. 1. Juli 1882 an.

Unter d. 4. Nov. 1904 J. No 18195 setzte das Breslauer
Konsistorium meinen Dienst = oder Amtsantritt vom
4. Aug. 1875 anderweit auf d. 28. Nov. 1872 an wegen
der Militärdienstzeit: dadurch gewann ich für meine
Altersdienstzeit und Pensionierung 2 Jahre und 8 Monate
und 6 Tage. Dies hatte auch ein Gewicht für die Zulagen
~~zur G~~ der Alterszulagekasse: Verfügungen des Kon=
sistoriums v. 25. 3. 1899 J. No 6514 ~~v. 1. April 1899~~ und
v. 5. 7. 1900 J. No 13846 v. 1. 9. 1900.

Verheiratet habe ich ~~mit~~ Hedwig Geest, Tochter des Kreis=
gerichtsdirektor Th. Geest zu Rogasen, Prov. Posen,
d. 24. Oktober 1876 — am 16. November 1878
wurde uns das einzige Kind geboren zu [illegible]
Hedwig Carla [illegible] Elisabet [illegible] [illegible]

Ich, Carl August Hugo Eberhard Rolffs, bin geboren zu Schweidnitz d. 25. Nov. 1847 als 4. Sohn des dasigen Diaconus C.Fr. G. August Rolffs an dasiger Friedenskirche. Nach erhaltenem Privatunterricht – eine Volksschule habe ich nicht besucht – kam ich bereits mit 8 Jahren auf das Gymnasium und bestand das Abiturientenexamen daselbst Michaelis 1867. Hierauf besuchte ich als stud. theol. ev. 2 Semester die Universität Breslau, 2 Semester Halle, 2 Semester wieder Breslau. Noch während des 6. Semesters wurde ich d. 27. 7. 1870 als Soldat eingezogen: meine Erlebnisse als solcher sind in den folgenden Blättern verzeichnet. Am 1. Mai 1871 wurde ich vom Militär entlassen u. blieb auf Wunsch der Eltern eine Zeit lang zu Hause. Am 1. April 1872 ging ich als Hauslehrer nach Niederkunzendorf, bei Landrat und Major a.d. v. Sametzki Kreis Münsterberg, wo ich 1 1/2 Jahr blieb – dann wurde ich Hauslehrer in Strien bei Winzig, Kreis Wohlau, am 1. Okt. 1873 bei Rittergutsbesitzer v. Zychlinzki. Von dort aus habe ich die erste theologische Prüfung in Breslau gemacht, sie endete d. 16, Dezember 1873. Im August und September 1874 war ich auf dem Seminar zu Münsterberg. Am 1. April 1875 ging ich als Pfarrsubstitut nach Türpitz, Kreis Strehlen zu P. Volkmann. Er starb im Juni des Jahres, und ich ging auf einige Wochen wieder ins Vaterhaus. Dann wurde ich zum 2. theologischen Examen einberufen: es endete am 4. August 1875: an demselben Tage wurde ich ordiniert und vereidet. Am 5. August des Jahres ging ich als Vikar nach Frankenstein i.Schl. zu Superintendent Gräve. Dort war ich 4 Monate. Am 1. Dezember 1875 ging ich als Hilfsprediger nach Rogasen, Kreis Obernik in Posen. Dort lernte ich meine Frau kennen und verlobte mich mit ihr am 26. Febr. 1876, an welchem Tage sie gerade 20 J. wurde. Am 4. März ej.a. wurde ich vom Posener Konsistorium als Pfarrverweser der 2 unbesetzten Pfarrstellen Jarotschin und Breitenfeld nach Jarotschin berufen. Dort wurde ich bald zum Pastor gewählt, ordiniert d. 18. April 1876 Consest. P. Nr. 1195. Dort blieb ich bis 30. 6. 1882. Am 14. Juni 1882 P. Nr. 8660 wurde ich vom Konsistorium zu Breslau berufen als Pastor der vereinigten Kirchengemeinden Minken (mater) und Peisterwitz (filia). Dieses Amt trat ich d. 1. Juli 1882 an. Unter d. 4. Nov. 1904 P. Nr. 18195 setzte das Breslauer Konsistorium meinen Dienst= oder Amtsantritt vom 4. August 1875 anderweit auf den 28. Nov. 1872 an wegen der Militärdienstzeit: dadurch gewann ich für meine Altersamtzeit und Pensionierung 2 Jahre und 8 Monate und 6 Tage. Dies fällt auch ins Gewicht für die Zulagen der Altersdienstkasse: Verfügungen des Konsistoriums v. 25.3.1899 P. Nr. 6514 und v. 5.7.1900 P. Nr. 13846 v.

l. g. 1900. Geheiratet habe ich Hedwig Geest, Tochter des Kreisgerichtsdirektors K. Geest zu Rogasen, Prov. Posen. d. 24.0ktober 1876. Am 16. November 1878 wurde uns das einzige Kind geboren zu Jarotschin Hedwig Carla Tonina Elisabet Rolffs genannt „der Dicke."

Zusatz von Elisabet Albrecht geb. Rolffs. 1965

In diesem Pfarramt Minken/Peisterwitz Kreis Ohlau Bez. Breslau hat mein Vater 1882–1914 im Segen gewirkt. Er hatte 2 große Kirchgemeinden: 5 Dörfer, 2 Kirchen, 3 Friedhöfe, 5 Schulen im Ganzen etwa 5'000 Seelen. In den ersten Jahren mußte auch die Landwirtschaft seines Vorgänger weiter geführt werden, später wurde dies abgeschafft u. der Pfarracker verpachtet. Nach seinem 25jähr. Dienstjubiläum bekam er einen Lehrvikar ins Pfarrhaus 1899, der bald durch einen ordinierten Vikar abgelöst wurde u. nach Peisterwitz kam. Peisterwitz ist dann selbständige Pfarrstelle geworden. Mein Vater hatte sich gewünscht im Amt zu sterben, aber sein Halsleiden verschlimmerte sich so, daß er im Frühjahr 1914 seine Pensionierung beantragen mußte u. am 1. Okt. von Minken Abschied nahm. Die Eltern zogen nach Frankfurt/O, wo ich mit Amtsg. Rat Bernhard Albrecht verheiratet war. Es war ein schönes Zusammenleben nur getrübt durch den Weltkrieg. Aber Eberhard Rolffs, der den Krieg 1870/71 mit Begeisterung mitgekämpft hatte, hoffte noch auch diesmal auf Deutschland Sieg, als ihn Gott am 21. 7. 1918 heimrief in Seinen ewigen

Confirmations-Schein.

Emilie Marie Kinast,

geboren am 30. August 1878 zu Minken ist nach vorausgegangenem Unterricht in der christlichen Lehre und nach abgelegtem Bekenntnisse des evangelischen Glaubens auf das Gelübde, diesem Glauben die Treue zu halten, am 10. April 1892 in der evangelischen Pfarr-Kirche zu Minken eingesegnet worden, und hat darauf das heilige Abendmahl empfangen.

Off. 2, 10. Sei getreu bis an den Tod, so will ich dir die Krone des Lebens geben.

Minken, den 10. April 1892

Stoffs, P.

Der Jungfrauenverein in Minken

Während der Amtszeit (1915 – 1926) von Pastor Bierbaum gab es den Jungfrauenverein, der sich unter anderem zur Aufgabe gemacht hatte, die Soldaten des Ersten Weltkrieges mit warmen Stricksachen zu versorgen. Da wurden Stützel gestrickt, Fingerlinge, Wollsocken, Nierenschützer. Die Schafwolle in grau verwaltete Frau Gans. Ein feines Kissen mit vaterländischen Motiven vom U-Boot-Krieg zum Beispiel stickte die spätere Frau Feier-Ruhm.

Wir sehen auf dem Foto von 1917 unsere Mütter, als sie junge Mädchen waren.

Minken: An der ev. Kirche

Die evangelische Kirche in Minken Kreis Ohlau

„Herr, ich habe lieb die Stätte deines Hauses und den Ort, da deine Ehre wohnet."

Dies Wort aus dem 26. Psalm stand unsichtbar als Bekenntnis der Gemeinde über dem Minkener Gotteshaus. Und diese Liebe klingt immer wieder durch alle heimweherfüllten Gespräche der letzten 12 Jahre. Die Glieder der Kirchengemeinde Minken sind weit verstreut im Norden, Süden, und Westen des Bundesgebietes, aber auch in der Sowjetzone. Wohl die meisten fanden s. Zt. Aufnahme im Weserbergland, im Kreis Hameln-Pyrmont. Hier gibt es manche schöne alte Kirche, und doch hörte ich immer wieder das gleiche Urteil: „Unsere Kirche in Minken war doch viel schöner." Was man so recht von Herzen liebt, ist immer am schönsten. Aufs schmerzlichste wurde diese Liebe gekränkt, als nach dem letzten Kriege die polnische katholische Kirche unser Gotteshaus in Besitz nahm und für ihre Feiern umgestaltete, während die evangelischen Deutschen bis zur Vertreibung im Juni 1946 ihre Gottesdienste in Privathäusern abhalten mußten. Mit dem Verlust der Kirche nahm die Heimatlosigkeit ihren Anfang.

Eine richtige Dorfkirche war unser Gotteshaus nicht; es gehörte überhaupt keinem bestimmten Baustil an. Und doch übte diese Kirche durch ihren Standort einen ganz besonderen Reiz aus. Als ich zum ersten Mal vor rund 20 Jahren, mit der Bahn von Breslau nach Minken fuhr, man benutzt dazu die Strecke Breslau-Karlsmarkt-Oppeln, erblickte ich schon zwei Stationen vorher die hochaufragende Kirche in der weiten Landschaft. Sie liegt auf einer leichten Anhöhe am Rande des Dorfes, inmitten des liebevoll gepflegten Friedhofes, und wirkt mit dem hohen Turm recht imposant. Es ist nicht verwunderlich, daß die Dorfbewohner stolz auf ihre Kirche waren, die Raum für mehr als 1000 Menschen bot.

Das Gotteshaus wurde 1870 aus roten Backsteinen erbaut. Man erzählte, daß ein Bauplan verwendet wurde, der ursprünglich für eine Kirche in Frankfurt-Oder am rechten Oderufer (Dammseite) gedacht war. Dort ist niemals eine Kirche gebaut worden. Ob dies stimmt, weiß niemand genau; es würde aber erklären, warum die Minkener Kirche nach Art und Größe eher einer Stadtkirche ähnlich sieht. Es ist ein

Hallenbau mit einer dreiseitig umlaufenden Empore; darüber befindet sich an der Turmseite noch eine Orgelempore. Von den bunt verglasten Fenstern war besonders schön das mittlere im Altarraum, Christus mit der Weltkugel darstellend. Den Altar schmückte nur ein hochaufragendes schlichtes Holzkreuz, an das 1944 eine zirka 60 cm große holzgeschnitzte Christusfigur geheftet wurde. Diese Figur war von ganz besonderer Schönheit. Sie hatte sich, stark beschädigt, im Nachlaß des früheren Pastor Rolffs gefunden, dessen Tochter, Frau Else Albrecht, geb. Rolffs in Frankfurt-Oder, ließ das kleine Kunstwerk restaurieren und übergab es 1944 der Kirche zu Minken. Über die Herkunft dieser Figur konnte Frau Albrecht nichts aussagen: es ist nicht unmöglich, daß sie aus der früheren Minkener Kirche stammt.

Über Platz und Aussehen dieser früheren Kirche konnten wir niemals Genaueres erfahren, obwohl wir bei allen in Frage kommenden Stellen in Breslau (Konsistorium, Archiv, Museum) Nachfrage hielten. Nirgends war ein Bild davon zu entdecken. Auch von den ältesten Gemeindegliedern war nichts weiter darüber zu hören, als daß es ein kleiner bescheidener Fachwerkbau gewesen sein soll, wie viele Dorfkirchen im Ohlauer Kreise.

In früheren Zeiten war Minken mit Peisterwitz zur „Evangelischen Kirche von Minken und Peisterwitz" verbunden. Man nimmt an, daß die Kirchen dieser beiden Dörfer aus der zweiten Hälfte des 14. Jahrhunderts stammen.

Erna Pfeil

Ausflug auf die Kynsburg vom Roten Kreuz Minken

mit der Pastorgattin Erna Pfeil und ihrer Haustochter Ruth, Frau Krautwurst mit ihrem Neffen, Schmalisch Grete, Kosok Elly, Gurn Traudel, Wurche Inge, Nitschke Frieda, Ruhm Erndl und Scholz Irmgard.

Familiennamen

Nach einer Statistik, die mir Siegfried Kretschmer aus Remscheid schickte, gab es in Minken im Jahre 1782 zwanzig Bauernstellen, zweiundfünfzig Gärtner und Häusler, achtundsiebzig Besitzungen überhaupt, ein Vorwerk-Gut und nur 568 Einwohner. Von den Familiennamen aus jenem Jahrhundert sind bekannt: Kosok, Ruhm, Anders, die Namen dreier Bauerngutsbesitzer (meine Urururgroßväter) Gottfried Glatz, Gottfried Schuster, George Kinast und der Name meines Ururururgroßvaters Heinrich Buchwald, der Vorwerksschäfer war in Minken. Ihm gilt meine Sympathie, denn niemand wird die Landschaft, in der wir lebten, so in seine Seele aufgenommen haben, wie dieser Mann.

Bis zum Jahre 1841 war Minken noch immer ein Dorf mit einem Dominium aber nur noch achtzehn Bauernstellen. Das änderte sich mit der Stein-Hardenbergschen Agrarreform, die mit dem Gesetz vom 9. 10. 1807 die Leibeigenschaft aufhob: Mit dem Martinstag, dem 11. 11. 1810 hört alle Gutsuntertänigkeit auf, um mit der Ablösungsordnung von 1821 neue Verhältnisse zu ermöglichen.

1810 hatte Herr Krakauer das staatliche Dominium erworben – er war mit der Tochter des Minkener Pastors Benjamin Kutsch verheiratet – es aber 1841 veräußert. Die Minkener, das ist unseren Altvorderen hoch anzurechnen, kamen auf die beherzte Idee, es selber zu kaufen. Das muß ein großer Tag gewesen sein. Wir kennen die Geschichte vom Lehrer Mühl, den Bauern Junak und Kinast, die mit dem Kastenwagen nach Breslau rumpelten und sich bei Johann Gottlieb Korn, dem Herausgeber der Schlesischen Zeitung, blanke Taler liehen, auch bei der Fürstentumslandschaftkasse Brieg, das Dominium für 96 500 Reichsthaler erwarben und aufsiedelten. Von den Handwerkern aus der Zeit vor 1841 ist uns der Name Reisner ein Begriff, er war der letzte Böttcher des Dominiums.

Die 18 Bauern vor 1841 hießen, beginnend auf dem Ring in Richtung Tuhm:

1. Ruhm
2. Mühl
3. Kräcker
4. Skode - Josef Laugwitz

5. Kosok
6. Blassner

Vom Ring in Richtung Kret-Ende:

7. Gerichtskretscham Kiontke
8. Heinrich Kinast (Schimmelkinast)
9. Gottlieb Kinast (Bergelkinast)
10. Konietzke
11. Wandel
12. Schenkekinast
13. Schaar
14. Junak
15. Daniel Kinast (Boomschelkinast)
16. Schölzel-Laske
17. Gottfried Kinast (Ökonomkinast)
18. Karl Kinast (Lumpelkinast)

Jeder Bauer besaß eineinhalb Hufe Flemisch, der Gerichtskretscham zwei Hufe Flemisch, ebenso die Pfarrei. 1871 hatte Minken 145 Wohngebäude für 246 Familienhaushaltungen und 34 Einzelhaushalte. Die Einwohnerzahl war nun doppelt so hoch wie im Jahre 1782. Sie betrug im Jahre 1871 1180 mit 14 ortsabwesenden Personen.

Die Minkener Familiennamen aus dem Standesamtsregister von 1874 bis 1877 sind uns heute noch geläufig. Es gibt sie noch, die Griegers, Großers, Ruhms, Kosoks, fern der Heimat.

Vergessen aus jener Zeit sind die Namen des Pachtmüllers Wengler, des Maurers Schramm und des Tagearbeiters Gatzke. Am 17. März 1875 zeigt Karl Mocha, Häusler und Stellmachermeister, die Geburt seines Sohnes Ernst an, Vater von Liesbeth Baensch.

Damit die Namen der Minkener Familien mit den Häusern in denen sie gelebt haben, die Häuser sind ja noch dort, wo wir herkommen, übereinstimmen, stelle ich mich jetzt auf den Ring und beginne in Richtung Rodeland aufzuzählen.

Kret-Ende, linke Seite:

1. Gerichtskretscham Poguntke Erwin, Bauer
   Gasthauspächter Höppchen Walter
2. Miserre Georg, Bauer und Amtsvorsteher
3. Schmidt Franz, Bauer
   Schmidt Gertrud, Kolonialwarenhandlung

4. Platzke Paul, Bauer
5. Kinast Erwin (Kunzekinast), Bauer
6. Hirschfeld-Henschel, Ferienhaus
7. Blasche Fritz, Viehhändler
   Wandel Johann, Adam Max, Stationsmeister
8. Schöpke Oskar, Bauer
9. Kosok Ernst (Liebskekosok), Bauer
10. Goldner Robert, Milchkontrolleur (Schaar Haus)
11. Schaar Paul, Bauer
12. Kinast Oskar, Bauer und Standesbeamte
13. Kunze Otto, Bauer
14. Bochnig Robert, Arbeiter (Glaser-Haus)
15. Werft Karl, Schuster
16. Kunze Oskar, Bauer und Fleischer
17. Mierswa Ernst, Bauer
18. Nowak Ernst, Arbeiter
19. Glaser Gottlieb, Bauer
20. Glaser Gottlieb Auszughaus,(französische Kriegsgefangene)
    beide Häuser 1945 zerstört
21. Wiezorek Adolf, Bauer, Haus zerstört
22. Kosok Richard, Bauer (Schwarzegasse)
23. Kosok Paul, Bauer (Schwarzegasse)
24. Niechziol Otto, Bauer
25. Nowak Oskar, Bauer
26. Scholz Oskar, Bauer
27. Ruhm Gottfried, Bauer
28. Platzke Paul, Bauer
29. Wieloch Oskar, Tischler

Kret-Ende, rechte Seite:

30. Laugwitz Otto, Gasthaus und Fleischerei Wuttke,
    Pächter. Himmelseher Maria, Rentnerin
31. Johann Kinast 6, Gasthaus und Fleischerei
    Brix Robert, Elektromeister
    Brix Irene, Schneiderin
    Gawor Georg, Maler
32. Kiontke Paul, Bauer
    Muhme Keller

33. Miserre Oskar, Bauer
Matros Josef, Auszügler
34. Vogt Paul, Bauer
35. Kinast Karl 3, Bauer und Ortsbauernführer
36. Junak August, Bauer und Kirchvater
37. Kinast Johann 4 (Pooschekinast), Bauer
38. Vogt Gottlieb, Bauer
39. Ottmann August, Tischlerei
Keller Fritz, Fahrradgeschäft
Kache Paul, Arbeiter
40. Drobek Wilhelm, Bauer
41. Junak Ernst, Hausbesitzer
Miserre Ernst, Apotheker
Idschik Johann, Nachtwächter
42. Kretschmer Paul, Briefträger
Langner Pauline, Witwe des Schneidermeisters Langner
43. Kinast Otto (Boomschelkinast), Bauer
44. Gerlach August, Bauer
45. Vogt August, Bauer, Haus zerstört
46. Brix Gustav, Bauer
47. Grosser Heinrich, Bauer
48. Niechziol Paul, Bauer und Jäger, Haus zerstört
49. Koschel Paul, Arbeiter (Auszughaus von Paul Niechziol)

Vom Ring Richtung Bischwitz, Tuhm, rechte Seite:
50. Ruhm Richard, Bauer und Sägewerkbesitzer
Kaupisch Helene,
Kaupisch Lotte, Kindergärtnerin
Idschik Richard, Schmied (Häuser von Ruhm Richard)
51. Feuerwehrgerätehaus
52. Kunze Erwin, Bauer
53. Brockel Gottfried, Schuhmacher (Haus von Junak Oskar)
54. Junak Oskar, Bauer und Bürgermeister
55. Schleifer Ernst, Maler
56. Berger Gustav, Zimmermann, Milchgeschäft
57. Liebske Alfred, Bauer und Bäckermeister (Bäckerei)
Liebske Emilie, Hoffmann Elly
58. Kosok Ernst, Bauer, nicht geflüchtet, tot aufgefunden
59. Kosok Fritz, Bauer

60. Walter Pauline, Bäuerin
61. Bürger Paul, Bauer
62. Ruhm Paul (Feierruhm), Bauer, Treckführer, Flucht 1945
63. Harmuth Paul, Bauer
64. Lontke Paul, Bauer, nicht geflüchtet, tot aufgefunden
65. Nowak Johann, Bauer
66. Bedranowsky Karl, Bauer (Haus zerstört)
67. Müller Pauls Mietshaus
68 a, Pulst Gustav, Arbeiter
Kiok Erwin,
Zedler Paul, Rentner
Eigenwillig Berthold, Gemeindebote
68. Müller Paul, Fliesenlegemeister, Ofensetzer, Baustoffhdl.
69. Urban Karl, Dachdecker- und Klempnermeister
Urban Auguste, Textilgeschäft
70. Kosok Oskar, Schneidermeister
Friebe, Schausteller
71. Grieger August, Maurer
Zilankowsky Hubert, Zimmermann
72. Grieger Karl, Maurer und Landwirt
73. Grieger Johann, Haus verkauft an Berndt Heinrich
74. Harmuth Richard, Bauer
75. Nitschke Heinrich, Bauer
76. Kinast Walter, Bauer (Gemütlichkonietzke)
77. Kosok Johann, Schneidermeister
78. Ruhm Gottfried, Bauer (Zoater)
79. Gewande Johann, Maurer
80. Nitschke Hermann, Bauer

Vom Ringe aus, Tuhm, linke Seite:
81. Schmalisch Alfred, Bäckermeister, Bäckerei
Soport Johann, Rentner
82. Krautwurst, Kaufmann, Lebensmittelgeschäft, Landhandel
Haus zerstört bis Heinze Albert
83. Schmalisch Otto, Gemeindeschreiber, Kohlenhandlung
84. Heinze Albert, Friseurmeister, Friseursalon
85. Gritzke Hermann, Häusler
Möncke Karl, Arbeiter
Mertens Rosa, Diakonisse

86. Nowak Anna, Bäuerin
87. Mühl Josef, Bauer (Kreuzmühl) Mutter und Verwandte nicht geflüchtet, tot aufgefunden.
Alois Mühl vom Volkssturm noch einmal nach Minken zurückgegangen, verschleppt, sein Schicksal ist unbekannt.
88. Bürger Pauline, Bäuerin (Glaserbürger)
89. Gutsmann Karl 1, Bauer, nicht geflüchtet. Er wurde bei unserer Rückkehr nach Minken im Mai 1945 tot aufgefunden.
90. Schule ev. Gurn Walter, Hauptlehrer und Kantor
Gurn Martha, Klavier- und Handarbeitslehrerin
91. Knies Heinrich, Maurer
Knies Anna, Obst- und Gemüsehändlerin
92. Paul Franz, Sattler und Fleischbeschauer
Paul Adolf, Telegrafenarbeiter
Paul Karl, Postbote
93. Ziegler Karl, Reichsbahnassistent
Pietsch Gustav, Arbeiter
Gräser Heinrich, Arbeiter
94. Pfeil Herbert, Pastor
Kindergarten
95. Kinast Paul 1, Bauer
96. Junak Karl, Bauer
97. Ruhm Erwin, Bauer
98. Brzuske Wilhelm, Bauunternehmer, Amalie ......
99. Kinast Karl 2, Bauer
100. Kirsch Reinhold, Bauer
Pohl Karoline, Rentnerin
101. Kinast Ottilie, Gastwirtschaft und Fleischerei
Gaidetzka Karl, Fleischer und Gastwirt
Grieger Alfred, das 9. Kind wurde auf der Flucht geboren
Wende Karl, Schuster
Kinast Wally auf der Flucht verschollen
102. Konietzke Robert, Bauer
103. Theuer Gottlieb, Schuhmacher
104. Kiok Robert, Maurer

Über der Sandgrube:

105. Kirche ev.

106. Otto Hermann, Bauer
Jakisch Edith
107. Kinast Johann 5, Bauer (Beganderkinast)
108. Bürger Erwin, Ölmühlebesitzer
109. Butzek Johann, Maurer
Butzek Franz, Maler
Butzek August, Rentner
110. Vetter Adolf, Arbeiter
111. Ziegelei Ruhm (Feierruhm)

Lampersdorfer Straße, linke Seite:
112. Kosok Otto, Arbeiter
113. Müller Robert, Obsthändler
114. Kutzke Richard, Landwirt
115. Kutzke Gustav, Obsthändler

Lampersdorfer Straße, rechte Seite:
116. Kinast Robert, Tischler
117. Gewande Otto, Maurer
118. Goletz Paul, Bahnarbeiter

Straße nach Sandhof:
119. Knappe Alfred, Schuhmachermeister
120. Wagner Paul, Schrankenwärter

Im Dreieck zwischen der Straße nach Bischwitz und der Straße nach Mühlatschütz,(Abzweigung nach Lampersdorf):
121. Kutzke Paul, Bauer
Kutzke Paul, Rentner
Berger Paul, Kaufmann,
Lebensmittelgeschäft
122. Ruhm Johann, Bauer (genannt Moritz)
123. Treske Hermann, Bauer
124. Kutzke Johann, Straßenmeister
125. Nitschke Paul, Häusler (Tinenitschke)
126. König Rudolf, Invalide
127. Lange Richard, Arbeiter
128. Schmalisch Gustav, Mühlwerkführer
129. Nitschke Ernst, Bauunternehmer

130. Wollny Wilhelm
131. Ruhm Ernst

Gritzkegasse:
132. Knorr Hermann, Bauer
133. Brix Hermann, Bauer
134. Kaiser Reinhold, Fleischer

Mühlatschützer Weg (Köberleingasse):
135. Schloß, Köberlein Hermann, Kaufmann, Landhandel, Sitz der Spar-und Darlehnskasse Minken
Kittner Max, Arbeiter
Lange Otto, Reichsbahnassistent
Soport Franz, Schuhmacher
Kabus Friedel
136. Mühle und Getreidehandel, Wurche Martin

Hinterm Zaune:
137. Bäckerhaus von Oskar Miserre
Rinke Erhard, Arbeiter
Standke Gustav, Arbeiter
Kiontke Gottlieb, Rentner
Drobionka Emanuel, Arbeiter
Drobionka Johann, Arbeiter
138. Gans Josef, Obsthändler
139. Glatzel Clemens, Bauer (Haus zerstört)
140. Kinast Paul, Bauer (Kosokmichel)
141. Peschke Max, Wiegemeister, Strickerei
Lawatsch Elise, Kranzbinderin
Pospich Hedel
142. Exner Johannes, Rentner und Imker
143. Bochnig Richard, Bauer
144. Kirche kath.
145. Brauner Rudolf, Lehrer, kath. Schule
146. Nerger Alfons, Pfarrer
147. Gollesch Daniel, Bauer
148. Konietzke Johann, Bauer
149. Bolik Paul, Bahnarbeiter
150. Mocke Ernst, Straßenwärter

Bahnhofstraße, vom Ring aus, linke Seite:

151. Jäschke Oskar, Maurer
Pruß Alfred, Bäcker
152. Ruhm Paul, Stellmacher und Brunnenbauer
Heilmann August, Schrankenwärter
153. Autowerkstatt Ruhm Söhne
154. Hübner Hermann, Schlosser (Reparaturwerkstättel)
155. Ruhm Herbert
Krause Karl, Melker
Sperr Paul, Arbeiter
Knorr Paul, Zimmermann
156. Schleifer August, Wiegemeister und Häusler
Winter Karl, Arbeiter
157. Schleifer Erich, Malermeister Schleifer Gertrud, Hebamme
158. Konietzke Gottfried, Zimmermann
Konietzke Elisabeth, Hebamme
Volksschullehrerinnen Langerbek, Kuschmann, Goy, Dei. Idschik
159. Kiok Karl, Bahnarbeiter
Fiebig Hermann, Arbeiter (Konietzke Haus)
160. Köhl Anton, Hausbesitzer
161. Fuhrmann Paul, Handelsvertreter, Landmaschinenhandel
Sänger Wilhelm, Arbeiter
162. Bethmann Paul, Dentist
163. Reinsch Gottlieb, Rentner
164. Landjahrheim
165. Kinast Elisabeth und Oskar
Marschall Paul, Obstpächter
Fuhrmann Karl, Rentner
166. Wenzel Karl, Reichsbahnassistent
167. Scholz Robert, Bahnstationsvorsteher
168. Bahnhofsgebäude mit Wohnung für die Vorsteher Pieloth, Jensch, Kubitsch, Hoffmann in der Reihenfolge ihrer Amtszeit.

Bahnhofstraße, rechte Seite:

169. Kinast Erwin, Bauer (Jürgekinast)
170. Stiller Richard, Bauer
Kinast Richard, Schornsteinfegermeister
171. Pospich Joseph, Schmiedemeister
Pospich Alois, Schmied

172. Mühl Albert, Bauer
173. Liebe Kurt, Rentner und Gemeindeschreiber (Nowak Haus)
174. Wurche Reinhold, Mühlenbesitzer
175. Wachtmeisterhaus von Georg Miserre
Richter Richard, Gendarmeriehauptwachtmeister
Koschnig, Gendarmeriewachtmeister
176. Becker Karl, Rottenführer i.R.
177. Grieger Fritz, Maurer
178. Reich Gustav, Arbeiter, Wabnig, Arbeiter
179. Liebschwager Otto, Häusler
180. Dr. Tiltsch Willibald, Arzt
181. Bochnig Fritz, Maurer
182. Kinast Oskar, Bauer (Der DrauBige)
183. Kunze Hermann, Tischlermeister, Postagentur
184. Tischlerei
185. Nestor, Revierförster i.R.
186. Hirmke Franz, Hausbesitzer
187. Wenzel Karl, Pelz Oskar, Bahnarbeiter

Der Tuhm

Manche Wörter wechseln mit den Generationen, andere wieder bleiben viele Menschenalter lebendig und sind das SchloB zum Tor in die Geschichte, wenn sich nur der Schlüssel dazu fände.

In Minken nannte man das Ostende des Dorfes Thum, Tum oder Tuhm, die Schreibweise des letzten Wortes soll gelten, um allen Irrtümern aus dem Weg zu gehen. Wir kennen es nur als gesprochenes Wort. Vom Ring die Dorfstraße in östliche Richtung ging man auf den Tuhm und stieB auf den spitzen Winkel einer dreieckigen Fläche, auf das Haus von Kutzke Paul, Warenhaus Paul Berger. Die Straße gabelt sich, führt an den bebauten Schenkeln vorbei und verläuft in fünf verschiedene Richtungen: 1. Mühlatschütz, Postelwitz nach Bernstadt. 2. Lampersdorf. 3. Wilhelminenort. 4. Bischwitz, nach Namslau. 5. Sandhof. Im rechten Winkel des Dreiecks steht das Anwesen von Schmalisch Gustav. Zwischen diesem und dem Haus von Nitschke Ernst liegt die Tuhmer-Lusche, die bis an die gegenüberliegende Seite, die Bischwitzer Straße grenzt.

Jeder Minkener weiß, wenn er das Wort Tuhm hört, was damit gemeint ist. Aber wenn man ihn fragte, was Tuhm bedeute, würde er vielleicht achselzuckend antworten, das habe schon immer so geheißen.

Der Umgang damit war zu gebräuchlich. Vorhanden muß der Tuhm schon gewesen sein, als unsere Minkener Dorfgeschichte 1266 mit der ersten urkundlichen Erwähnung begann. Was für eine Situation die deutschen Siedler vorfanden, mag ein Auszug aus der Leubuser Chronik, die ein Zisterzienser Mönch niedergeschrieben hat, verdeutlichen:

Keine Stadt im ganzen Land, Gestrüpp und Bruch um die Tore des Klosters, kein Salz, kein Eisen, keine metallene Münze, keine guten Kleider, nicht einmal Schuhe hatte das Volk und weidete seine Herden.

Wie es zu jeder Geschichte eine Vorgeschichte gibt, so endet die Minkener Vorgeschichte mit dem Tuhm, der gleichzeitig Anfang des Angerdorfes wird. Während der Dorfname ein Eigenname zu sein scheint, wir kennen die berühmte Fehde des Ritter Nickel von Minckwitz auf Sonnenwalde, weist Tuhm auf die Vorgeschichte hin, auf die Jahrhunderte vor der Jahreszahl 1000 .

In der russischen Sprache gibt es neben dem stimmlosen auch das stimmhafte SCH. In der deutschen Sprache wird sch immer stimmlos gesprochen, wie z.B. in Scheune, Asche, Tausch. Es liegt daher nahe der Tuhmer Lusche auf den Grund zu gehen. Lusche ist das russische Wort für Pfütze, Lache. Tuhm könnte ein Fragment des russischen Wortes Tuman sein, das Nebel heißt. Die Tuhmer-Lusche wäre als Nebellache denkbar.

Neblig war unsere Tuhmer-Lusche nicht, nicht zu unserer Zeit. Im Sommer ritten die Bauernjungen mit ihren Pferden in die Schwemme. Im Winter lief die Dorfjugend Schlittschuh, tagsüber die kleinen Kinder, abends die großen.

Der Bruder meiner Miserre-Oma, Oskar Kinast, geboren 1878, schrieb zur Entstehungsgeschichte des Dorfes:

In der Umgebung von Minken, besonders bei Lampersdorf, Prietzen, Mühlatschütz, befinden sich nach alten Urkunden, die ich selbst eingesehen habe, Vandalen-Gräber. Damals bestand das Dorf aus nur wenigen Besitzungen in den Sandbergen auf den heutigen Röhren.

Wir kennen das Datum dieser Epoche aus dem Geschichtsunterricht. 375 Beginn der Völkerwanderung, Einfall der Hunnen.

Was bei den Vandalen Tuhm bedeutete und überhaupt, wer weiß. An der permanenten Benutzung dieses Wortes aber ist kein Zweifel. Es hat sich deshalb als beständig erwiesen, weil es für jede Zunge mühelos ausgesprochen werden kann.

Der Minkener Kirchenchor vor der evangelischen Kirche, Westportal

Erste Reihe von oben von links nach rechts: 1. Markwart Manfred, 2. Schmalisch Max, 3. Urban Richard,

Zweite Reihe: 4. kenne ich nicht, 5. Schmalisch Hilde, 6. Richter Dora, 7. unbekannt,

Dritte Reihe: 8. Heinze Albert, 9. Walter Frieda, 10. Kinast Emma, 11. Schüller Martha, 12. Gewande Klara, 13. Müller Wally,

Vierte Reihe: 14. Schleifer Erich, 15. Liebske Alfred, 16. Urban Erna, 17. Poguntke Martha, 18. Lontke Frieda, 19. Bürger Wally, 20.Gutsmann Martha,

Fünfte Reihe: 21. ?, 22. Grieger Erwin, 23. Kinast Martha, 24. Grieger Frieda, 25. Gertrud Grieger, 26. Ruhm Elli, 27. Vogt, 28. Kinast, (von der Bahnhofstraße), 29. 30. 31. ?, 32. Richter Hilde,

Sechste Reihe: 33. Grieger Karl, 34. Kosok Fritz, 35. Grieger Johann, 36. Schleifer, 37. Lehrer Gurn, 38. Schmalisch Alfred, 39. Kosok-Schneider, 40., 41. ?

Der Kirchenchor macht einen Ausflug, Dampferfahrt auf der Oder

Mit von der Partie sind: Erste Reihe von links nach rechts: Grieger Fritz, Liebske Alfred, Nitschke Ernst, Schleifer Erich, Schmalisch Max, Schmalisch-Bäcker.

Zweite Reihe: Poguntke Grete, Schüller Martha, Richter Dora, Gutsmann Martha, Lange Klara.

Dritte Reihe: Grieger Frieda, Richter Hilde, Poguntke Martha, Schleifer Frieda, Lehrer Gurn, Grieger Gertrud, Lontke Frieda, Vogt Martha, Nitschke Liese.

Vierte Reihe: Schmalisch Alfred, Schmalisch Emmi, Grieger Johann, Lontke Martha, Vogt.

Die Namen ermittelte Gertrud Seidel geborene Grieger.

Die evangelische Kirche in Minken

von der Ostseite fotografiert, deutlich zu erkennen ist die Apsis, (Altarraum)

Die Häuser von rechts nach links: Vetter Adolf, Butzek Johann, Bürger Erwin, Berg-Kinast Johann Scheune, Kirche, Teuer Scheune, davor die Teuer-Sandgrube. Die StraBe führt über Groß-Mühlatschütz, Postelwitz nach Bernstadt. Hinter dem Fotografen geht der Weg an den drei Friedenseichen vorbei zum Freibad auf die Röhren, nach Wilhelminenort, nach Lampersdorf und auch nach Namslau.

Bürger Erwins Oelmühle in Minken war seit hundert Jahren im Besitz der Familie Bürger. Zur Zeit von Bürger Johann wurde noch im Handbetrieb gepreßt. 1927 baute Bürger Erwin auf dem Berge. Leinen wurde vom Großhändler gekauft, dann heiß geschlagen und per Liter und halbe Liter in Minken, Bischwitz, Rodeland, Mühlatschütz, Ziegelhof verkauft, ebenso die Oelkuchen als Futtermittel. 1938/39 wurde nur noch gepreßt, was die Leute an Leinsamen brachten. Heiß schlagen heißt: Leinsamen mahlen, im Kessel wärmen, in Tücher tun und in der hydraulischen Presse auspressen.

Die Pfeifer und Trommler von Minken

Man kann wohl Menschen aus ihrer angestammten und geliebten Heimat vertreiben, aber die Erinnerung und Sehnsucht nach ihr kann man ihnen zum Glück nicht nehmen, was sich wohl einige sogenannte Ideologen heimlich wünschen mögen. – Die Gedanken sind immer noch frei.

Im Alter und im Ruhestand, wenn der Mensch nicht mehr so durch Arbeit und Existenz beansprucht wird, ist er mit seinen Gedanken noch öfter in seiner Kindheit und Jugend und damit auch in seiner Heimat. Sind ihm trotz Flucht, Kriegseinwirkung und Vertreibung aus der Heimat noch einige Fotos geblieben, so tritt die Erinnerung noch deutlicher vor Augen. Das bewirken auch immer wieder die veröffentlichten Fotos im Heimatblatt.

Es ist zwar schon sehr lange her, aber vielleicht erinnert sich mancher Leser doch noch an den kleinen Spielmannszug der evangelischen Volksschule in Minken; das war in den goldenen zwanziger Jahren. Mit klingendem Spiel marschierten die Jungen in den Sportstunden durch das Dorf zum Sport- und Spielplatz in der Kirchsandgrube. Manchmal spielten sie sogar auch zu festlichen Veranstaltungen. Die Idee hatte der damals zweite Lehrer und spätere Kantor Walter Gurn.

Die Herrn Ernst Nitschke (die Trommler) und Robert Konietzke (die Pfeifer) hatten die Jungen in den Wintermonaten ausgebildet. Da wurde bei Konietzkes der Küchentisch mitten in die große Küche gestellt, und im Gänsemarsch mit Weidmannsheil und Preußens Gloria herummarschiert, bis es geklappt hat. Bei gutem Wetter wurde dann sonntags auf der Landstraße mit den Trommlern zusammen geübt.

Dieser Schüler-Spielmannszug muß wohl einzig im Kreis Ohlau gewesen sein, denn ein Höhepunkt war die Einladung zu einem Deutschen Abend nach Ohlau in den großen Theater- und Konzertsaal des Cafe Haupt. Es war im Spätherbst 1924, die Väter der Kinast-, Vogt- und Glaser-Söhne holten die guten Plauwagen, die auch oft als Hochzeitskutschen gebraucht wurden, aus der Remise, spannten die Pferde vor, und ab ging es nach Ohlau. Es war inzwischen finster geworden, als wir dort ankamen. Als es heftig unter den Rädern polterte und im Wagen dröhnte, da hieß es: „Jitze sein wer ufm Ringe." Das alte Kopfsteinpflaster war damals noch nicht mit Asphalt überzogen.

Die Kutscher spannten die Pferde im Deutschen Haus aus und wir gingen zu Haupt.

Der große Saal war voll bis auf den letzten Platz besetzt.

Zwischen den einzelnen Darbietungen spielten wir unsere Märsche und ernteten riesigen Beifall. Das war ein großes Erlebnis für uns Jungen.

Das Foto wurde an dem Abend auf der Bühne dieses Saales gemacht. Auf der Heimfahrt waren wir schon mehr oder weniger eingeschlafen, und schlaftrunken stiegen wir aus den Wagen, um schnell nach Hause in die warmen Betten zu kommen. Weil wir am nächsten Tag schulfrei hatten, konnten wir uns ergiebig ausschlafen.

Als ich 16 Jahre alt war, kaufte mir mein Vater eine große Querflöte und ich lernte beim Leiter der Grieger-Musikkapelle Karl Grieger nach Noten spielen. Lange Zeit spielte ich in dieser Kapelle bei Tanzvergnügungen mit. Mein Vater spielte den Baß.

Der Volksschullehrer Rudolf Brauner liebte das Flötenspiel und war ein Verehrer von Beethoven. Er veranstaltete zum hundertsten Todestag von Beethoven 1927 im Laugwitzsaal einen Gedenkabend, zu dem er mit mir – ich war 17 Jahre alt – eine Sonate einübte, bei der er mich mit dem Klavier begleitete, die wir unter anderen Musik- und Gesangbeiträgen vortrugen.

Nach der Vertreibung durch die Polen aus unserer Heimat, fand ich in Wuppertal auf einem selbst erworbenen Grundstück eine neue Heimat. Hier spielte ich nach ein paar Jahren in einem Altherren-Salonorchester mit. Wir gaben Konzerte in Altenheimen und zu Weihnachtsfeiern. Dieses Orchester hat sich durch Aussterben einiger Mitglieder aufgelöst. Heute spiele ich nur noch zur eigenen Erbauung.

Richard Urban

Minkener Hauskreis 1935

von links nach rechts: Jendersee Wilhelm, Kiontke Gert, Schmidt Max. Die drei jungen Burschen stehen vor der Scheune von Fuhse-Schmidt.

Das Foto der Minkener Pfeifer und Trommler auf der Bühne im großen Saal des Cafe Haupt in Ohlau beim Deutschen Abend im Herbst 1924 zeigt von links nach rechts:

Die Herren Ernst Nitschke (Trommler), Walter Gurn (Lehrer), Robert Konietzke (Pfeifer).

Die Jungen Herbert Gritzke, Richard Urban, Erwin Glaser, Herbert Kinast, Georg Gallus, Erwin Ruhm, Alfred Vogt, Richard Ruhm, Willi Kinast, Erich Stock, Erwin Kinast, Alfred Knorr, Herbert Vogt, Herbert Ruhm, Alfred Schmalisch.

Die Spielschule

Mein Cousin Hans-Leuthold, das einstige Kindergartenkind, zeigte mir Fotos von seiner ersten und einzigen Schlesienreise nach der Vertreibung. Da sah ich sie wieder, unsere Spielschule in Minken. Klein ist das Gebäude und niedrig, ganz so wie ich es in Erinnerung habe. Die alten Bäume gibt es nicht mehr. Was einst eine abgeschlossene Baumwiese war, ist von der Rückseite des Gartens durch ausgefahrene Wagenspuren und niedergemachte Zäune schmählich zerstört, seit 46 Jahren verlassen aber nicht vergessen.

Der Kindergarten in meinem Heimatdorf entstand 1930 durch die Einsatzfreude Minkener Frauen. Herr Pastor Fischer war sein Schirmherr. Das ehemalige Wirtschaftsgebäude der Pastorei war umgebaut worden, darin dann Jahr für Jahr etwa 25 Kinder, zwei Prozent der Gesamtbevölkerung von Minken, ihre kostbare Kindheit verbrachten. Die Anzahl der Kinder blieb konstant, bis sich in den vierziger Jahren die Gruppe vergrößerte, weshalb zwei Kindergärtnerinnen gleichzeitig gebraucht wurden.

Die erste Kindergärtnerin war Tante Lotte. Zwischen ihr und Pastor Fischer kam es zu Unstimmigkeiten, weshalb Tante Lotte kurzerhand mit Kindern und Mobiliar auszog und im Auszughaus von Ruhm Richard blieb. Sie studierte mit den Kindern Weihnachts- und Märchenspiele ein, nähte ihnen phantasievolle Kostüme und stellte die Inszenierung im Saal Laugwitz dem Minkener Publikum vor, was auch im Ohlauer Kreisblatt Beachtung fand. Nach Tante Lotte Kaupisch, folgte

Gertrud Weiß, die spätere Frau von Hermann Köberlein junior. Der Betrieb ging im Pastorkindergarten weiter. Danach folgten als Kindergärtnerinnen Hilde und Dora Richter, ein junges Mädchen aus Beckern, Waltraud Gurn und Gerda Kittner. Die meisten Kinder gingen gern in die Spielschule. Das Kindergartenkind Hansi soll sogar zu seiner Mutter gesagt haben, Tante Gerda möchte meine Mutter sein. Es gab aber auch Kinder, die lieber zu Hause bleiben wollten. Meine ersten Eindrücke der Kindergartenzeit in Minken stammen aus Ruhm Richards Auszughaus. Dort sitze ich auf einem großen Tisch und lausche gespannt den Erzählungen unserer Gärtnerin. Im Pastorkindergarten mißfielen mir alle Tischchen und Stühlchen. Der Raum mit dem grünen Kachelofen roch fremd und erinnerte mich schmerzlich daran, wieviel schöner es jetzt zu Hause wäre. Der erste Versuch auszuscheren, brachte mir ein wundersames Erlebnis. Ich war, um mich zu verstecken, auf den Kastenwagen beim Großvater gekrochen, der spannte sein Pferd an und fuhr aufs Feld zu seiner Lupine. Hier unter freiem Himmel hat das Kind zum ersten Mal bewußt die landschaftliche Schönheit seiner schlesischen Heimat gespürt, auf der Korsawe zwischen Steindorf und Minken.

Mein Cousin Karl-Ludwig wurde jeden Morgen von seinem Junak-Opa per Fahrrad vom Kret-Ende auf den Tuhm geschoben, in der Mulde des Stahlgestelles sitzend mit den Füßeln auf der Pedale. Am schmiedeeisernen Gartentürdel der Pastorei hieß ihn sein Großvater absteigen. Folgsam lief der kleine Junge die lange Auffahrt an Pastors Privatgarten entlang, bis er den Spielschulgarten erreicht hatte. Dort preschte er am Gebäude vorbei, rannte bis zum rückwärtigen Zaun, kletterte hinüber, lief hinterm Zaune entlang und war eher zu Hause als sein Opa.

Mein jüngster Bruder Karl und all die kleinen Vettern und Cousinen gehörten in den darauffolgenden Jahren zu den Spielschulkindern in Minken. Der Kindergarten war anerkannt und hatte sich bewährt.

Am 19. Januar 1945 schloß die Kindergärtnerin Gerda Kittner die Haustür der Spielschule zu und nahm den Schlüssel mit auf die Flucht. Legen wir ihn zu unseren Erinnerungen.

Die Badeanstalt

Wenn auf den Röhren die Brombeeren reiften und der Sand heiß unter den Füßen brannte, war für alle Minkener Kinder Hochsaison. Kummste och boaden?, hieß es nach der Schule und wer am Nachmittag von zu Hause enteilen, vielleicht ein Fahrrad erwischen konnte, war frei und sah herrlichen Wasserfreuden entgegen.

Die Badeanstalt lag in einem landschaftlich reizvollen Winkel der Gemarkung. Vom Ring fuhren oder liefen wir auf den Tuhm, beim Teuer Gottlieb vorbei, den Weg nach Wilhelminenort. An der Nordostgrenze des Landkreises Ohlau öffnet sich der Südzipfel des Mühlatschützer Waldes, als spreize er zwei Finger. Mittendrin wuchs die Wiese, in der das Wasserbecken schimmerte. Hier floß eine Quelle hinein, während der Ablauf ins moorige Wäldchen lief. Wir Kinder wären nie hindurch gewatet, hätten wir nicht gewußt, was dahinter liegt. Es war ein weißes Sandparadies, von der Sonne erhitzt, das uns nach dem Baden wohlige Wärme bot. Hatten wir unsere nassen Körper gekullt, sahen wir aus wie eingezuckerte Pfannkuchen, lachten und sprangen zurück ins Wasser.

Das Schwimmbecken hatte einen trichterförmig gemauerten Rand. Auf dem Grunde lag maiblumengelber Kies. Ich erinnere mich an einen Augenblick meines frühen Lebens, da gehe ich an der Hand meiner Mutter mit anderen Kindern und erwachsenen Leuten in eine schrägabfallende, gelbe Tiefe hinein. Das war, wie ich später erfuhr, der Besichtigungsspaziergang 1932. In den darauffolgenden Jahren, als der Kies im Nichtschwimmerteil weggeschwemmt worden war, konnten die Kinder ihre Füße auf der glitschigen Fläche hin und her bewegen und Lehm hervorpampen lassen, der dann behaglich zwischen den Zehen kitzelte. Zu dieser Zeit bauten mein Bruder Jorg und seine Freunde einen zünftigen Sprungturm aus armdicken Birkenstämmen. Die Jungen hatten schon einen Steg an der Längsseite des Beckens gezimmert, der ihnen als Sprungbrett diente aber nicht hoch genug war. Das Flächenmaß des Freibades? Es war so groß wie möglich und nicht größer als nötig.

Der Plan dazu mochte verschiedene Ursachen haben. Drei mögliche sollen genannt sein: Mein Vater, von 1929 – 1934 Bürgermeister in Minken, wurde in Grüntanne geboren und hatte den Flößbach zum Baden. Dort lernte er schwimmen wie manche Kinder laufen. Warum sollte für die Minkener Kinder nicht etwas Ähnliches geschaffen werden. Der zweite Grund? Als zur Zeit der Weimarer Republik die Zahl der Arbeitslosen in Deutschland auf sechs Millionen stieg, gab es auch in Minken arbeitslose Familienväter. Sie mußten stempeln gehen. Die Gemeindekasse zahlte ungern etwas für nichts, weil sie ohnehin über keine Geldreserven verfügte. Mein Vater gab Gutscheine als Arbeitslosenunterstützung aus, einzulösen in Naturalien beim Kolonialwarenhändler Hermann Köberlein in Minken. Als dieser mit dem handgemachten Stempelgeld in der Amtsstube erschien und Bargeld verlangte, erhielt er Steuerabschreibungen. Lieber Hermann, hat mein Vater gesagt, da wollen wir doch einmal in die Bücher gucken. Der dritte Grund? Minken hatte ein fortschrittliches Gemeindeparlament. das machte aus der Not eine Tugend und schaffte Arbeit. Für diesen gemeinnützigen Zweck verkaufte der Bauer Paul Vogt seine Wiese. Eine idealere Landschaft hätte man nicht aussuchen können als die auf den Röhren. Die Flurbezeichnung stammt aus einer Zeit, als Quellwasser in Holzrohren ins Dorf geleitet wurde, mein Urgroßvater Daniel Kinast erinnerte sich noch daran.

Zum allerletzten Mal stand ich im Sommer 1945 vor unserer verwaisten Badeanstalt, einen Korb Pilze im Arm und das Gefühl der verlorenen Kindheit im Herzen. In späteren Jahren wurde ich manchmal gefragt, wo ich so gut schwimmen gelernt hätte. Ob in Malibou

Beach am Pazifik oder in Schweden am Vänern. Stets lautete meine Antwort: In Minken.

Jetzt, siebenundvierzig Jahre nach der Vertreibung aus Minken, ist die Badeanstalt verlandet, wie uns der Video-Film von Valentin Schmidt beim Minkener-Treffen gezeigt hat. Bis in die Mitte des Beckens wachsen Teichbinsen, die Quelle quillt, der Abfluß ist versumpft. Die Polen, die in unserem Dorf wohnen, haben die Badeanstalt nicht angenommen.

Schulklasse 1931 der evangelischen Volksschule Minken

Knaben
Von oben nach unten und von links nach rechts
Erste Reihe: Richter Ernst, Kosok Walter, Otto Martin, Ruhm Willi, Gewande Erich, unbekannt, Kiontke Gerhard, Kinast Willi, Ottmann Kurt, Schleifer Ernst, Ziegler Willi, Kinast Oswald
Zweite Reihe: Kinast (Bruder von Lenchen), Nitschke Erwin, Heinze Rudi, Fiebig Herbert, Gewande Ewald, Bürger Willi, Ruhm Ewald,

Schacht Günther, Platzke Alfred, Fuhrmann Wolfgang, Haupt Karl, Kunze Gerhard, Scholz vom Lichtableser, Vogt (Bruder von Elly), Poosche-Kinast Oskar

Mädchen
Dritte Reihe von links nach rechts: Vogt Elly, Nitschke Milchen, Berger Gerda, Kiok Liesbeth, Nowak Hilde, Goletz Herta, Mocka Liesbeth, Kinast Luise, Kinast Erna, König Erna, Peschke Inge, Kinast Frieda (Bäckerhaus)
Vierte Reihe: Gritzke Elschen, Lange Selma, Gallus Gretel, Gerlach Elsbeth, Wenzel Liesbeth, Nietschke Frieda, Wagner Gretel, Grünberg Emma, Gurn Waltraud, Reiche Else, Ruhm Erna, Bürger Herta, Peschke Ruth, Kabus Friedel

Ermittelt von Liesbeth Baensch geborene Mocka. Sie schreibt dazu:
Ich habe mir die Mädchen und Jungen alle mit viel Freude angeschaut und ich hoffe, soweit ich kann, sie namentlich zu benennen. Inzwischen sind 61 Jahre vergangen.

Schulklasse 1931 der katholischen Volksschule Minken mit Herrn Lehrer Rudolf Brauner

Von unten nach oben.
1. Reihe: Kutzke Rudi, Schaar Käthe, Eva, Schaar Heidel, Köhl Liesbeth, Kutzke Hannchen, Glatzel Hedel, Schmidt Valentin.
2. Reihe: Schwenke Lenchen, Wenzel Martha, Boleg Frieda, Pelz Edith,
3. Reihe: Kutzke Günther, Nowak Herbert, Boleg Günther, Schmidt Hans, Kutzke Walter, Pelz, Sattler Hilde.
4. Reihe: Schwenke Kurt, Schmidt Max, Jendersee Wilhelm, Laugwitz Franz, Mühl Paul, Schwenke Paul, Pospich Karl.

Evangelische Volksschule Minken, Einschulung 1936, Klassenlehrerin Fräulein Kuschmann

Von links nach rechts, obere Reihe:
Reich Herbert, Pietsch Herbert, Gräser Herbert, Kinast Horst, Konietzke Kurt, Ruhm Erwin, Kunze Herbert, Richter Kurt, Kinast Günther
von links nach rechts, untere Reihe:
Kosok Lydia, Winter Eva, Kretschmer Gerda, Adam Erika, Gawor Hilde, Wieloch Marga, Miserre Marie-Luise, Kaiser Magda, Möncke Mia, Jäschke Hilde

Schulklassen 1938 der Volksschule Minken

Mit Lehrer und Kantor Walter Gurn, Lehrerin Fräulein Goy, Lehrer Bernhard Brandt

Schulklasse 1932 der evangelischen Volksschule Minken

mit Lehrerin Fräulein Langerbeck und Herrn Lehrer Walter Gurn

Von oben nach unten und von links nach rechts

1. Reihe: Kunze Walter, Kunze Alfred, Müller Max, Bürger Erwin, Gewande Herbert, Pulst Werner, Kinast Oswald, Platzke Alfred, Fiebig Herbert.

2. Reihe: König Herbert, Ruth Kinast, Sperr Grete, Kosok Elli, Gritzke Else, Konietzke Gretel, Oguntke Else, Kiok Liesbeth, Scheslog Walter, Nowak Oskar.

3. Reihe: Gallus Hilde, Ruhm Anneliese, Kinast Irene, Schleifer Gretel, Idschik Else, Kinast Emma, Schmalisch Gretel, Kinast Lotte, Goletz Herta, Nowak Hilde.

4. Reihe: Gallus Gretel, Wenzel Else, Wenzel Liesbeth, Wenzel Frieda, Ruhm Erna, Berger Gerda, Schlag Erna, König Erna, König Hilde, Kinast Frieda, Bürger Herta.

Schulklasse 1938 der Volksschule Minken

mit Lehrerin Fräulein Goy, Lehrer und Kantor Walter Gurn und Lehrer Bernhard Brandt.

Von oben nach unten und von links nach rechts.

1. Reihe: Nitschke Willi, Standtke Erwin, Ruhm Günther, Schmalisch Walter, Golitz Adolf, Gawor Werner, Kittner Erwin, Pietsch Herbert, Koschel Günther, Vogt, Gräser Herbert.

2. Reihe: Sperr Walter, Kosok Herbert, Jäschke Walter, Brzuske Horst, Bochnig Hans, König Martin, Standke Rudi, Kinast Georg, Urban Manfred, Ottmann Max, Gawor Heinz, Kopetzki Siegfried.

3. Reihe: Wende Erna, Grieger Inge, Ziegler Elly, Gewande Ruth, Gutsmann Hilde, Kittner Gerda, Keller Lia, Nitschke Hildegard, Hippe Ruth, Bürger Ruth.

4. Reihe: Kunze Wally, Kinast Gretel, Grieger Lilo, Mönche Gretel, Hoffmann Brunhilde, Gurn Margerita, Pietsch Ruth, Ruhm Elly, Knorr Irmgard, Wende Liesel

Minkener Volksschule 1929. Wer erkennt sich wieder? Bitte melden bei Hfr. Ruth Neumann, geb. Kinast, 1 Berlin 42, Imbrosweg 7a.

Minken – Volksschule mit Lehrer Gurn und Lehrerin Kuschmann. Wer erkennt sich wieder? Eingesandt von Frau Marie-Luise Enkelmann, geb. Miserre, 3501 Ahnatal-Weimar

Von den 5 letzten Bürgermeistern von Minken, Karl Junak, August Junak, Gottfried Glaser, Georg Miserre, Oskar Junak, sehen wir im Bild August Junak, Onkel der Fauline Rogoll geb. Junak, mit seiner 3. Ehefrau Berta, genannt Tante Bertel, sie war Schneiderin von Beruf, und den beiden Sulek-Enkelinnen Sieglinde und Gudrun

Bahnhof Minken, Kr. Ohlau. V.l.: Helene Rogoll, Johann Rogoll, Gertrud Rogoll, Paul und Erich Rogoll. Eingesandt von Mitarbeiter E. Ruhm, 7858 Weil/Rh. 5, Schauinsland-Straße 6.

Familie Urban

Meine Mutter hat als junges Mädchen in Bernstadt bei einer Damenschneiderin dieses Handwerk gelernt und danach selbständig ausgeführt. Auch als sie verheiratet war, hat sie in Groß-Mühlatschütz Damenkleider und Brautkleider genäht und putzte Bräute mit Schleier und Myrtenkränzen, wie es damals üblich war. Die Myrtenbäumchen zog sie in Blumentöpfen. Sie hat damals schon zwei Mädchen beschäftigt.

Mein Vater hatte inzwischen in Minken das Grundstück gekauft, und im Frühjahr 1914 angefangen das Wohnhaus zu bauen. Als Anfang August 1914 der Erste Weltkrieg ausbrach, hat mein Vater noch das Dach eingedeckt und die Maurer hatten die Zimmerwände geputzt und die Tischler hatten Fenster und Türen eingebaut, nur grundiert, dann mußten sie an die Front.

Meine Mutter ist mit meiner Schwester Erna und mir allein eingezogen. Mein Großvater aus Klein-Mühlatschütz hat die Möbel mit seinem Kuhgespann rübergefahren. Das Grundstück war noch nicht eingezäunt, da gab es Ärger. Weil das Grundstück auf der anderen Seite Müllers gehörte, liefen die Müller-Jungen über unser Grundstück und zertraten manchmal, was angebaut war. Ich durfte mich nicht sehen lassen, da gab es Schnicke. Erst nach dem Ersten Weltkrieg, als mein Vater und Nachbar Müller unversehrt nach Hause gekommen waren, wurde es besser. Meine Mutter hatte in den Kriegsjahren sich und ihre Kinder mit Näharbeiten ernährt. Sie hatte zwei Nähmaschinen und viele Mädchen aus Minken und den umliegenden Dörfern haben bei ihr nähen gelernt. Anfangs bezog Mutter die Stoffe von einem Großhandel aus München, später fand sie solche in Breslau. Als ich fast erwachsen war, fuhr ich manchmal mit ihr mit. In der Straßenbahn mußten wir mit den großen Paketen auf der Plattform stehen, und im Hauptbahnhof die Treppen runter und rauf, das mußte sie sonst allein bewältigen. Sie war eine sehr fleißige Frau. Besser wurde es, als wir den kleinen Lastkraftwagen hatten. Da fuhren wir mit dem Wagen nach Breslau auf den bewachten Parkplatz am Rathaus. Mutter kaufte ein und ich holte die Pakete zusammen. Oft kam auch Vater mit. Er kaufte Zinkblech, verzinkte Bleche und anderes Material. Als wir alles auf dem Wagen hatten, gingen wir zu Fache am Ring, aßen warme Würstchen mit Semmeln und tranken ein großes Glas Bier, dann fuhren wir nach Hause. Wir hatten eine sehr gute Existenz.

Als die Pfarrer Lawatsch-Schwestern anfingen zu nähen, hörte Mutter auf. Sie hatte genug mit Stoffen, fertigen Kleidern, Zubehör und Putzartikeln zu tun. Ihr Geschäft hatte sie als „Woll- und Weißwaren, fertige Kleider und Kleiderstoffe" angemeldet. Sie hatte auch die Annahme der Kleiderreinigung und Färberei Bannasch aus Ohlau. Ein Vertreter riet ihr, das Geschäft als „Modewaren" beim Finanzamt anzumelden, weil sie die besser als unmodern und Verlust abschreiben konnte. Das Wort MODEWAREN über dem Schaufenster ist aus verkupfertem Zinkblech hergestellt. Das habe ich bei einem Klempner-Meisterkursus in Breslau gelernt.

Weil ich soeben dabei bin, meine Lebenserinnerungen zu schreiben, noch was aus der Inflationszeit 1923, da war ich 13 Jahre alt und Läutejunge in der evangelischen Kirche. Für die Kollekte am Ausgang hingen rechts und links je eine kleine Blechbüchse für das kleine Hartgeld. Als die Inflation begann, wurden diese Büchsen für die vielen Geldscheine zu klein, und man mußte zwei große Holzkästen ca. 25 cm mal 50 cm, oben mit einem großen Schlitz, anfertigen lassen. Auch diese Kästen wurden zu klein und es lag noch mehr Geld auf dem Fußboden. Weil wir Läutejungen bei Hochzeiten andere Bedeckungen auflegen und die Glocken läuten mußten, und bei Taufen das Becken mit warmen Wasser füllen, durften wir am Ausgang unsere Mützen aufhalten, auch die quollen über von Geldscheinen. Die Leute fragten sich täglich, was bekommen wir heute für unser Geld?. Etwas überspitzt gesagt; mit einem Rucksack voll Geld ging man einkaufen und mit einer Handtasche voll Ware kam man nach Hause. Auf manche Scheine, die nichts mehr wert waren, druckte man einfach eine größere Zahl. Manche Kreisstädte druckten ihr eigenes Geld. Damit wir einen Begriff von den Zahlen hätten, schrieb unser Lehrer die Zahlen auf die große Tafel. Nach der Billion kam die Billiarde, dann die Trillion und Oktillion, unvorstellbare Zahlen. Aber bei der Billion war die Inflation zu Ende. Eine Billion war nur eine Reichsmark wert von 1924 – 1948. Jahre nach der Inflation fand ich in dem kleinen Täschchen an dem breiten Gürtel, den ich zu der Zeit trug, einen Billionschein. Bis zur Flucht hatte ich ihn aufgehoben, heute hätte er Seltenheitswert.

Sonntags beobachteten wir Läutejungen vom Kirchturm aus, wenn der Pastor durch den Garten kam und den Weg betrat, da fingen wir an zu läuten. Wenn er in der Kirche den Altar erreicht hatte, da setzte die

Orgel ein und wir hörten auf zu läuten. Am schönsten für uns war es, wenn jemand gestorben war, da mußten wir während des Schulunterrichts drei Pulse ausläuten. Erst spielten wir „Rumjage", ehe wir mit dem Läuten begannen. Ein Puls hieß mit der mittleren Glocke 600 Züge mit dem Seil nach unten. Wenn das Seil der großen Glocke unten war, und man hielt sich daran fest, so riß es einen hoch und man konnte einen Sprung über den ganzen Turmraum machen. Das machte Spaß. Wir waren 5 Läutejungen und mußten auch den Altar, die Kanzel und den Taufstein mit den diversen Bekleidungen bedecken: An gewöhnlichen Sonntagen grün, an den großen Feiertagen rot und zu Beerdigungen schwarz.

Das Wohn- und Geschäftshaus von Carl und Auguste Urban auf dem Tuhm in Minken Kreis Ohlau. Die Buchstaben der Beschriftung habe ich selbst aus verkupfertem Zinkblech hergestellt, auch die Zinkblechabdeckung der Torpfeiler. Bei der Herstellung des Zaunes, der Betonpfähle und Sockel, habe ich 1928 meinem Vater geholfen. Aufgestockt wurde das Haus 1938/39.

Das Panorama von Minken schuf ich 1985 aus der Erinnerung – nur die öffentlichen Gebäude nach Fotos – und der noch immer leisen Sehnsucht nach meinem alten Heimatdorf, dem Dorf meiner Kindheit, meiner Jugend, der ersten Liebe und Hochzeit im ersten Kriegsjahr. Und damit fingen die schwersten Jahre meines Lebens an – sowie aller

Heimatvertriebenen. Ich selbst in englischer Gefangenschaft. Flucht der Familie vor der russischen Front, Rückwanderung und endgültige Vertreibung durch die Polen aus der geliebten Heimat. Unvergessen lebt die Vergangenheit in uns. Vergangenes ist nichts Vergängliches, wenn es Herz und Sinne erfüllt. Beständig bleibt, was wir geistig besitzen. So schreibt Achim Raak vom Zauber der schlesischen Heimat im Vorwort zu „Wie es früher war in Schlesien". Richard Urban

Das Kret-Ende in Richtung Ring

Das Ottmann-Engemann-Haus

Das Poguntke-Kinast-Haus

Die Häuser des Oskar Miserre-Hofes

Das Kret-Ende

Meine schönste Erinnerung an das Kret-Ende in Minken, den westlichen Teil des Dorfes, vom Ring aus auf Rodeland zu gelegen, verdanke ich dem Bauern Otto Niechziol. Er stand auf den obersten Sprossen einer Leiter, als wir einander begegneten. Wie es sich zugetragen hat, läßt sich am besten denken, wenn man weiß, wo sein Bauernhof lag.

Der Anfang vom Kret-Ende begann mit den Häusern Wieloch und Koschel. Das Wieloch-Haus war neu, groß, fast eine Villa. Koschels, das Auszughaus von Paul Niechziols Hof, war schlicht und klein mit Treppenstufen vor der Haustür, auf denen Koschel Heinz unerhört groß wirkte. Hinter Wielochs kam der Hof von Platzke Paul, Ruhm Gottfried, Scholz Oskar, dann Nowak Oskar.

Nowak Oskar war Junggeselle. Er hat viehlos gewirtschaftet, was in Minken von allen 64 Bauern nur noch Tischler-Kinast vom Tuhme tat. In seinem Hof wuchs Gras und nur der Weg, der zum Hause führte, war ein begangener. Meine Mutter nannte ihn een eenziges, verwöhntes Söhndel. Auf die Flucht ging er allein, mit seinem einzigen Pferd treckte er durch bis Hamburg. Dort ist er gestorben. Wir gedenken seiner, besonders deshalb, weil ich ihn bei der Aufstellung der Minkener Pferde, die ich von meinem Vater übernommen habe, vermisse. Er soll nicht vergessen sein.

Nach Nowak Oskar folgte der Bauernhof von Otto Niechziol, früher Lumpel-Kinast, dessen Auszughaus an die Schwarze-Gasse grenzte.

An einem milden Herbsttag wurde auf unserem Hof das Grummet von den Dammern geholt. Ich durfte mitfahren, sprang auf der Wiese herum und hopste in Heuhaufen, solange sie noch nicht aufgeladen waren und sah, wie die Leitern sich füllten, gegabelt und abgenommen und wie zuletzt ein langer Stamm über das Fuder gehievt wurde, den der Kutscher an beiden Enden festzurrte. Ehe die Frauen weggingen, hoben sie mich in die Höhe und riefen: Kletter ruff, halt dich immer scheen om Wieseboom fest.

Da saß ich nun hoch oben im Heu und schaukelte durch den Himmel. Die Pferde zogen das Fuder über die Bahngleise, den Trieb Schwarze-Gasse entlang, beim Kornäcker-Kosok vorbei, langsam auf die Dorfstraße zu.

Was sehe ich da an einer weinbedeckten Hauswand, zwischen Ranken, die bis an die Dachrinne wachsen mit Trauben gelb und reif? Auf derselben Höhe mit dem Wiesebaum steht Otto Niechziol auf einer Leiter und erntet. Ganz nah ist er. Er lächelt und reicht mir eine prächtige Weintraube. Das Kind streckt beide Hände aus und schon liegt die Frucht in seinen Armen. Wer könnte das je vergessen.

Im Kriegsatlas von Wrede von 1753, auf der Zeichnung des Dorfes Minken, endet das Kret-Ende mit Otto Niechziols Hof.

In früheren Jahrhunderten mag es noch kürzer gewesen sein. Damit nähern wir uns seinem Namen. Es ist schon viel gerätselt worden, ob nicht gar der Löschteich vor Boomschel-Kinasts Hof mit der Ortsteilbezeichnung in Zusammenhang stünde. Kret gleich Kröte. Aber im Löschteich lebten Frösche und keine Kröten. Ihr Quaken war an stillen Sommerabenden fast bis auf den Ring zu hören.

Man glaube nun nicht, in Minken habe man so feine Unterschiede nicht gemacht. O doch! Im Benennen waren die Minkener treffsicher und erfindungsreich, wie die Spitznamen Harichseele, Äbens-Paule, Gemittlich-Konietzke, Zoater und der Draußige beweisen.

Sollte der Löschteich erst nach dem großen Brand von 1854 errichtet worden sein? Damals fiel das ganze Kret-Ende einer Feuersbrunst zum Opfer. Die Häuser sind in der zweiten Hälfte des neunzehnten Jahrhunderts wieder aufgebaut worden, manche in der alten Hoflage wie Blasche Fritz (früher Wandel Johann), Liebske-Kosok, andere auf dem Dorfanger wie Schöpke Oskar. Von dem großen Brand von 1854 ist das Schoger- oder Schobehaus von Kornäcker-Kosok verschont geblieben. Das als einziges strohgedecktes Haus auf dem Kret-Ende noch nach der Jahrhundertwende vorhanden war.

Auch wenn es den Löschteich schon vor dem großen Brand gegeben hat, mit der Namensgebung hat er nichts zutun. Wir verlassen ihn und wenden uns dem ältesten Gasthaus in Minken zu, dem Erbkretscham oder der Freischoltisei, von dem das Kret-Ende seinen Namen hat. Kretscham-Ende, so sollte es heißen.

Die erste geschichtliche Erwähnung der Scholtisei entnehmen wir einer Urkunde von 1360, da gehörte Minken den Herrn von Münsterberg. Es war eine weitverzweigte Sippe, wir finden sie auch im Fürstentum Oels als Herzöge von Münsterberg von 1495 bis 1647. Wallensteins Urgroßmutter ist eine Herzogin von Münsterberg.

Unsere Münsterbergs, dank Siegfried Kretschmer wissen wir es, trugen mit ihrem Namen die Bezeichnung Minken und hießen Mönsterberg-Minckenau. Zweihundert Jahre gehörte ihnen unser Dorf, der letzte seines Stammes starb 1905 in Breslau.

Aber schon 1560 gingen die Mönsterberg-Minckenau ihrer Güter verlustig, weil Ulrich von Mönsterberg-Minckenau die Konfession wechselte. Die Gemeinde trat geschlossen über und die katholische Kirche wurde lutherisch.

Der Kretscham! Welches der drei Gasthäuser auf dem Ring war die alte Scholtisei?

Gasthaus zum guten Johann? Gasthaus Laugwitz, Pächter Wuttke? Gasthaus Poguntke, Pächter Walter Höppchen?

Letzteres, mit den dickstämmigen Kastanienbäumen vor der Hausfront. Die Erbkretschambesitzer während der Franzosenzeit hießen Kionka. Daniel Kionka, geb. 1788, heiratete Elisabeth Kinast. Sie haben zwei Kinder: Susanne Kionka, die Ahnfrau der Kosok-Sippe und Gottfried Kionka, geb. 1815, der Elisabeth Tinzmann aus Groß-Dupine heiratete. Zu dieser Zeit reichte der Erbkretscham territorial bis Kunze-Kinast. Der Kionka-Tinzmann Ehe entsprossen drei Töchter und ein Sohn. Elisabeth, geb. 1855, heiratete Robert Leykauff aus Klein-Stannowitz. Anna Rosina. geb. 1854 heiratete Joseph Marzan aus Lublinitz. Christina, geb. 1854 heiratete Gustav Pohlit aus Laskowitz.

Der einzige Sohn, inzwischen schrieb man den Familiennamen Kiontke, hieß Ernst, geb. 1838. Er war der älteste in der Geschwisterreihe und heiratete die katholische Rosina Schaar vom Kret-Ende.

Als die Mutter Elisabeth geb. Tinzmann 1857 Witwe wurde, ehelichte sie den sieben Jahre jüngeren Gottlieb Kinast. Aus dieser Ehe ist die einzige Tochter Pauline entsprossen, die den Erbscholtiseibesitzer Gerlach in Rodeland zum Manne nahm.

Der Kretscham, mit seinen großzügig angelegten Wirtschaftsgebäuden, seinen weiträumigen Verhältnissen, der die Jahrhunderte ungeschmälert überdauert hat, und einem ganzen Ortsteil den Namen gab, geriet in Bedrängnis , als der männliche Erbe heiratete.

Der Besitz wurde geteilt und eine hohe Steinmauer gezogen. Sie trennte Mutter und Sohn und zerschnitt den Hofraum und alte Bindungen. Den Kretscham mit einem Drittel der landwirtschaftlichen Flächen erbten Pohlits. Bei ihnen soll es so zugegangen sein:

Bat ein Gast um eine Tasse Kaffee, dann sagte der Wirt entrüstet: Was, Kaffee wollen sie trinken? Bei mir nicht! Gehen sie rüber zu meinem Nachbarn, der hats nötig, für mich und meinen Sohn reichts.

Dieser Nachbar hieß Fieber-Kinast, mein Großvater, und hatte vom Kret-Ende Gäste, die noch lange nach ihrem Tod im Gespräch blieben.

Großer Gottlieb – sein Hof liegt zwischen Niechziol Paul und Brix Gustav – und den Lehrer Marquart, der in den letzten Jahren seines Lebens, von 1919 bis 1923 war er Amtsvorsteher, im Auszughaus des Bauerngutes Glaser wohnte. Durch Handzeichen trafen sie ihre Gasthauswahl ehe sie gingen, der eine hinterm Zaune entlang. Lehrer Marquart in seiner schwarzen Pelerine benutzte die Dorfstraße.

Gastwirt, war Gottlieb schon da, pflegte er beim Eintreten zu sagen. Manchmal nahmen diese beiden Gäste Transaktionen vor.

Ein Geldstück, ein Sechser wurde umständlich unterm Tisch gereicht. Dann legte Großer Gottlieb die Münze auf den Tisch und sagte, Gastwirt, ich habe schon deponiert.

Mach Raum, bat er, wenn jemand auf der Bank ein Stückel rücken sollte. Eine Telegrammadresse hatte er auch: Tongottlieb, wull wull.

Mein Onkel Willibald Dr. Tiltsch, der als junger Landarzt den Kontakt zur Dorfbevölkerung suchte, redete die Bauern und Handwerker mit du an. Man ließ es sich gefallen, blieb aber dem Dukter gegenüber beim höflichen und korrekten Sie. Nur Großer Gottlieb machte eine Ausnahme. Als er vom Arzt geduzt wurde, tat er es ihm gleich. Der Akademiker mußte es hinnehmen. Einmal, als der Doktor für Gottlieb Raum gemacht hatte und man sich eine Weile schon unterhielt, sagte Herr Großer: Du Willibald, wie hast du dich eegentlich on mich ronn gemacht.

Lehrer Marquart und Großer Gottlieb hatten einander versprochen, stirbt einer von beiden, muß der andere mit zur Beerdigung gehen. Großer Gottlieb nahm von seinem Freund Abschied auf seine Weise. Er stellte sich hinter das Hoftor der Bauernwirtschaft Fleischer-Kinast, als der Trauerzug mit großer Anteilnahme der Minkener Bevölkerung zum Friedhof defilierte.

Geburtsurkunde.

Nr. 25.

Minken am 21. April 1877.

Vor dem unterzeichneten Standesbeamten erschien heute, der Persönlichkeit nach bekannt,

der Freigärtner Johann Liebske

wohnhaft zu Minken

evangelischer Religion, und zeigte an, daß von der Elisabeth Liebske geborene Schleyfriber seiner Ehefrau

evangelischer Religion,

wohnhaft bei ihm

zu Minken in seiner Wohnung

am zwölften April des Jahres

tausend acht hundert siebenzig und sieben Abends

um sechs ein halb Uhr ein Kind männlichen Geschlechts geboren worden sei, welches den Vornamen

Ernst

erhalten habe.

Vorgelesen, genehmigt und unterschrieben

gez. Johann Liebske

Der Standesbeamte.

gez. Kunast

Daß vorstehender Auszug mit dem Geburts-Haupt-Register des Standesamts zu Minken Kreis Ohlau gleichlautend ist, wird hiermit bestätigt.

Minken am 7ten August 1905.

Der Standesbeamte.

Kunast

Auf dem Kret-Ende gab es zwei Läden: Im Ottmann Haus, darin der Tischlermeister Ottmann seine Werkstatt hatte, das Fahrradgeschäft von Fritz Keller. Im Haus von Fuße-Schmidt die Kolonialwarenhandlung Gertrud Schmidt. Der Schneidermeister Langner schneiderte im Haus zwischen Boomschel-Kinast und Junak Ernst. Der Werfte-Schuster saß mit seinem Dreifuß im Haus zwischen Kunze Otto und Kunze-Fleischer, das Glaser gehörte. Die Standesbeamten waren allesamt auf dem Kret-Ende zu Hause.

In der Reihenfolge ihrer Amtszeit, von 1874 an: Daniel Kinast (mein Ururgroßvater), sein Sohn Daniel (Ökonom-Kinast), Wandel Johann, Kunze-Kinast. Unser letzter Standesbeamter bis 1945 war Oskar Kinast.

Vor dem Kretscham (Bild links) stehen die letzten Besitzer Erwin und Mariechen Poguntker die letzten Pächter Walter und Erna Höppchen, flankiert von zwei Herren, die wir nicht kennen.

Im Kretscham-Hof

Das Wohnhaus des Glaser-Hofes außen und innen. Gottfried und Rosina Glaser, geborene Weinert, lehnen im Fenster, ihre Kinder stehen vor dem Haus. Die fröhliche Vesper der Glasers: Erwin, Frieda und Mariechen mit den Kurtz-Geschwistern und Boomchel-Kinast Oskar.

Meister Fuhs

Nordöstlich von Namslau, dem Landkreis, der wie unser Ohlau zum Regierungsbezirk Breslau gehörte, liegt an der alten Fernstraße 118 Ratibor-Posen das kleine Städtchen Reichthal, ungefähr 25 km von Minken entfernt.

In Reichthal wurde am 14.8.1850 August Fuhs geboren. Ihm, seinem Leben und Wirken, sollen diese Zeilen gewidmet sein. Er versorgte die Bevölkerung mit Produkten eines Handwerks, das durch neue Techniken und neue Materialien verdrängt, immer mehr in Vergessenheit gerät. Meister Fuhs war Böttcher von Beruf und der letzte Böttcher in Minken.

Ehe er das Dorf zu seinem ständigen Wohnsitz machte und gegenüber dem Bauernhof meines Urgroßvaters Daniel Kinast (Oskar Miserre-Wirtschaft) sein Haus baute, war er jahrelang mit Pferd und Wagen von Reichthal nach Ohlau zum Markte gefahren. Er hatte auf seinem Wege die Ortschaften Buchelsdorf, Giersdorf, Namslau, Windisch-Marchwitz, Prietzen, Lampersdorf, Wilhelminenort, Bischwitz, Minken, Peisterwitz-Grüntanne und Alt-Bergel passiert und in den Dörfern ebenso wie in den Kreisstädten seine Waren zum Verkauf angeboten: Kraut- und Gurkentonne, Bierfaß, Waschschaff und Zuber, Eimer, Salzmetze, Butterstampe, Jauchetonne, Bottich und Scheffel. Schaff und Bottich, diese beiden Gefäße gaben dem Beruf seinen Namen. Während er bei uns in Schlesien Böttcher hieß, nennt man ihn in Bayern Schäffler, in Köln Küfer und in Mitteldeutschland Büttner. Immer handelt es sich um ein und dasselbe Handwerk, um das Arbeiten mit Küferzirkel, Beil, Schlegel, Ziehmesser und Holz.

Am Anfang der Zünfte – das älteste Dokument stammt aus Worms, dort schlossen sich 1106 zwei Dutzend Fischer zusammen; von den handwerklichen Vereinigungen zum Schutze des Handwerks und der Handwerker, wird in einer Urkunde die Zunft der Böttcher zum ersten Mal 1248 erwähnt.

Das ganze Mittelalter hindurch blühte die Handwerkskunst. Für jedes Gewerbe bestand Zunftzwang. Nur der zünftige Handwerker durfte seinen Beruf ausüben. Die Bürger waren verpflichtet bei ihm zu kaufen. Dem Zunftgenossen sicherte man innerhalb seines Verbandes die wirtschaftliche Selbständigkeit zu. Aber die persönliche Arbeit war entscheidende Grundlage der Berufsausübung. Die Zahl der Gesellen, die ein Meister haben durfte, war genau festgelegt. Im allgemeinen gab es nicht mehr als zwei Gesellen und einen Lehrling pro Werkstatt.

Der Meister durfte nur in einer Werkstatt arbeiten, obgleich Mitglieder der Zunft verpflichtet werden konnten, in gemeinsamen Zunftwerkstätten tätig zu sein, um ärmeren Zunftmitgliedern zu helfen. Ein Einander-Übervorteilen blieb durch strenge Zunftregeln ausgeschlossen. Sogar die Ausstellung von Waren in den Fenstern war genau festgelegt. Nicht selbstangefertigte Ware durfte nicht verkauft werden.

Das Heiligtum der Zunft war die eisenbeschlagene Lade. In ihr verwahrte der Knappmeister Artikelbücher, (die Vorfassungen des Bürgerlichen Gesetzbuches), Trinkkannen, Willkommensbecher und Geldbüchsen, Siegel und Wappen, Dokumente und Urkunden und das Namensverzeichnis der Mitglieder. Diese Lade stand entweder im Zunfthause, in der Herberge oder beim Obermeister in der Wohnung. Da dieser jedes Jahr neu gewählt werden mußte, machte man mit der Schatztruhe einen feierlichen Umzug. Alle Angelegenheiten, die für die Zunftmitglieder wichtig waren, wurden vor offener Lade verhandelt.

So wurde ein Lehrling, der ausgehalten hatte, vor offener Lade losgesprochen. Man nannte die Aufnahme in die Gesellenschaft Taufe, die von Pfaffe, Pate und Glöckner vollzogen wurde. Hatte man dem Lehrling ein so ungebührliches Verhalten wie Essen und Trinken auf offener StraBe nachgesehen, der zum Gesellen getaufte wurde dafür gehänselt. Mit dem Zutrinken zum Halben und zum Vollen achtete jetzt die Gesellenschaft auf Zucht und Ordnung! In ihrer Kraft und Unbekümmertheit, wie sie nur die Jugend hervorbringt, bildeten die Gesellenschaften ein starkes und manchmal ärgerliches Gegengewicht zu den ehrwürdigen Meistern.

Der erste, urkundlich nachgewiesene Streik in Deutschland, ist der der Gurtler in Breslau, genannt Strike aus dem Jahre 1339. Damals sollen die Meister vor dem Rat der Stadt Breslau erschienen sein und gesagt haben, die Gesellen hätten für ein Jahr ihre Arbeit niedergelegt, deshalb wollten sie, die Meister, keinen mehr einstellen.

In Breslau gab es auch die Reifentänze der Böttcher zur Fastnachtszeit, die heut noch alle sieben Jahre als Schäfflertänze in München aufgeführt werden. Wie ein Böttcher-Küfer-Büttner- oder Schäfflertanz aussah, weiß eine Chronik von 1754 zu berichten:

„Voraus gingen fünf Musikanten, nämlich zwei Geiger, ein Klarinettist, ein Fagott- und ein Oboebläser. Danach kamen zwei Büchsenknechte mit großen silbernen Küferschlegeln. Diesen folgte der

Reifschwinger, der nichts weiter über sich hatte als ein schön weißes Hemd, scharlachrote Hosen mit gelben Knöpfen, weiße Strümpfe, samtlederne Schuhe und ein rosenfarbenes Käpplein mit kreuzweise darauf gehefteten Kränzchen auf dem gekräuselten und gepuderten Haar. In der rechten Hand trug er einen kleinen Reif, darin er drei Gläser, das mittlere Gesundheitsglas mit rotem, die anderen zwei mit weißem Wein angefüllt, gestellt hatte. Hierauf kamen dreizehn andere Gesellen, alle ihrem Vorgänger gleich gekleidet und gezieret, welche große, schwanke offene Reifen, in die Höhe gerichtet, trugen, so daß ein jeder in einer das andere Ende seines Vorgängers, und in der anderen Hand das eine seines eigenen Reifens hatte und immer behielt. Sie stunden vor vornehmer Leute und Meistershäuser still und hielten ihren Tanz, der besser und lustiger zu sehen als zu beschreiben ist:

Bald machten sie einen Kreis, schwangen ihre Reifen in gleicher Zeit gegen den Boden und sprangen darüber. Bald kehrten sie sich wieder, richteten die Reifen in die Höhe und tanzten darunter durch, als ob sie Fahnen schwängen. Dann stellten sie sich reihenweise einander gegenüber und trennten sich wieder voneinander. Bald wieder schlossen sie einen engen Kreis, indem sie mit ihren Reifen eine hohle Halbkugel bildeten und damit ihren Reifenschwinger, der sich darein gestellt hatte, dreimal auflüpften. Hierauf wickelten sie sich nach dem Takte der Musik wieder auseinander, hoben ihre Reifen in die Höhe und legten sie so übereinander, daß sie eine erhabene Halbkugel machten. Endlich tanzten die Gesellen schlangenweise durcheinander durch, bis sie einen weiten Kreis bildeten. In dessen Mitte stellte sich der Reifschwinger auf, schwang seinen Reifen mit den Gläsern rechts und links um den Kopf, um den Leib und unter den Beinen durch. Dies tat er mit einer solchen Fertigkeit, daß ihm selten ein Glas abfiel. Alsdann trank er aus dem mittleren Glas auf die Gesundheit des Herren, dem zu Ehren sie tanzten."

Dieser schöne, frohsinnige Tanz war im 16ten Jahrhundert, in den Jahren nach der Pest entstanden, denn die Böttcher waren die ersten, die ihre Mitbürger zu erheitern versuchten. Aus dieser Zeit stammt auch die Einführung der Wanderpflicht für Gesellen. Die jungen Burschen sollten sich den Wind um die Nase wehen lassen. Sie sollten geläutert, geschickter, fleißiger und bescheidener nachhause zurückkehren.

Wollte ein Geselle in der Fremde Meister werden, so hatte er mehrere Bedingungen zu erfüllen:

1. Nachweis ehrlicher und ehelicher Geburt und Herkommens
2. Eine Bescheinigung der Heimatgemeinde, daß er von ihr, im Falle der Verarmung, wieder aufgenommen würde
3. Die Bürgschaft ortsansässiger Meister
4. Bestimmte Zahl von Mut- und Sitzjahren
5. Die vorgeschriebene Ausbildungszeit

Wollte ein Böttchergeselle Meister werden, mußte er folgende Meisterstücke anfertigen: (in Nürnberg, der Hochburg des deutschen Handwerks) 24 Eimer oder ein Zweifuderfaß, welches nicht durch das Feuer gezwungen worden war. Zwei Eimer, deren Dauben zweieinhalb bis drei Zoll dick und passend gefugt, daß keine Reifen zum Halt nötig sind; man muß die Eimer auf der Erde hin- und herrollen können, ohne daß die Dauben in den Fugen wanken und wenn Wasser darin gegossen wird, so darf nichts rinnen. Die Stücke sollen aus Eichenholz gemacht werden, während aus weichem Holz ein Zuber und eine längliche Wanne herzustellen sind.

In anderen Landschaften waren die Forderungen ähnlicher Art: Drei unsträfliche Biertonnen von zubereitetem Holze oder ein zweifudriges Faß und eine sechseimerige Weinbutte. Zu diesen Meisterstücken gehörte der zu entrichtende Meistergulden, das Meisteressen und die Amtsköste.

Hatte der Jungmeister dies alles zuwege gebracht und bestanden, konnte der Obermeister mit Anstand sagen:

„Ich wirke ihm den Frieden, einmal, zweimal, dreimal, so daß ihn niemand hasse oder hindere unter dem Vorwand, er tue es mit besserem Recht, als jener hier erworben hat."

Im Geiste dieser alten Werte lebte auch Meister Fuhs.

1810 war die Gewerbefreiheit eingeführt worden und den Zünften, denen schon im 17ten und 18ten Jahrhundert Macht und Geltung genommen waren, drohte der Niedergang. Das Handwerk wehrte sich dagegen. 1848 trafen sich auch Handwerksmeister aus allen Landesteilen Deutschlands zu einem Kongreß in Frankfurt am Main. Sie entwickelten eine neue Handwerks- und Gewerbeordnung, die dann der Nationalversammlung in der Paulskirche vorgelegt wurde. 1869 bestätigte der Norddeutsche Bund die Gewerbefreiheit und 1897 gab es ein Handwerkergesetz, wonach Handwerkskammern als staatliche Körperschaften und das einheitliche Prüfungswesen entstanden. Die Zünfte gingen in Innungen über. Das hohe Ansehen des Handwerks blieb und läßt sich heute mit dem Begriff „deutsche Wertarbeit" umschreiben.

Der Fortschritt war und ist unumgänglich, ohne ihn gäbe es weder Anfang noch Ende, darin jedwedes Leben seine Bahn zieht. Die Produkte des Böttchers hatten nun eine Konkurrenz in den stahlblechverzinkten Wannen, Eimern, Jauchefässern. Meister Fuhs stellte sich um und auf die neue Zeit ein. er blieb, was er war, selbständiger Handwerker, gründete in Minken eine Warenhandlung, die seine Frau betrieb, und begann obendrein zu landwirtschaften. Neben seinem neuerbauten Wohnhaus von 1889, errichtete er Stallung und Scheune. Die Minkener Feuerwehr übertrug ihm das Amt des Zeugmeisters. Das Spritzenhaus in Minken, das 1900 noch ein Fachwerkbau war, stand auf dem Terretorium des später errichteten Kriegerdenkmals, (die Polen, die sich 1945 unser Dorf aneigneten, bevor sie uns 1946 vertrieben, haben darauf eine Bushaltestelle gemacht).

August Fuhs und seine Gattin hatten fünf Töchter und den Sohn. Bernhard. Letzterer, 1896 geboren, fiel im Ersten Weltkrieg. Er und seine jüngste Schwester Gertrud waren Gespielen meiner Großtante Liesel und ihr Spielplatz die Werkstatt des Meisters. Auf den Hobelspänen in der Werkstatt haben wir Kinder immer sehr gern gesessen, weil es da schön warm war, sagte die Tante und von ihr weiß ich, wie der Hund von Fuhses hieß.

Kehrte Meister Fuhs mit Pferd und Wagen vom Felde heim, pfiff er scharf, beim Erbkretscham um die Ecke kommend, pfiff mit zwei Fingern durch die Zähne. Dann begann Ammo zu bellen, und die Fuhsen lief das Hoftor öffnen. Der Meister warf die Leine aus der Hand, abschirren und füttern tat die Meisterin, später besorgten es die großen Töchter. Er ging ins Haus, wo in der Küche die Barttasse, gefüllt mit heißem, schwarzen Kaffee auf ihn wartete.

Nach der Vesper betrat er die Werkstatt und begann zu böttchern. Dann erscholl das Pochpoch des Schlegels durchs ganze Haus. Als Kind sah ich den schon über achtzigjährigen Meister in der sonnigen Veranda rittlings auf seiner Schnitzel-oder Hanselbank, wie die dreibeinige Werkbank mit dem Fußtritt genannt wird, sitzen und eine festgeklemmte Daube mit dem Ziehmesser bearbeiten.

1934 gab Meister Fuhs seine Geschäfte an die jüngste Tochter Gertrud Schmidt ab.

Sie ersetzte das Wort Warenhandlung über der Ladentür durch Kolonialwaren. Dieses fremde Wort gehörte zu meinen ersten Leseübungen, wenn ich unter der Linde vor dem Auszughaus meiner Miserre-Oma stand.

1936 starb der alte Böttcher. Minken, das er geliebt haben muß, verdankt ihm unter anderem auch die Ansichts-Postkarten, die er vor und nach der Jahrhundertwende anfertigen ließ. Seine Enkeltochter Gertrud Gertz, meine alte Freundin Trudel, hat mir die Originale überlassen, die jetzt in den Heimatstuben in Iserlohn zu sehen sind.

Meister Fuhs mit Enkelsohn Hans.

Gasthaus zum guten Johann

George Kinast, Enkelsohn von Christoph Kinast (1698 – 1790) aus Steindorf, heiratete nach Minken in den Bauernhof, der zuletzt Glaser gehört. Das ist das Stammgut der Kinaste in Minken. Wie ein roter Faden zieht sich fortan der Name Kinast durch die Geschichte und Geschicke des Dorfes. 1825 wurde Daniel Kinast auf jenem Bauernhof geboren. Er heiratete die temperamentvolle Tochter des Ölmüllers Josef Laugwitz (zuletzt Liebske und Berger) Elisabeth. Sie hatten drei Kinder: Johann, Marie und Daniel.

Als Johann, geboren 1845, gestorben 1922, (mein Urgroßvater) zwanzig Jahre alt war, wollte er heiraten. Sein Vater war viel zu jung, um auf den Auszug zu gehen. So sahen sich die Eltern nach etwas Geeignetem für ihren Ältesten und dessen junge Frau um.

Schräg gegenüber vom Gerichtskretscham Kiontke in Minken (zuletzt Erwin Poguntke, Pächter Walter Höppchen), und neben dem Gasthaus Laugwitz, (Pächter Wuttke), war das Anwesen vom Fieber zu kaufen. Fieber hatte es vom Juden Sittenfeld erworben, der einen Kramladen und eine Destille unterhielt. An das Haupthaus, ein niedriges, langgestrecktes Gebäude, hatte man das Gasthaus mit Frontenspieß gebaut. Das junge Paar zog ein und begann zu wirtschaften. Von 1866 bis 1879 wurde ihm sieben Kinder geboren: Karl, er hat Schlosser gelernt und war zuletzt Postbeamter in Breslau. Anna, sie heiratete den

Gastwirt Blaßner in Groß-Döbern, er entstammt dem Peter-Gut (Ziegler) in Minken. Johann, Fleischermeister von Beruf. Emma verehelichte Fuhrmann in Hönigern. Emilie, verehelichte Liebske. Paul, Fleischermeister in Pontwitz. Hermann, gelernter Schlosser, 1917 in Rußland gefallen.

Nach der Jahrhundertwende entstand die Eisenbahnlinie Breslau - Oppeln. Minken erhielt einen Bahnhof und meine Urgroßeltern wurden zahlungsunfähig.

Okonom-Kinast, der jüngere Bruder, er heißt Daniel und war mit einer Kutzke-Tochter verheiratet, kaufte das Gasthaus, Scheune. Stallung, den großen Garten mit den Birnbäumen und dem dazugehörigen Acker.

Der 1869 geborene Sohn Johann nahm sich vor, eines Tages sein Vaterhaus zurückzukaufen. Zu jener Zeit war er mit seiner Frau Luise geborene Konietzke – es sind meine geliebten Großeltern – und seinen Kindern auf einem gepachteten Gasthaus mit Fleischerei in Pontwitz, das gut ging und ein schönes Stück Geld einbrachte. Die Eheleute legten zurück, was sie nur konnten.

Endlich war der Tag gekommen! Johann spannte an, fuhr nach Minken, um dem Onkel das Väterliche abzukaufen. Aber der Ökonom-Kinast weigerte sich, in den Handel einzugehen.

Da war guter Rat teuer. Kurze Zeit später erwarb Johann die benachbarte Anders-Stelle. Damit wollte er seinem Onkel Daniel die Zufahrt auf den Hof erschweren, in der Hoffnung, ihn für den Verkauf gefügig zu machen. Welcher Onkel läßt sich schon gern von seinem Neffen zu etwas zwingen!

Der Ökonom-Kinast befahl, den Giebelansatz der Südwestecke des Gasthauses von Zierat und Putz zu befreien, und die scharfen Kanten der darunterliegenden Ziegeln abzuhauen, um mit dem Fuhrwerk in den Hof zu gelangen, ohne auf das Territorium der Anders-Stelle angewiesen zu sein.

Johann ließ nicht locker. Er forderte hartnäckig sein Väterliches durch Kauf zurück.

Schließlich hatte der Ökonom-Kinast ein Einsehen. Der Rückkauf wurde kurz vor seinem Tode 1905 vollzogen und Johann Kinast senior konnte sorgenfrei weiterwirtschaften, denn sein gütiger Sohn übernahm erst 1912 das Eigentum.

Wir werden doch nicht immer hier in Pontwitz zur Pacht sitzen, soll meine Großmutter gesagt haben, wo wir doch in Minken etwas Eigenes haben. Sie kehrten nach Minken zurück. Johanns Eltern gingen auf den Auszug (zuletzt Wohnung des Elektromeisters Robert Brix).

Auf der Anders-Stelle wurde das Schlachthaus gebaut. Der Schindelmacher saß tagelang in der Scheune und spaltete Fichtenholz zu schmalen, dünnen Schindeln. Das Scheunendach mußte ausgebessert werden.

Die Wirtsleute hatten eine glückliche Hand. Luise, die Fieber-Kinasten in Minken genannt, war vor ihrer Heirat Mamsell in Ohlau im Hotel zum Löwen gewesen. Ihre Kochkunst und ihre Kenntnisse kamen hier in dem kleinen Landgasthof zur Entfaltung. Im November wurden Entenabende veranstaltet.

Vor den Weihnachtsferien brachte man den Frontenspieß (eines der beiden Gästezimmer) in Ordnung, in Erwartung des einzigen Sohnes Max und dessen Frau, beide Lehrer in Stephansdorf Kreis Neumarkt. Wir Kinder durften sie mit unseren Rodelschlitten von der Bahn abholen, und Onkel Max kniff seine Neffen und Nichten zur Begrüßung in die Wangen, so, als habe er seine Schüler beim Abschreiben ertappt.

Im Januar und Februar lud der Gasthof zu Eisbeinessen ein. Da kamen nicht nur Minkener Gäste, nein, auch die hohen Herren aus Ohlau ließen es sich schmecken. Mittagstischgäste waren die Lehrer und Lehrerinnen in Minken, die keine Familie hatten.

Das rege Leben ließ in den Kriegsjahren des Zweiten Weltkrieges nach. Luise Kinast starb auf der Flucht im März 1945 in Lukawitz bei Reichenau. Dort liegt sie begraben. Ihr Leben ist Mühe und Arbeit gewesen. Im März fiel der einzige Sohn Max in der Festung Breslau. Johann war Zeuge der Polenzeit. Er wurde aus seiner Schenke verbannt, durfte die Räume nicht mehr betreten und hatte sich in die Schlafstube verkriechen müssen. Durch das Potsdamer Abkommen (August 1945) geriet Schlesien unter polnische Verwaltung. Im Juni 1946 begann die Vertreibung aus Minken. 1949 starb Tochter Emma, unsere liebe Tante Mutti. Sie war mit ihrem Vater in einer Futterkammer untergebracht gewesen. Johann Kinast überlebte sie um zwei Jahre. Auch er starb in der Fremde. In Aerzen Kreis Hameln-Pyrmont ist sein Grab. Kurz vor seinem Tode, im März 1951, sagte er: Ich habe schon zehn Jahre zu lange gelebt.

Gaststätte Zum

Kr. Brieg
Dorfansicht

Die Köberleingasse

Bei den Großeltern, im Gasthaus zum guten Johann in Minken, gab es einen Puppenwagen aus braunem, gedrechseltem Holz. Er stand sommers wie winters unterm Fenster und gehörte meiner Cousine Luise, eigentlich ihren beiden großen Puppen, die immer sitzen mußten, weil der Wagen eine Sportkarre war. Nur manchmal hob Luise die schwarzhaarige Puppe mit den langen Zöpfen heraus und auch die blondgelockte und legte beide aufs Bett, dann, wenn von der Großmutter zum Einkaufen geschickt wurde und ich in ihrer Nähe war, in einem Alter, da neben Mama und Papa, die Worte ich auch und will mit von größter Wichtigkeit sind.

Unsere Reiseroute war stets dieselbe. Sie führte an der alten, dicken Linde vorbei, am kleinen Grasgarten und Laugwitz langem Saal mit den fünf Bogenfenstern. Auf dem Ringe radelten wir behende in die Köberleingasse ein, Luise mußte kräftig schieben, weil es, wie man im Flachland zur geringfügigsten Steigung sagt, bergauf ging.

Vor einem Gebäude, das mächtiger war als irgendein Wohnhaus im Dorf, hielten wir. Luise hob mich aus dem Puppenwagen, klappte ihn zusammen, dann wurde das Gefährt an den Staketenzaun gestellt und wir gingen ins Schloß zum Einkaufen.

Ins Schloß wird man verwundert fragen, wo gab es in Minken ein Schloß? Köberleins Haus ist das ehemalige Schloß, die Bezeichnung gab es, existierte zu unserer Zeit aber nur noch in der Schriftsprache. Weil in dem Haus mit den zweiflügeligen Zimmertüren und hohen Räumen während der letzten hundert Jahre, das heißt in der zweiten Hälfte des neunzehnten und ersten Hälfte des zwanzigsten Jahrhunderts, Handwerker wohnten und ihre Werkstatt hatten, Kaufleute lebten und Arbeiter, und auch ein Arzt seine Praxis unterhielt, könnte man es ein Volksschloß nennen.

In Heinz Günthers Buch „Kreis und Stadt Ohlau in Schlesien von den Anfängen bis zum Jahre 1521" lesen wir von einer Urkunde über das Dorf Minken, die lautet: Ulrich von Münsterberg habe alle seine Güter in Minkenow, nämlich acht Hufen unter dem Pflug, elf Zinshufen, die Scholtisei und zwei Hufen freien Erbes als Leibgedinge seiner Frau Kunigunde überlassen. Diese Urkunde wurde 1360 von Ludwig I. bestätigt, Herzog des Herzogtums, zu dem auch Minken gehörte.

Einmal war es Wohlau, einmal Brieg oder Breslau. Das braucht man sich nicht zu merken, denn die Abgaben blieben immer gleich hoch.

Zählt man die Flämischen Hufen zusammen, die Ulrich von Münsterberg seiner Frau vermachte, so dürfte es sich um das Rittergut, das ehemalige Domänen-Amt-Vorwerk handeln. Vierhundertfünfzig Jahre später, nämlich 1810 kaufte der Jude Krakauer dieses staatliche Dominium, was ganz sicher mit der preußischen Agrarreform zusammenhing.

Mit dem Martinstage hörte alle Gutsuntertänigkeit auf. Agrarreformen, die mit Friedrich dem Großen begonnen hatten, gingen nur langsam voran. Von den Spann- und Handdiensten, die fensterklopfend von heute auf morgen verlangt werden konnten, wußte noch mein Urgroßvater zu berichten.

Der Jude Kraukauer, er hatte elf Kinder, sieben davon sind wahrscheinlich in dem Schloß geboren, wie es heute noch steht, denn sie sind in Minken getauft, verkaufte seinen Besitz an eine Art Generalkommission Minkener Bauern und Bürger. Das alles war nur möglich durch Gesetze, betreffend die Ablösung der Reallasten und die Regulierung der gutsherrlichbäuerlichen Verhältnisse, die auch die nicht spannfähigenBauern regulierungsfähig machte, denn die Ablösungsordnung von 1821: Ordnung wegen Ablösung der Dienste, Natural- und Geldleistungen von Grundstücken, welche eigentümlich zu Erbzins oder Erbpachtrecht besessen werden, hatte nur für die spannfähigen Bauern gegolten, die anderen, nicht regulierungsfähigen, mußten mit Landabtretung bezahlen.

1841 war alles schon ganz anders. Die Fürstentumslandschaftkasse in Brieg gab Geld und mit dieser lieh der Herausgeber der Schlesischen Zeitung in Breslau, Johann Gottfried Korn, den Minkener Bauern und denen, die welche werden wollten, blanke Taler. Die Bodenreform nahm ihren Lauf.

Das ehemalige Inspektorhaus des Gutes war das spätere Bauernhaus von Clemens Glatzel. Die Brennerei und Windmühle kaufte Bergelkinast, der es an Sohn Karl und Tochter Maria vererbte, die den Müller-Schmalisch heiratete. Auf dem Grundstück von Schmalisch Otto standen einst die Jungviehställe.

Das Schloß aber mit der Arrende kaufte ein Herr Blum aus der Gegend von Münsterberg. Mein Urgroßonkel Johann Kinast heiratete die Blum-Tochter.

Als dieser Blumekinast 1882 starb, verkaufte seine Witwe das Schloß an den Kaufmann Brendel, der einen ausgedehnten Landhandel betrieb und mit dem Hürlewagen auf die Dörfer fuhr und im Schloß einen Laden einrichtete.

Die Brendeltochter heiratete Hermann Köberlein, der auch der letzte Besitzer dieses Hauses war, den Kaufmannsladen ebenso umfangreich wie sein Schwiegervater weiterführte, außerdem Kohlenhandel hatte und den Sitz der Spar- und Darlehnskasse Minken.

Der Mühlatschützer Weg, wie er katasteramtlich heißt, wurde zur Brendelzeit Brendelgasse genannt. Uns ist er als Köberleingasse in Erinnerung geblieben.

Die Puppenwagenfahrten mit meiner Cousine Luise nahmen eines Tages ein Ende. Meine Beine wurden plötzlich zu lang. Jetzt schickte mich die Großmutter ganz allein auf Botengänge, und so lief ich einmal ganz eifrig mit einem Tontopf zum Mostrichholen.

Frau Köberlein füllte aus einem Salzglasurgefäß, durch Hin-und Herziehen eines hölzernen Kolbens, den Senf in meinen Topf, was ich gebannt verfolgte. Als es ans Bezahlen kam, sagte ich treuherzig, das Geld liege auf dem Boden des Tontopfes unter dem Mostrich. Frau Köberlein füllte schweigend um. Sie wandte mir den Rücken zu, hob den Deckel des grauen Gefäßes und nahm einen Kochlöffel zur Hand, mit dem sie vorsichtig Mostrich aus meinem Tontopf herausholte.

Ein weiterer Botengang führte mich zum Schuster ins Schloß, der im ehemaligen Wartezimmer meines Onkels Dr. Willibald Tiltsch, seine Werkstatt hatte. Er war ein junger Schuster, Soport Franz, und ich glaube, er war es nicht gern. Meinem Auftrag, alle Schuhe gründlich zu säubern, ehe sie weggebracht werden konnten, war ich nachgekommen, in einer, wie mir schien, trefflichen Weise. Der Schuster betrachtete die Schuhe und schimpfte. Erstaunt über die unerwartete Schelte, stand ich vor seinem Schemel.

Ihr Pauern, schimpfte er, das ganze Jahr putzt ihr nicht eure Schuhe, aber wenn ihr sie zum Schuster bringt, da schmiert ihr sogar die Sohlen ein.

Eine Sohle war es auch, die ich zur Feierabendzeit an den Staketenzaun des Schlosses setzte, wenn eine saure Gurke gekauft werden mußte, von Frau Köberlein selbst eingesauert und mit hölzerner Zange über den Ladentisch gereicht.

Dann lehnte ich am sonnendurchwärmten Holzzaun, hörte die gedämpften Geräusche des Dorfes, zögerte, nach Hause zu gehen, denn ich wußte ja, was die Mutter sagen würde: Na, du Keutel, wo hast du dich wieder rumgetrieben! und genoß die Augenblicke wie den Gurkensaft.

Währenddessen hier an diesem Zaun, mit der Gurke in der Hand, entfaltete sich Phantasie, die Mutter der Märchen. Der verschwenderische König, der Salz streuen ließ, weil er im Sommer Schlitten fahren wollte, fuhr in meinen Gedanken vorbei. Hier hopste Rumpelstilzchen zur nahen Mühle. Und heimlich nannte ich diese so geschichtsträchtige Gegend in Minken meine Gurkengasse.

Mühlen als Mittler zwischen Korn und Brot

Erst, wenn die Mühlen sich von selber drehen werden, wird es keine Sklaven mehr geben, soll Aristoteles gesagt haben. Das war vor ungefähr 2300 Jahren.

Damit hat der griechische Philosoph nicht nur das Ende der Sklaverei vorausgedacht, sondern zugleich die Entwicklungsmöglichkeit der Mühlen umrissen. Um Mühlen im allgemeinen und die Mühlen in meinem Heimatdorf Minken dreht es sich heute, denn Martin Wurche, der letzte Mühlenbesitzer in Minken, schrieb mir einen Brief mit fachkundigen Einzelheiten, die ich gerne dem geneigten Leser mitteilen möchte.

Doch zunächst: Wer von den Minkenern in der Polenzeit 1945-1946 zu Hause war, hat im Frühsommer 1945 auf vielerlei Art Getreide zerkleinert. Erst mahlten wir das Korn mit der Kaffeemühle. Später gingen meine Schwester und ich in Paul Niechziols Scheune, dort stand eine handbetriebene Schrotmühle. Wir haben erfahren, wie mühselig es ist, Schrot bezw. Mehl für den täglichen Bedarf mit Muskelkraft herzustellen. Zwischen dem Schrotsuppenfrühstück in der Polenzeit, das mein Vater Plärre nannte, und einem knusprigen Brötchen, das man heutzutage ißt, liegen nicht nur 46 Jahre, dazwischen liegen Jahrhunderte ernährungsgeschichtlicher Zeitläufe, daran die Mühlen regen Anteil haben.

Der Beruf des Müllers ist alt. Ihn gab es schon 1500 Jahre vor Christus in Ägypten. Ägypten ist das Land, aus dem Getreide, Weizen vor allem, über den Mittelmeerraum bei uns Einzug hielt. Denkt man aber an die Ackerbaukultur in Ägypten bereits im fünften Jahrtausend vor Christus, so hat der Beruf des Müllers spät begonnen, wahrscheinlich dann, als die Drehmühle erfunden war.

In der vormüllerschen Zeit war das Herstellen von Mehl Sache der Frauen. Das erste und älteste Mehlmachgerät ist der Reibstein. Der Reibstein hat eine Mulde, in die das vorher im Mörser zerkleinerte Korn gefüllt wird. Mit dem Läufer, einem handlichen Stein fährt man laufend über das Korn.

Die Reibschüssel, ein aus Ton gebranntes Mehlmachgerät mit eingebackenen Quarzsplittern, gehörte zum Marschgepäck der römischen Legionäre. Der römische Soldat zerrieb das Korn für seinen täglichen Brei, und mit diesem Brei aus Wasser und Schrot im Magen, eroberte er ein Imperium.

Die Handmühle, eine weitererdachte Konstruktion , ist schon 600 Jahre vor Christus bei den Etruskern nachgewiesen. Die Handmühle funktionierte so: Wieder zwei Steine aber der waagerecht liegende obere Stein dreht sich um eine senkrechte Achse, sobald man den senkrecht herausragenden Griff betätigt. Es heißt, eine Sklavin mahlte an einem Tag auf dieser Handmühle soviel Korn zu Mehl, wie 8 Personen für ihre tägliche Nahrung brauchten. Das mögen 10 Pfund Mehl gewesen sein, wenn ich einmal den Tagesbedarf unseres 12 Personenhaushaltes auf dem elterlichen Bauernhof in Minken zugrunde lege. Sobald ich aus der Schule kam, sagte meine Mutter, du mußt noch Brot holen. Das hieß von der Liebske-Bäckerei zwei 3-kg-Brote Tagesbedarf. Die Sklavinnen hatten also auf ihrer kleinen Handmühle viel zu tun und wären sie nicht Sklavinnen gewesen, hätten sie niemals diesen Text singen können, den sie während ihrer mühsamen Arbeit sangen: Oh, das alle Götter meinem Herrn Kraft und Gesundheit spenden.

Die nächste Entwicklungsstufe im Mühlenhandwerk war die Drehmühle oder Glockenmühle, die mole machinaria, ungefähr 2 Meter groß und wurde von Eseln, Pferden oder Sklaven in Gang gehalten. Der obere Stein der Drehmühle war ein nach oben und unten behauener Hohlkegel, durch den eine Holzstange führte, die in das Loch der senkrechten Holzachse führte. Dieser Hohlkegel paßte auf den unteren zylinderförmig behauenen Stein und Mensch oder Tier drehten ihre Runden. Die horizontale Haspel, das heißt die Holzstange, die durch Hohlkegel und Achse führte, wurde entweder gestoßen oder mit der Schlaufe eines Strickes, den man sich um den Körper legte, gezogen.

Im ersten Jahrhundert vor Christus ersetzte das Wasserrad die Muskelkraft. Die Wassermühle war erfunden. Höret auf, euch zu bemühen , ihr Mädchen, die ihr in den Mühlen arbeitet. Jetzt schlaft und laßt die Vögel der Morgenröte entgegensingen, denn Ceres hat den Najaden befohlen, eure Arbeit zu verrichten, diese gehorchen, werfen sich auf die Räder, treiben mächtig die Wellen und durch diese die schwere Mühle, dichtete ein römischer Historiker, und ein anderer Dichter ließ die römische Göttin des Ackerbaues den Najaden befehlen: Bringt in dienender Eile eure Wasser hinfort sich zu mischen, die Mühlsteine drehend, das Korn mahlend in schneller Drehung.

Gleichzeitig mit der Wassermühle kam die Windmühle auf, ihr Ursprungsland ist Persien, wo es aber nur die feststehenden, das heißt nicht drehbaren Windmühlen gab. Eine Bockwindmühle hat Herr Richard Bienas aus Göllnerhain im Maßstab 1:6 gebaut. Im Mühlenfreilichtmuseum in Gifhorn steht eine Bockwindmühle in voller Größe. Ich spare mir die nähere Beschreibung und komme nun zu den Mühlen in Minken.

In Minken hat es drei Windmühlen gegeben und eine Wassermühle. Der Name Mühlchenwiesen, die in der Nähe des versunkenen Schlosses, auf Klein-Mühlatschütz zu liegen, deutet auf die Wassermühle, die am Grenzgraben, (Weidezufluß) gestanden haben soll. Sie soll 1850 abgerissen worden sein. Eine Bockwindmühle stand über der Sandgrube und gehörte Begander-Kinast, auch Berg-Kinast genannt. Die zweite Windmühle stand dort, wo heute noch das Wachtmeisterhaus zu finden ist, das meine Eltern gebaut haben. Sie gehörte Mühl Alberts Großvater, dessen Sohn, Mühl Alberts Onkel, dieser Mühle letzter Müller war. Mühle-Patzker wurde er im Volksmund genannt. Die dritte Mühle war die gutsherrliche Dominial-Mühle. Wenn man die Köberlein-Gasse hochging bis zu Glatzels, dann nach links abbog, lag sie hinter dem Haus von Frau Gans, rechter Hand. Bei der Aufteilung des Gutes wurde diese Mühle von dem alten Schmalisch für Sohn Heinrich erworben, danach ging sie für kurze Zeit in den Besitz von Gottfried Konietzke über, der die Mühle an Reinhold Wurche weiterverkaufte, an den Vater des letzten Besitzers Martin Wurche. Martin Wurche schreibt in seinem Brief:

„Ich übernahm den Betrieb 1942, um den Vater zu entlasten, der durch mehrere Operationen gesundheitlich schwer angeschlagen war.

Die Mühle hatte ein Grundkontingent von ca. 1000 Tonnen jährlich, davon, entsprechend dem Einzugsgebiet 1/3 Kunden- und 2/3 Handelsmüllerei. Dazu ein entsprechendes Handelsgeschäft, insbesondere mit Futtermitteln. Damals gab es noch keine ausgesprochenen Futtermittelwerke/fabriken, aber immerhin so 300 – 500 Tonnen jährlich Kraftfutter kamen hinzu.

Diese Mengen wurden im Einsatz mit drei bis fünf Leuten , ohne Kutscher, Bürokraft, Lehrling, bewältigt. Die Mühle geht zurück auf eine alte Dominialmühle, übrigens seinerzeit die größte Windmühle Schlesiens.

Als der Vater 1911/12 nach Minken kam, waren die Flügel bereits demontiert, und eine Dampfmaschine diente als Antriebskraft.

Damals, 1912 waren noch zwei Windmühlen in Betrieb: a) die Begandermühle hinter der evangelischen Kirche, b) die Mühle-Mühle (Großvater von Albert Mühl), die auf dem späteren Miserre-Acker stand, auf dem die Wachtmeisterhäuser errichtet wurden.

Als der Vater die Mühle in Minken übernahm, hörten beide Kollegen auf zu mahlen. Gustav Schmalisch sen. kam als Müller zum Vater und Paul Mühl als Heizer – nachher heizte der Kolloschin, der im Bäckerhause wohnte. Auch die Muhme Hilbichen, die im Bäckerhause wohnte, war Teilmitarbeiterin, indem sie sämtliche Säcke zu flicken hatte.

Vater war zweimal als Obermeister der Müllerinnung Ohlau-Brieg-Strehlen eingesetzt. Bei uns in der Mühle fanden die praktischen Prüfungen für die Meisterprüfung statt. Ich mußte allerdings meine Meisterprüfung in der Stadtmühle in Ohlau ablegen – aus verständlichen Gründen –! Die Getreideversorgung der Mühle wurde durch Bauernlieferungen gedeckt. Bei Weizen mangelte es meistens in der Zeit vor der Ernte. Unser Weizenlieferant um diese Zeit war das Rittergut Retter aus Liegnitz bei Limburg Kreis Brieg (nahe Smortawe). Das know-how vermittelte z.B. mir das Institut für Müllerei in Berlin, außerdem gab es eine Müllerschule in Dipoldiswalde, die ich wegen des Kriegsbeginns leider nicht mehr absolvieren konnte. Unsere Mühle in Minken war technisch gut ausgestattet. Wir hatten als sogenannte Versuchsmühle immer die neuesten Maschinen eingebaut."

Je ein Feld in dreifacher Wiederholung

Als im Jahre 1968 das niedersächsische Dorf Emmern die Patenschaft für das schlesische Dorf Minken übernahm, wurde der Freundschaftsakt festlich gewürdigt. Mein Vater hielt für uns Minkener eine Ansprache und sagte:

„Es ist bereits zur Tradition geworden, daß wir Minkener uns alle zwei Jahre zu einem Treffen zusammenfinden. Heute sind wir hier in den schönen Räumen des Dorfgemeinschaftshauses der Gemeinde Emmern. Ich freue mich, daß wir einen vollbesetzten Saal haben, und ich freue mich auch, daß nicht nur die Heimatfreunde aus der näheren Umgebung gekommen sind, sondern auch von weither, ich möchte sagen aus allen Teilen der Bundesrepublik Deutschland. Und ganz besonders freue ich mich, daß auch die Jugend, die jüngere Generation vertreten ist. Wir brauchen deshalb um den Fortbestand unserer Gemeinschaft keine Sorge zu haben.

Nun, liebe Heimatfreunde, immer, wenn wir zusammenkommen, haben wir es nicht versäumt an diejenigen zu denken, die nicht mehr unter uns sind, an unsere Toten. Ich bitte sie deshalb, zum Gedenken der Toten, sich von ihren Plätzen zu erheben.

Mit diesem Gedenken haben wir alle unsere Toten miteinbezogen, die in den beiden Weltkriegen ihr Leben ließen, ob sie gefallen sind oder in der Gefangenschaft oder im Lager umgekommen sind. Wir gedenken auch unserer Heimatfreunde, die auf der Flucht ihr Leben lassen mußten, und wir gedenken unserer Angehörigen, die in heimatlicher Erde ruhen und deren Gräber wir nicht pflegen dürfen. Wir denken aber auch an alle diejenigen, die in der neuen Heimat ihre letzte Ruhe gefunden haben. Dieses Gedenken ist uns nicht nur eine Ehrenpflicht, sondern auch eine Herzensangelegenheit.

So, meine lieben Heimatfreunde, immer wenn wir zusammengekommen sind, dann habe ich über unsere Probleme, die die Vertriebenen angehen und über die politische Lage der Vertriebenen gesprochen. Heute möchte ich etwas anderes; ich weiß, daß die Gemeinde Emmern, der Bürgermeister mit den Ratsherren, eine Überraschung für uns hat, und ich weiß, daß durch einen besonderen Akt die Verbundenheit mit unserer Gemeinde Minken bezeugt werden soll, und da bin ich der Meinung, daß ich heute etwas über unsere Heimatgemeinde Minken aussagen muß, für alle, die es kennen zur Erinnerung, für die anderen zur Kenntnis, besonders für die Jugend.

Nun, Minken war eine reine Landgemeinde, ein Bauerndorf. Es lag in dem nördlichsten Zipfel des Kreises Ohlau. Unsere Feldmark grenzte an den Kreis Oels. Minken hat eine reiche Geschichte. Ursprünglich, also vor mehr als hundert Jahren, gab es in Minken nur neunzehn Bauern, das heißt Vollbauern, wie man das so nennt, und dazu eine Domäne. Die ganze Feldmark betrug 5650 Morgen. Die Hälfte davon gehörte den Bauern, die andere Hälfte der Domäne. Ich kann ihnen heute noch aus dem Stegreif sagen, welches die neunzehn Bauern sind. Zuerst, gleich hinter dem Domänenland, war der sogenannte Pfarracker, wir nannten ihn Pasteracker, der war in einem Stück und natürlich verpachtet. Dann kam der sogenannte Kräckeracker, auch in einem Stück. Aber der hatte nicht so guten Boden. Er ist vom letzten Besitzer Kräcker aufgegeben worden. Dann kamen die Bauernfelder. Zu den Bauernfeldern gehörten drei Hauptfelder, also in dreifacher Wiederholung."

In den folgenden Jahren tauchte in Gesprächen mit meinem Vater immerwieder der Begriff; je ein Feld in dreifacher Wiederholung auf. Gibt er Antwort auf die Frage, die sich vielleicht schon mancher Minkener gestellt hat? Wie kam der ausgeprägte Gemeinschaftsinn zustande? Hat er etwas mit dem Nutzungssystem zu tun? Gemeinschaft, nicht verstanden als heitere Harmonie inniger Verhältnisse, nein, Dorfgemeinschaft, verstanden als Schicksalsgemeinschaft. Setzt sie gemeinsame Interessen voraus, gemeinsames Handeln, aus denen Erlebnisse wachsen, die einen Zusammenhalt garantieren? Das Aufeinanderbezogen sein und Rücksichtnehmen vom Ursprung her, hat das etwas mit dem Bodennutzungssystem zutun? Gehen wir den Fragen nach.

Minken war in früheren Jahrhunderten ein Angerdorf, das heißt, der großzügig ausgelegte Ortskern erlaubte reges Leben und Treiben mitten im Dorf nicht nur aller Menschen, sondern auch der Tiere. Im neunzehnten Jahrhundert wurden Kühe und Schweine auf die Weide getrieben. Wenn der Hütejunge mit den Tieren am Abend heimkehrte, wußte jede Kuh in welchen Bauernhof, das heißt in welchen Stall sie gehörte und verließ ganz von alleine die Herde. Anfang des zwanzigsten Jahrhunderts wurde der Dorfanger bebaut, zunächst mit Schule, Schmiede, Feuerwehrgerätehaus (später Kriegerdenkmal). 1902 wurden die Gräben links und rechts der Dorfstraße verrohrt und zugeschüttet. Nur noch die Teiche blieben als Löschteiche für die Feuerwehr erhalten.

Die Feldmark des Anger- oder Straßendorfes Minken unterscheidet sich in der Aufteilung von der der Waldhufendörfer in Schlesien, bei denen die Frankenhufe (25 ha) gilt und jede Hufe einen eigenen Feldweg hat und alle drei Formen: Ackerland, Dauergrünland und Wald, beinhaltet. Bei uns in Minken, also beim Anger- oder StraBendorf, wurde das Land nach der Flämischen Hufe (17ha) vermessen, und, was ganz anders ist als beim Waldhufendorf, das Ackerland von den Wiesen und Weiden getrennt gehalten.

Das Ackerland der Minkener Bauern bestand aus drei etwa gleichgroßen Hauptfeldern, in denen jeder Bauer eine Parzelle besaß, ein langgestrecktes Ackerstück, streng durchnumeriert.

Wenn also der Bauer Fritz Kosok zum Beispiel im ersten Hauptfeld die zweite Parzelle besaß, so gehörte ihm im zweiten Hauptfeld ebenfalls die zweite Parzelle und im dritten Hauptfeld auch die zweite Parzelle.

Durch diese Aufteilung hatten alle Bauern an jeder Bodenqualität teil, waren aber durch die Gemengelage und durch das Bewirtschaftungssystems der reinen, alten unverbesserten Dreifelderwirtschaft zu gemeinschaftlichem Handeln gezwungen.

Was heißt das?

Die reine, alte, unverbesserte Dreifelderwirtschaft ist ein uraltes Bodennutzungssystem, das gab es schon vor mehr als tausend Jahren, als Karl der Große gegen Widukind kämpfte. Deutsche Siedler brachten es mit dem eisenbeschlagenen, bodenwendenden Pflug mit Vorkarre im 12. und 13. Jahrhundert nach Schlesien und lösten damit die slawische wilde Feldgraswirtschaft ab, zum Vorteil der Bewohner.

Im Turnus von drei Jahren wechseln Brache, Winterung und Sommerung. Liegt das erste Hauptfeld brach mit seinen Parzellen und Gewannen (Gewanne sind in einem Flurstück horizontal und vertikal verlaufende Parzellen) – das heißt der Acker bleibt unbestellt liegen, man läßt damit den Boden ausruhen –, wird das zweite Hauptfeld mit Roggen und Winterweizen bestellt und das dritte Hauptfeld, das im Jahr davor Wintergetreide hatte und im Vorvorjahr brach lag, mit Sommergetreide, Sommergerste und Hafer eingesät.

Dieses Bodennutzungssystem hat sich bis ins neunzehnte Jahrhundert erhalten, und obwohl die verbesserte Dreifelderwirtschaft Fuß faßte, das heißt; das Brachland wurde besömmert, Hackfrüchte und Futterpflanzen angebaut und zur Stallfütterung übergegangen, das gab mehr Dünger für die Äcker, durfte doch kein Bauer aus der Reihe tanzen. Dieser Flurzwang machte eine enge Dorfgemeinschaft unabdingbar und damit einen aufeinander abgestimmten Zeitplan von Aussaat und Ernte.

Wenn sich auch im Laufe der Zeit die soziale Struktur des Dorfes wandelte und alle Bewohner am Gewebe der Gemeinschaft ihren Anteil hatten, so wurden die Kettfäden von den Bauern gespannt, und die halten den Stoff zusammen.

Flurnamen

Im Mai mußte man mit dem Spaten Maulwurfhaufen auf den Wiesen zerschmeißen und mit dem Rechen fein zerrechen, denn im Juni wurden die Wiesen gemäht. Dann band meine Mutter ein zartblaubedrucktes , weißes Kopftuch um, knotete es unterm Zopfnest zu, wie alle Bauersfrauen in Minken, nahm einen Holzrechen und ging zum Gartentürdel hinaus, über die Bahn, am Lugehäusel links vorbei auf die Tammelwiesen. Jeder Bauer in Minken hatte eine Tammelwiese. Hatte ich um diese Zeit schulfrei, durfte ich mit, zum Heuwenden dort oder zum Gersteaufstellen auf den Lipinka-Acker, auf ein breites Feld, das zwischen der Ohlauer Chaussee und Tiefem Graben lag, einem Wasserlauf wie ein Aquarium. Gingen wir über die Bahn und rechts herunter, kam man auf die Hutung. Der Hutungsgraben zerschnitt die Wiesen, nahm Wasser aus dem Tiefen Graben, Teichgraben und Lipinkagraben mit und floß bei Garsuche in den Mühlbach am Zinnobersee entlang. Die Hutung oder Schweinehutung, wie sie auch genannt wurde, ist mir in lebhafter Erinnerung. Hier habe ich während der Polenzeit als fünfzehnjähriges Mädchen mein erstes und letztes Fuder Heu geladen. Es geschah an einem sonnigen Sommertag unter der liebevollen Anleitung unseres Nachbarn Franz Schmidt, Bauer in Minken. Nicht weit von der Hutung entfernt liegt die Pinowe. Nicht weniger idyllisch sind die Mühlchenwiesen und Schmollenwiesen und über den Grenzgraben hinweg in Richtung Mühlatschütz, die Helderwiesen. Auf Klein-Mühlatschütz zu befindet sich der Buchenhain Grabine. Die Grabine, in deren Nähe das versunkene Schloß gestanden haben soll, wird vom Grenzgraben durchflossen. Hier wuchsen Maiglöckchen, die wir Springauf nannten. An Sonntagnachmittagen wanderten Liebespaare dorthin. Als Kind sah ich manches junge Mädel mit einem Sträußel in der Hand und einem Freier am Arm die Köberleingasse hinunterkommen.

Die Bezeichnung Grabine gehört wie Pinowe und Lipinka zu den ältesten Flurnamen in der Gemarkung von Minken. Es sind Baumnamen. Grabine kommt von Grab gleich Weißbuche und Lipinka kommt von Lipa gleich Linde. Beide Wörter sind im heutigen russischen Sprachgebrauch zu finden. Pinowe ist lateinischen Ursprungs. Es handelt sich um einen Nadelbaum mit einer schirmförmigen Krone, der in den Küstenländern des Mittelmeeres zu Hause ist, und am Südfuß des Kaukasus und halt auch in Minken. Pinus pinea.

Die Helderwiesen oder Heldern, wie sie auch genannt wurden, bedeuten Helder gleich uneingedeichtes Marschland, fruchtbare Weide. Tammelwiese oder Dammern haben ihren Namen von den Dämmen, die errichtet werden mußten, ehe man begonnen hatte, die Oder zu regulieren. Minken, zwischen Stober und Weide, zwei rechten Nebenflüssen der Oder, liegt im Urstromtal des Flusses, von dem Adolf Gasde in „Die Oder der Schicksalsstrom" folgendes schreibt: Die Oder war, bevor mit ihrer Regulierung begonnen wurde, entweder in trockenen Zeiten ein Rinnsal mit einer durchschnittlichen Wassertiefe von 40 cm, an versandeten Stellen noch weniger oder nach heftigen Regenfällen im Quellgebiet ein reißender Strom."

Die Schmollenwiesen liegen unterhalb des Grenzgrabens, südwestlich der Heldern und haben moorigen Untergrund. In nassen Sommern sanken die Pferde ein. Schmollen kann man mit Rinderweide übersetzen. Schmollen gleich maulen, ein Verb, das vom Verhalten des Rindviehs abgeleitet wird, genau wie das Verb stieren. Es läßt sich also unter Schmollenwiesen eine Weide für Wiederkäuer denken. Der Lugeberg entlehnt seinen Namen aus dem mittelalterlichen Wort Alod, was frei oder lehnsfrei heißt.

Die Röhren, wo auch unsere Badeanstalt liegt, haben ihren Namen von den Holzrohren, die das Quellwasser ins Dorf geleiteten. Der Kräckeracker entlehnt seinen Namen von Bauer Kräcker, den es einmal in Minken gab und von dem gesagt wird, er habe Minken bei Nacht und Nebel verlassen, weil er hoch verschuldet war. Der Pastoracker? Das ist ein Name, der nicht erklärt werden muß. Pastor Rolffs, der 1882 nach Minken kam, hat ihn noch bewirtschaftet, später wurde dieser Acker an Minkener Bauern verpachtet.

Erntekranz

Jedes Jahr nach der Ernte und jedes Jahr bei einem anderen Bauern wurde die Erntekrone geflochten und der Erntewagen geschmückt, darin die jungen Leute ihre Krone in den Festsaal fuhren. Der Großknecht tanzte mit der Bäuerin, die Großmagd mit dem Bauern. Zu diesem Foto, das vor 1934 aufgenommen wurde, schreibt Bauer Albert Mühl:

„Es handelt sich um ein Erntefest, das ja jedes Jahr gefeiert wurde. Es wurde ein Bauer bestimmt, bei dem der Erntekranz gebunden und der Festwagen geschmückt wurde. Dann wurden von den Mädeln und Buben je zwei ausgewählt. Die Buben waren die sogenannten Altknechte und die zwei Mädel die Altmägde. An einem Sonntag wurde dann der Erntekranz bei dem Bauern abgeholt. Alle Mädel und Buben fanden sich dort ein. Nach einem Kaffee und Kuchen setzte sich der Festzug in Bewegung. An der Spitze die Musikkapelle mit den Kindern des Dorfes, dann der Festwagen mit der Erntekrone und den Mädeln, dahinter die zwei Altmägde und Altknechte mit zwei Jungen. Einer mit einer Getreidesense, einer mit einem Rechen, auf jedem Zinken ein großer Apfel aufgespießt. So ging es von einem Ende des Dorfes zum anderen und

wieder zurück bis zum Tanzsaal Otto Laugwitz. Dort wurde die Erntekrone aufgehangen. Der Altknecht hielt eine Ansprache, nun wurde das Tanzbein geschwungen, meist bis zum nächsten Morgen.

Auf diesem Bild wurde die Erntekrone bei Bauer Gottlieb Glaser abgeholt. Die beiden Altknechte sind Poguntke Erwin und Vogt Alfred, Walter Mieze, Glaser Mariechen, Schröter Frieda im schwarzen Mieder. Kinast Oskar und ich verkleideten uns aus Jux als Bauer und Bäuerin, Oskar von der Bahnhofstraße draußen war meine Frau als Bäuerin. Von meiner Mutter hatte er ein Nesselkleid an und ein Kopftüchel mit Hut auf. Meine Schwestern hatten ihm die Unterwäsche angepaßt, alles in weiß, weiße, lange Unterhosen. Ich hatte einen Wollbart, einen Strohhut und eine Getreidesense auf dem Rücken. Dann sind wir beide hinterm Zaune entlang zu Glasers gegangen. Ich sehe den Gottlieb noch heute, wie er vor uns saß, mit der Schnapsflasche in der Hand, uns einschenkte und sich vor Lachen den Bauch hielt. Durch den Alkohol waren wir recht lustig geworden. Der Kinast Oskar hatte einen Vesperkorb mit. Beim Umzug, wo wir als letzte mitmarschierten, brachten uns die Leute soviel Flaschen Bier, daß es gar nicht im Vesperkorb Platz hatte. Im Saal bekam das Bauernpaar eine Extratour, einen Walzer. Ich hatte noch eine lange Tabakpfeife im Mund. Beim Tanzen ist der Pfeifenkopf abgegangen, auf dem Parkett durch den Saal gesaust bis unter einen Tisch. Der Oskar hinterher, ist hingefallen und hat beim Fallen den Rock hochgezogen und lag mit der langen, weißen Unterhose mitten im Saal."

Die Bahnhofstraße

In vorangegangenen Aufsätzen über mein Heimatdorf Minken sind die Ortsteile Tuhm und Kret-Ende betrachtet worden. Heute ist die Bahnhofstraße an der Reihe, das jüngste Wohnbaugebiet des Ortes. Wer in Minken zum Bahnhof gelangen wollte, ganz egal, ob er auf dem Tuhm oder Kret-Ende wohnte, mußte die Bahnhofstraße benutzen. Aus der Mitte des Dorfes, am Anfang beidseitig mit hohen Bäumen bewachsen, bildete sie eine gerade Linie von Norden nach Süden, bog hinter dem Nestroischen Grundstück nach Westen ab, führte vorbei an den Häusern Hirmke und Wenzel, den Gärten Dr. Tiltsch und Bauer Schaar, nach Süden schwenkend zum Bahnhof hin. Das letzte Stück Straße hatte Kopfsteinpflaster, rechts daneben einen Fußsteig und links, an der Kinast-Villa vorbei, einen Sommerweg für Pferdegespanne. Die übrige Bahnhofstraße war geteert.

Durch die Eisenbahnlinie Breslau-Oppeln erhielt Minken nicht nur gute Verkehrsbedingungen, sondern auch nach Süden seine Baugrenze. Ein einziges Haus stand jenseits der Bahnschienen; das Stellwerk. Der Bahnunterführungsdamm, eine Straßenbrücke von zwei miteinander verbundenen Rampen, 1907 erbaut, verlief kreuzungsfrei über die mehrspurige Eisenbahnstrecke und war eine Verlängerung der Bahnhofstraße, ehe diese nach Westen abzweigte. Der Bahndamm, wie die Brücke im Volksmund hieß, war Minkens Hausberg. Zu beiden Seiten der Dammstraße standen weißgekalkte Grenzsteine aus grauem Granit, die schwarzgeteerte Käppel hatten. Hier begann die Landstraße 1 A. Sie führte nach Ohlau, weshalb die Bahnhofstraße, bevor der Eisenbahnbau begann, Ohlauer Weg hieß.

Im Atlas Silesiae von 1739, als Schlesien zur Donaumonarchie gehörte, ist der Ohlauer Weg topografisch nicht erfaßt. Im Kriegsatlas von Wrede 1753 finden wir den Ohlauer Weg eingezeichnet. Bebaut und befestigt wurde er erst im darauffolgenden Jahrhundert.

Wie es zu jener Zeit in Minken war, entnehmen wir einer Beschreibung aus dem Ortsverzeichnis von J. K. Knie aus dem Jahre 1829:

Minken, Post Ohlau und Bernstadt. Besitzer E. Krakauer, Jurisdiction Fiskus -Rentamt Ohlau, Land- und Stadtgericht Ohlau. Das ehemalige Domänenamtvorwerk hat sein Folio beim Oberlandesgericht Breslau. Die Besitzerfamilie ist exempt. 111 Häuser, 1 Freischoltisei, 1 herrschaftliches Schloß und Vorwerk. 1 ev. Mutterkirche (Superint. Ohlau) 1 ev. Schule, 1 Lehrer. 1 kath. Schule, 1 Lehrer. Patronat für alle königlich. 1 Krankenhaus, 1 Windmühle, 1 Roßmühle, 1 Brauerei, 1 Brennerei, 1 Ziegelei zeitweise, 1 Pottaschesiederei, Bienenzucht, veredelte Schafzucht, Fischerei im Schnellenteich, Flachsbau. 1 königliche Unterförsterei. Im westen königlicher und Dominialforst, meist Nadelholz. 1 königliches Chausssee-Zollhaus. Einwohner 800, kath. 131, jüdisch 5. Zum Ort gehört Paperwitz, Kolonie 6 Häuser, 49 Einwohner, 11 katholisch.

Die genannte Roßmühle von 1829 gehörte Josef Laugwitz, meinem Ururgroßvater. Seine Tochter heiratete auf das Stammgut der Kinaste in Minken, zuletzt Glaser. Die Liebesheirat meiner Urgroßeltern Daniel und Elisabeth steht in ursächlichem Zusammenhang mit dem Baubeginn am Ohlauer Weg, der späteren Bahnhofstraße.

1848, als der ältere Bruder meines Urgroßvaters heiratete, erbte er nicht den väterlichen Hof. George Kinast und Susanne Konietzke wurde ein solcher errichtet. Ein Bauernhof von 120 Morgen am Ohlauer Weg, auf dem Acker des Johann Konietzke (Fleicher-Kinast-Hof), wie aus der Hoflage der Minkener Bauernhöfe ersichtlich. Damit, mit dem Jürge-Kinast-Hof oder Kirchvater Kinast, wie er in die Dorfgeschichte eingegangen ist, beginnt das Werden eines Neubaugebietes, heraus aus dem Angerdorf, dem alten Ortskern von Minken.

Die linke Seite des Ohlauer Weges, das heißt der Bahnhofstraße, gehörte zum Bauernhof von Paul Vogt (früher Bergel-Kinast). Durch die Stein-Hardenbergsche Agrarreform wurde es möglich, diesen Streifen Acker, der bis zur Bahn reichte, zu verkaufen. Käufer war der Bauer Paul Niechziol, der Bauplätze daraus machte und damit die Besiedlung der Bahnhofstraße bewirkte. Gegenüber der Jürge-Kinast-Wirtschaft stand das alte Auszughaus von Bergel-Kinast, das Herr Heider erwarb und es an den Maurer Oskar Jäschke verkaufte. Oskar Jäschke baute ein völlig neues Haus mit einem Berliner Fenster. Seine Frau starb bei der Geburt des siebenten Kindes, als das alte Haus abgerissen und das neue noch nicht bezugsfertig war. In den zwanziger Jahren wurde der Acker des Jürge-Kinast-Hofes geerbteilt. Der Oskar Kinast-Hof entstand am Ende der Bahnhofstraße, weshalb dieser Kinast der Draußige hieß. Neben diesen beiden Bauern gab es die Höfe Mühl und Stiller (früher Gohla, hier stammt der Lehrer Gohla aus Peisterwitz her). Alle übrigen 32 Häuser gehörten und bewohnten Handwerker, Arbeiter, Beamte, Hebammen und Arzte. Das Landdienstlager, ein Holzhaus, gehörte der Gemeinde. Wie fortschrittlich die Bahnhofstraße war, beweist die Autowerkstatt mit Tankstelle, Stellmacherei und Brunnenbau von Paul Ruhm und seinen drei Söhnen. Autohilfe Minken 25 hieß der Notruf. Am Wohnhaus mit Werkstatt stand in großen Lettern:

Telefon Minken 25 Paul Ruhm Telefon Minken 25

Brunnenbauer und Wagnermeister

Herstellung von Kessel und Rohrbrunnen, Pumpen von Holz und Eisen in jeder Ausführung, Installation von Hauswasserversorgungsanlagen mit Hand und Kraftbetrieb sowie Bade und Klosetteinrichtungen sowie Selbsttränkeanlagen

In der Fahrradreparaturwerkstatt von Hermann Hübner hing ein winziges Fahrradmodell im Schaufenster. Ein Kindertraum von einem Fahrrädel, das mir Karl Pirlich , mit seinem Grafen aus Fürstenellgut von Spanien kommend, zu kaufen versprach. Verschollen wie er ist, denke ich an Onkel Karl, wenn ich meinen eigenen Träumen begegne. Mühl Paul, zuletzt Nowak, Mieter Liebe, in der Bahnhofstraße war sogar Schiffseigner. Aber das moderne Verkehrsmittel wurde und blieb die Eisenbahn.

Als man 1909 den Bahnhof in Minken einweihte und Personen- und Güterverkehr aufnahm, reiste als erster Passagier niemand anderes als die Storchentante, die damals 58jährige Elisabeth Konietzke. Die Hebamme, zu einem Wöchnerinnenbesuch unterwegs, löste eine Fahrkarte von Minken nach Bischwitz. Nu do gahn se mir amoll a Biljett, wird sie zu Ziegler Karl gesagt haben (er hat es überliefert), und mit ihrer Hebammentasche, im knöchellangen Rock und dem markanten Zopfnest auf dem Kopf, hin und her scharwenzelt sein.

Die Stationsvorsteher ab 1909 hießen: Walenzig, Pieloth, Jensch, Kubitz, Hoffmann, Arndt, Scholz.

Robert Scholz war der einzige Stationsvorsteher, der nicht in der Dienstwohnung für Stationsvorsteher wohnte, die direkt überm Schalter- und Warteraum lag, sondern weiterhin in einem der Bahnerhäuser. Die Wiegemeister waren: Schleifer August und Peschke Max. Die Reichsbahnassistenten hießen: Wenzel Karl und Lange Otto. Des weiteren arbeiteten an der Bahn: Bolik, Kiok Karl, Pelz, Weinert, Gabling, Woitas, Goletz. Die Bahn- und Schrankenwärter waren: Förster Gustav, Heilmann, Kinast Ernst, Wagner und Slabon Paul.

Der Personenverkehr auf der Strecke Breslau-Oppeln hatte folgende Abfahrts- und Ankunftszeiten:

Von Minken nach Breslau: 4.23 Uhr, 6.24 Uhr, 9.08 Uhr, 15.06 Uhr, 18.53 Uhr, 21.26 Uhr.

Von Breslau, Minken an: 1.27 Uhr, 8.17 Uhr, 14.50 Uhr, 17.30 Uhr, 19.20 Uhr, 20.44 Uhr.

Die Kohle- oder Schleppbahn verkehrte bei Tage und in der Nacht. Als Kind, für meinen Vater in Frachtgutangelegenheiten unterwegs, habe ich manchmal von einem Güterzug auf den anderen gewartet und schnelles Zählen gelernt. Die mit Kohle beladenen Güterzüge, die an Minken vorbeiratterten, hatten meist 48 Waggons, manchmal 50, selten 51 oder gar 52 Güterwagen.

Als Fahrschülerinnen mit dem 6.24 Uhr Zug nach Breslau, 14.08 von Bahnsteig 3, Achtung, Achtung, Bahnsteig 3, auf Gleis 6 wird überführt der Personenzug nach Oppeln über Markstädt/Karlsmarkt, nach Minken zurück, kannten wir uns aus. Die Fahrgäste, die eine Fahrkarte nach Oppeln über Ohlau/Brieg gelöst hatten und in unserem Zug saßen, konnten wir, wenn rechtzeitig bekannt, in Brockau zum Umsteigen in den richtigen Personenzug bewegen. Über Brockau führten beide Strecken.

Wie glücklich war ich immer als Schülerin, aus der großen Stadt wieder zu Hause zu sein in unserem Dorf Minken. Die Bahnhofstraße haben wir, Rita Gurn und ich – Rosemarie Koschnig bog schon vor der Wurche-Villa in die Richtergasse ab, um in das Wachtmeisterhaus zu gelangen – fast täglich gemeinsam absolviert, unter den Linden entlang, am großen Kretscham-Garten vorbei bis zum Ring, dann trennten sich unsere Wege. Auch Straßen hinterlassen Spuren der Erinnerung. Die zeitigen Sommertage, windstill, licht und mild, bleiben ebenso unvergessen wie die dunklen, schneeverwehten Wintermorgen.

Von der Bahnhofstraße aus betrachtet:
Links im Bild: Das Haus von Doktor Willibald Tiltsch. Rechts davon: Das Anwesen von Fritz Bochnig und Frau, geborene Grieger Gottlieb. Mitten im Bildhintergrund: Westgiebel und Dach des Wachtmeisterhauses.
Auf dem Beckenrand des Schwimmbades unseres Minkener Landarztes sitzen: Seine Gattin Maria, geborene Miserre, die beiden Söhne Felix und Peter. Der Schäferhund ist adlig: Holda von Hirtenstock, er stammt aus Bitterfeld.

Die Storchentante von Minken

Beim Schlesiertreffen machte mich Junak Oskar mit Karl Krobott bekannt, einem jungen Großvater aus Rodeland. Wir kamen im Gespräch auch auf Elisabeth Konietzke, Hebamme von viertausend Säuglingen, die ins Nachbardorf Rodeland ebenso geholt wurde wie in Minken, und hatten plötzlich etwas Gemeinsames: Die Storchentante.

Wer vor der Jahrhundertwende und noch drei ja vier Jahrzehnte danach in diesen waldumsäumten, schlesischen Dörfern zur Welt kam, ist von ihr abgenabelt worden, von der Heb-Amme oder weisen Frau.

Sanitätsrat Doktor Strube aus Laskowitz, bei dem Elisabeth nach 1887 volontiert hat, war von ihren beruflichen Fähigkeiten beeindruckt: Frau Konietzke, sie haben begnadete Hände! Diese Auszeichnung hütete Elisabeth wie ein kostbares Kleinod.

Elisabeth Gerhardt, wie sie mit ihrem Mädchennamen hieß, wurde am 25. August 1861 in Minken Kreis Ohlau geboren. Ihre Mutter stammt aus dem Bauernhof von Gottlieb Großer, aber davon ist wenig bekannt. Nach der Schulentlassung ging sie in Stellung und arbeitete im Gasthaus Laugwitz in Minken, heiratete mit dreiundzwanzig Jahren Gottfried Konietzke, einen Bauernsohn aus Minken – er stammt aus der Konietzke-Wirtschaft hinterm Zaune und war Zimmermann von Beruf.

Dieses ungleiche Paar, äußerlich ebenso wie im Charakter, brachte es durch Fleiß und Zielstrebigkeit zu Ansehen und Besitz. Wenn in späteren Jahren die Hebamme manchmal selbstzufrieden sagte: „Nee, ihr Leute, woas ich heute wieder olles geleist hoa!", sprach aus ihr das Bewußtsein eines erfüllten Lebens.

Am 25. Januar 1885 nach vollzogener Ehe bewohnte das junge Paar ein Giebelstübchen in Minken bei der Bäuerin Anna Nowak geborene Hermann aus Steindorf.

Als Elisabeths erstes und einziges Kind, ein Junge, bald nach der Geburt starb – dem Säugling war der Kopf eingedrückt worden – wurde sie nicht müde zu erzählen – und sie den Wert einer guten Geburtshelferin am eigenen Herzeleid fühlte, muß sie den Sinn ihres Lebens im Erlernen und Ausüben dieses verantwortungsvollen Berufes gesehen haben, und das offenbart ihren tatenfrohen Charakter.

In Breslau in der Max-Klinik bei der Oberin Frau Rother, mit der sie eine stetige Freundschaft verband, wie auch mit der Hebamme aus Steindorf „Der Reinschen", ging sie in die Lehre und löste nach bestandenem Examen die Hebamme Frau Knorr in Minken ab. Wurde Elisabeth abends nach Wilhelminenort geholt, nahm sie für den Rückweg, der durch den Wald führte, einen Knüppel mit. Ihre Nichte, das Kind Luise, mußte ihr zu später Stunde entgegengehen. „Ich habe aber Angst", beantwortete die Hebamme: „Nu Madel, do wirscht de der an Stuck nahm!"

Wie glücklich waren die kreißenden Frauen, die in der ihnen vertrauten Umgebung, nämlich zu Hause, ihr Kind zur Welt bringen durften, im Beisein einer Geburtshelferin, die als einziges Medikament Hoffmannstropfen, das Universalmittel aus einem Teil Äther und drei Teilen Alkohol, in der Hebammentasche hatte, eine krumme Schere, das Glasröhrchen, einen weiß emaillierten Irrigator mit schwarzen, gotischen Lettern „1 Liter" und Sagrotan.

Erst in der Mitte des neunzehnten Jahrhunderts hatte der Geburtshelfer und Arzt Semmelweis die Infektiosität des Kindbettfiebers entdeckt, und peinliche Sauberkeit war geboten. Die Entbindung kostete einen Taler, den die Storchentante in ihrer weißen, frischgestärkten Schürze und bewuschperten Art, hie und da als Pateknispel dreingab, denn nicht selten wurde sie gleich nach der Entbindung zur Patentante erhoben. Aber wenn es um Geschäfte ging, war sie so unerbittlich wie alle Eisheiligen zusammen.

Die Kiontken aus dem Bäckerhause, die von Minken nach Breslau – eine Tour war fünfunddreißig Kilometer – mit Gemüse zum Markte wanderte und Apfelsinen für die Minkener zurückbrachte, ließ sich durch die Geburt eines ihrer Kinder im täglichen Rhythmus ihres Berufes als Marktfrau nicht stören; denn hatte sie entbunden, ging sie gleich am nächsten Tag wieder los. Wer von den jungen Müttern aber im Wochenbett lag, hatte Anspruch auf ein leichtes Hühnersüppchen oder ein gebratenes Täubel, das hilfreiche Nachbarinnen zubereiteten und Kinder vertragen mußten. Willste amoll den kleenen Popel sähn?, hieß es dann, und im umrüschten Tragebettel oder Steckkissen schlief ein weltentrücktes Wunder, das gar bald zum richtigen Räudel werden mochte. Pro Woche gab es ein bis zwei Entbindungen, da hatte die Hebamme zu tun.

Das Ehepaar Konietzke sterzte auf den Tuhm, dann auf das Kret-Ende und dann erwarb es im Jahre 1908 den Bauernhof am Ringe, dessen Grund und Boden noch fünfzig Jahre zuvor zum Erbkretscham gehört hat, von Otto Kiontke, der Junggeselle war und nach Berlin übersiedelte. Während Gottfried Konietzke arbeitete wie ein stakender Oderschiffer, brachte Elisabeth auf ihren weiten Wanderungen allerlei Nützliches, Verkäufliches und Kaufenswerte in Erfahrung, das ein stetes Besserwerden der wirtschaftlichen Lage bewirkte.

Seit der Stein-Hardenbergschen Agrarreform „Edikt den erleichterten Besitz und freien Gebrauch des Grundeigentums, sowie die persönlichen Verhältnisse der Landbewohner betreffend", waren die Ländereien des vormals Kiontke-Bauernhofes dezimiert worden, Landkauf tat not. Wie Elisabeth dabei zu Werke ging, mag folgendes Beispiel zeigen:

Lehrer Großpietsch in Breslau besaß eine „Porte Howeacker", eine Partie gleich neun Morgen gleich zweieinviertel Hektar, hinter der katholischen Kirche in Minken. Das Land war verpachtet. Die Hebamme nahm an, da es sich bei dem Lehrer um einen katholischen Herrn handelte, er würde, falls er verkaufte, an einen katholischen Bauern verkaufen. Ihre evangelischen Chancen waren also gering. Da warb sie um dieses Stück Erde wie ein Hochzeiter. Sie besuchte Lehrer Großpietsch in der Provinzhauptstadt und brachte ihm hin und wieder Naturalien mit. Als eines Tages der Acker zum Verkauf anstand, hatte sie für ihren Gottfried ein ungeschriebenes Vorkaufsrecht erworben, das er prompt einlöste.

Aber ihr Herz gehörte den Kindern. Im Konietzke-Haushalt wuchsen die beiden Nichten der Eheleute auf; Luise und Marie. Als eine davon, Luise, einmal weinend im Hof stand, weil Gottfried, ihr Onkel, sie nicht mitgenommen hatte zu den Eltern und Geschwistern nach Pontwitz, wo diese ein Gasthaus mit Fleischerei bewirtschafteten, sagte die Hebamme tröstend:

„Flenn ock nich Madel, ich werde onsponn. Hops ock ruff uf a Woagen!" Und so fuhren die zwei mit dem Einspänner hinterher und trafen wenig später nach Gottfrieds Ankunft in Pontwitz ein, daß der verdutzte Unkel seinen Schnurrbart streichen mußte, und muckisch sein konnte er auch nicht.

Im Herbst nach der Ernte kutschierte die Hebamme mit Getreide und ihren Nichten nach Bernstadt. Hatte sie für das Korn in Hoffmanns Mühle einen guten Preis erzielt, ließ sie die Mädchen einkaufen und war großzügig. Der Jude Imbach schickte gleich nach Torte und einem Kännchen Kaffee in die Konditorei Seidel, und die komfortable Tante machte es sich gemütlich. Luise und Marie suchten aus; Samt und Mäntel, eine Boa aus braunem Biber, Velourhüte von der Putzmacherin Rosenstrauch, und die Hebamme nickte gelassen. Kam es aber ans Bezahlen und da mochte die Vesper beim Juden Imbach noch so gut geschmeckt haben, begann sie den Preis der Textilien herunterzuhandeln:

„Sie sein wull goar!" lamentierte sie dann, „su a hucher Betrag, do mecht insereens glei pleite giehn", und sie lief auf und ab mit angewinkelten Armen, bis der Geschäftsmann einen Nachlaß gewährte. Ehe sie nach Minken zurückfuhren, kaufte sie beim Maschek was Guttes fer a Moan und bat die Mädchen: „Soagt ock nich, woas dos olles gekustet hot, sunst schmeckts dem Unkel nimmer!" Denn Gottfried hielt nichts von den Einkäufen in der Stadt. Seine Anzüge arbeitete der Schneidermeister Johann Kosok vom Tuhme in Minken.

1923 gaben die Eheleute ihren Bauernhof per Erbkauf an ihre Nichte Luise und deren Ehegatten Georg Miserre ab, erwarben 1925 Schogers Garten in der Bahnhofstraße und zogen 1928 mit der vierjährigen Großnichte Hildegard in ihre Villa ein, die Baumeister Johann Grieger für sie gebaut hatte. Der vorhandene 6250 Quadratmeter große Garten, von einem Landschaftsgärtner aus Breslau angelegt, übte auf jeden Menschen, der darin weilte, einen Zauber aus. Es gibt kein Adjektiv oder Partizip, das diesem Grün gerecht würde. Man spürte, wo immer der Aufenthalt war, ob im Birkenwäldchen oder hinter den hohen

Tannen am Schattenrondell voller Vinca minor, Veilchen, Springauf und Farn, unter Apfelbäumen, bei den Spalierbirnen oder ob in der Sommerlaube, man spürte; der Garten träumt.

Die Spanierin Carmen, die dort wohnte, saß viele Stunden am Tag hinter ihrer dunklen Brille auf der weißen Gartenbank im Kühlen. Lehrerin Fräulein Dey, fast alle Lehrerinnen der Volksschule Minken wohnten in der Villa, die Vegetarierin war, pflückte Gänseblumen und Löwenzahn von den Wiesen ums Haus für ihren Salat. Doktor Normann aus Breslau, der in Minken die Jagd hatte, wohnte in den Ferien mit der ganzen Familie da. Auch die alte Gollischen mit den Pfefferkuchenherzen von der Schimmeln aus Grüntanne, die schon einmal nach Amerika ausgewandert war und es vor Heimweh nach Minken nicht mehr ausgehalten hatte, lebte im ersten Stock. Schuhmacher Karl Wende, der Wende-Schuster, besohlte für kurze Zeit im Erdgeschoß den Minkenern ihre Schuhe.

Im ehemaligen Chauffeurhaus von Ingenieur Schoger, das zu dem Grundstück gehörte und das an der äußersten Nordwestecke des Gartens stand, kam 1930 der älteste Sohn von Schneidermeister Hermann aus Mühlatschütz zur Welt. Die Hebamme übte noch immer ihren Beruf aus.

Noch immer lehnte die Bohnenstange in der Erkernische der Villa, und noch immer kamen eilige Ehemänner zur Nachtzeit und klopften damit ans Fenster der Schlafstube, die im Hochparterre lag. Elisabeth hielt nichts von so neumodischen Einrichtungen wie elektrische Klingel oder gar Telefon, denn die Nachrichtenübertragung funktionierte auch so. Das zunehmende Alter hatte sie nicht müde gemacht, nicht müde für vorausschauende Pläne und folgerichtiges Handeln. Mit der Gabe menschlicher Verbundenheit und der Liebe zu weichen Sitzmöbeln thronte sie im Gegensatz zu ihrem Gottfried, der auf einem hohen, steifen Stuhle ohne Armlehnen saß, zwischen Polstern ihres Korbsessels am Tische mit der Ritsche unter den Füßen und genoß Freundschaften ebenso selbstverständlich wie Mahlzeiten. Sie war an einem guten Platz der Erde angelangt und ließ die warmen Quellen des Lebens durch ihre Adern fließen. Wenn Besuch kam, plazierte sie ihn aufs Sofa, das wie eingelassen zwischen Gottfrieds hohem Schrank und ihrem unterm Fenster stand.

Da kam zum Beispiel in den frühen dreißiger Jahren Frau Hampel, die Frau des Sattlermeisters Hampel aus Markstädt, und das hatte seine Gründe. Elisabeth suchte eine Nachfolgerin für ihren verantwortungsvollen Beruf, eine Nachfolgerin die jung war und bleiben würde, und Frau Hampel hatte eine Hebamme lernende Tochter.

„Mei Tochtel“ war auch so ein Ausdruck von ihr. Wem er galt, fühlte sich wie vom Sommerwind gestreichelt. Noch immer lief die kleine, rundliche Frau mit ihrem festgeflochtenen Haar im aufgesteckten Keutel auf dem Kopf und weitem Rocksaum und der Büschelborte um die Füße ihre Wege. Aber die Hebammentasche blieb jetzt öfter in ihrem Schrank neben dem Sofa, denn Gertrud Hampel, das großäugige, blonde Mädchen, hatte die Nachfolge angetreten und wohnte in der Bäckerei Liebske. Großnichte Hildegard hörte die Omama, wie sie sich von meinen Geschwistern und mir nennen ließ, zur Liebske-Muttel sagen, das Fräulein Hampel und der Schleifer Erich (Malermeister Erich Schleifer) seien wie geschaffen füreinander. Die Storchentante war auch eine kleine Kupplerin, und ehestifterisch lag sie so manchem Minkener Kindel im Ohr, denn damit begann sie ganz früh.

Als ich noch in einem Alter war, in dem man denkt, alle Leute mit grauem Haar seien Tausend, durfte ich die Omama manchmal auf ihren Ausflügen begleiten. Wollte sie auf den Tuhm, ging sie hintenrum, dann liefen wir die Gartenwege entlang, am großen Maulbeerbaum vorbei, dessen brombeerartige, violette Früchte so fremdländisch waren, daß sie nur die Hühner fraßen – wie eine verbotene Frucht steckte ich die kleinen Trauben in den Mund, die wie süßer Most schmeckten – , wir durchquerten den Hühnerhof im gleißenden Sonnenlicht, kamen in das dunkle Stallgemäuer, die Hebamme schloß eine grüngestrichene Tür auf, die ins rückwärtige Mauerwerk eingelassen war und die quietschen konnte wie ein Gespenst. Plötzlich standen wir am schattigen, feuchten Rand eines Grabens, der Regenwasser aus dem Dorf führte und wo es scharf nach Kresse roch. Das Heraustreten aus der grünen Tür war, als ginge man durch den Bühneneingang ins Theater. Die schnelle Folge von Licht und Schatten, Wärme und Kühle hatte etwas Verwunschenes für Kinder, aber die Omel war ja da. Sie ging bis zum Steg, ich hopste über den Graben. Auf dem Feldrain erzählte sie mir Geschichten; von der Fontanelle ihres einzigen Kindes und von Junak Oskars schwerer Geburt und seinen schwachen Herztönen und sie beschloß: „ Madel, du wirscht ihn heiraten!“

Einmal fragte ich sie auf unseren Ausflügen, ob sie mit dem Kirchenliederdichter Paul Gerhardt verwandt sei, der so schöne Lieder geschrieben hat wie: Nun ruhen alle Wälder, Vieh, Menschen, Städt und Felder, es schläft die ganze Welt. „Ju ju“, antwortete die Omama, und damit war der Fall erledigt. In meiner Achtung gestiegen, blieb sie es auch, als ich viel später die Lebensdaten von Paul Gerhardt erfuhr, 1607 geboren, mir eine Verwandtschaft nachzuweisen unmöglich schien. Es kam ihr nicht darauf an, und es kommt auch nicht darauf an. Das Volkstümliche seiner Lieder und das Volkstümliche im Charakter der Hebamme sind identisch. Anfang der vierziger Jahre – Gertrud Hampel und Erich Schleifer waren verheiratet, hatten einen elektrischen Klingelknopf und das Schild Hebamme an ihrem Haus – wurde Elisabeth noch einmal zu einer Geburt, zur Geburt meiner Cousine Barbara Miserre gerufen. Damit schließt sich der Kreis ihrer beruflichen Laufbahn als Hebamme von viertausend Säuglingen. Damit schließt sich der Kreis, denn in demselben Bauernhaus, ja in derselben Stube, half die Storchentante 1894 unserer Urgroßmutter Marie Kinast ihr jüngstes Kind zur Welt bringen. Es erhielt den Namen Elisabeth. Wenn die beiden Elisabeths in Minken einander begegneten, sagte die alte zur jungen: „Ich bin ihre eenzige Poate", und war darauf sehr stolz."

Zum Einkaufen fuhr die pensionierte Hebamme nun nach Breslau und mit der Boahne, war sie doch einst im Jahre 1909 der erste Fahrgast gewesen, der die Eisenbahnstrecke von Minken nach Bischwitz eingeweiht hat. Doch handeln, was sie in der Provinzhauptstadt versuchte, konnte sie auch nicht mehr. Beim Juden Imbach in Bernstadt war das einfacher.

Die Mieter in ihren beiden Häusern hatten gewechselt. Da wohnten jetzt Großers und Beinerts, Kioks und Fiebigs, die junge Niesor Emma und 1945 die polnische Arbeiterin Irene.

Gottfried stand oft in seiner tadellos aufgeräumten Werkstatt an der Hobelbank und setzte weiterhin Zinken in Rechen für die Heuernte auf dem Gutte, wie sie den Bauernhof meiner Eltern nannten. Gottfried machte Spaliere und ein grünes Blumenbänkel für die Frau. Jeden Morgen brachte er ein Emailletippel voll Kristel seinen Hühnern, denn schon zum Abendbrot trennte er das harte Voaterkristel von der Brotschnitte und würfelte es für den nächsten Tag. Sein drittes Gebiß bewahrte er im Schrank auf, und Omel hatte nur noch einen Zahn.

Fünf Tage vor der Diamantenen Hochzeit, die gefeiert werden sollte mit Freunden und Verwandten und für die schon allerlei Eßbares herangeschafft worden war, saßen die Eheleute in dunkler Nacht fertig angekleidet, Gottfried im Gehpelz und Elisabeth mit ihrem weichen Wolltuch um die Knie, in der Wohnküche ihrer Villa. Ein paar Koffer waren gepackt, je ein Federbett verschnürt, und die Hebammentasche stand zu ihren Füßen. Sie saßen da und warteten, es war die Schicksalsnacht der Minkener, gleich mußte die Flucht beginnen; Januar 1945. Eine Nacht darauf saß Elisabeth in der Sofaecke einer mit Flüchtlingen überbelegten Bauernstube in Marschwitz Kreis Ohlau. Neben ihr auf einem Stuhl, zwischen all den flüchtenden Zivilpersonen, hatte ein Infanteriesoldat Platz genommen. Wer er war, woher er kam, wohin er ging, fragte keiner. Die Patronentaschen hingen links und rechts am Koppel. Seinen Karabiner 98K hatte er von der Schulter genommen. Seine Hände umklammerten den Lauf, aber weil der Infanterist müde war, nickte er am warmen Ofen ein. Dann erschlafften seine Hände, und der Gewehrlauf fiel sachte zur Hebamme hinüber. Kimme und Korn kamen ihr verdächtig nah. Da nahm die alte Frau das Gewehr am Ladestock, stellte es energisch vor den aufgeschreckten Mann hin und sagte vorwurfsvoll: „Herr Suldoate, dei Gewehr!" Aber dann schlief er doch wieder ein und das Spiel begann von vorne. Es war natürlich ein deutscher Soldat und die Marschwitzer noch gar nicht in trostloser Aufbruchstimmung. Unser Bauer war ein mitleidsvoller Bauer, er gab den Pferden Stallung und den Menschen eine warme Stube. Als meine Mutter den steifgefrorenen Truthahn von der Wagenrunge nahm, durfte sie ihn in der Küche brühen, rupfen, ausnehmen und kochen.

Wie ertrug Elisabeth das Schicksal, das so viele Millionen Menschen getroffen hatte? Was hatte es mit ihr im Sinn?

In Königgrätz entschlief Gottfried Konietzke, und bevor er starb, äußerte er einen letzten Wunsch. Der alte Mann, Holzfachmann, Handwerker und Bauer, der seinen Heimatort kannte wie den Wald, wollte zu Hause beerdigt sein. Seine Nichte Luise sollte, wenn alles ruhiger würde, seinen Leichnam nach Minken bringen lassen.

Als ich im Frühjahr 1945 in Lukawitz in der Tschechoslowakei meine Familie wiederfand, saß die Storchentante beim Nachbarn, einem tschechischen Fleischermeister, in der Tenne und schnitt Saatkartoffeln. Ja so eine war sie, tatenfroh noch immer, das gab Brot und Wurst. Die Hebammentasche blieb ihr liebstes Gepäckstückel. Als auf dem Rückweg nach Minken in Volpersdorf im Eulengebirge Hilfe nötig war, holte sie den weißemaillierten Irrigator aus der Tasche, füllte ihn mit lauwarmen Wasser, ließ Kernseife darin baden und gab das Klistier einem Pferd. Der alte Rappen wurde wieder gesund, die Fahrt nach Hause konnte weitergehen, und die Storchentante kam mit dem Treck heem. In Minken angekommen, blieb sie nicht wie wir anderen im Massenquartier in Großvaters Billardstube, im Gasthaus zum guten Johann, nein, gleich am ersten Tag zog sie unerschrocken in ihre Villa ein.

Als das Korn hochstand, kamen die Polen. Da zumeist junge Burschen in ihre Villa zogen, die die alte Frau mißachteten, verteidigte sie ihre Rechte und ihre Erdbeeren mit dem Stock. Hildegards Klavier stand als vergessenes Beutegut verquollen im Garten. Es war jetzt alles anders durch die Polen, das konnte sie niemals begreifen. Ein Jahr darauf verließen die Minkener erneut ihre Heimat. Diesmal ohne Pferde, diesmal im Sommer und bei Tage und diesmal mit noch weniger Gepäck als im Januar 1945. Schweigsame Hundertschaften in einer Reihe zu vieren latschten in Familieneinheiten auf das Kret-Ende auf Rodeland zu nach Markstädt. Gebrechliche, alte Leute, die nicht mehr laufen konnten, wie die Altbäuerin Frau Platzke, wurden von ihren Kindern auf der Radwer transportiert, Säuglinge in Handwagen geschoben, aber die meisten Alten wie die Jungen verließen ihr Minken zu Fuß.

Wer seine Habseligkeiten die acht Kilometer nach Markstädt geschafft hatte, mußte in einer Baracke, durch die der Menschenstrom geschleußt wurde von den Polen, Wäsche, Kleidung, Betten und Geschirr vorzeigen. Erschienen die letzten gehüteten Stücke schön und neu genug, wanderten sie in das Warenlager der Polen, das hochgetürmt auf Tischen, entlang der Holzwände eingerichtet war.

Elisabeth hatte ihr weiches Wolltuch behalten dürfen, und sie brauchte es für die Nacht. Ein klarer Sternenhimmel wölbte sich über die schlesische Ebene preußischblau, und die Bauern und Bürger von Minken saßen benommen auf freiem Felde und dösten in einen ungewissen Morgen hinein. Nach zwei Tagen standen Viehwagen bereit, aber erst mit einer Lokomotive würde Richtung beginnen und die bange Frage hieß: Wohin? Nach Osten oder nach Westen?

Elisabeth Konietzke kam erst in das Auffanglager Uelzen, dann nach Hameln an der Weser, wie alle Minkener. Von dort noch am selben Tag, dem 20. Juni 1946 aus dem Auffanglager, mit der Kunze-Kinast-Mutter in ein Altersheim nach Bad Pyrmont.

Hier nahm sie ihre alten Geschäftsverbindungen mit Kaffee-Schilling in Bremen wieder auf, half im Heim, organisierte Fahrten zur Familie ihrer Nichte Luise, die das Schicksal nach Aerzen verschlagen hatte mit der Familie, und war beliebt. Großzügig aber schweren Herzens trennte sich Omama von ihrem kostbaren Umschlagtuch, das sie ihrer Großnichte Hildegard für ein daraus zu nähendes Kleid schenkte. Sie vermißte es und erhielt doch wirklich in diesen mageren Nachkriegsjahren Ersatz. Eine junge Bäuerin aus Leese bei Lemgo, Frau Niemeier meine Lehrfrau, beglückte sie mit einem schwarzen Wolltuch, das ebensolche Fransen hatte wie ihr geliebtes großkariertes.

Zum 90. Geburtstag der hochbetagten Omama dichtete eine freundliche und poetische Krankenschwester ein Gedicht. Es heißt: Die Storchentante.

Hameln, früh. Minken/Schl., den 14. November 1956
Altersheim Höhe

Heute verschied unsere liebe Tante und gute Oma, Frau

Elisabeth Konietzke

geb. Gerhard

im gesegneten Alter von 95 Jahren.

In stiller Trauer
im Namen
aller Angehörigen

Georg Miserre und Frau
Luise geb. Kinast

Trauerfeier am Sonnabend, dem 17. November, um 10.25 Uhr auf dem Friedhof Am Wehl, anschl. Beisetzung. Autobus 10 Uhr ab Bahnhof.

Am 14. November 1956 verstarb Elisabeth mit 95 Jahren. Am 17. November wurde sie auf dem Friedhof Wehl in Hameln zur letzten Ruhe gebettet.

Nach Art der Minkener Heimatfreunde, die ihr das letzte Geleit gaben, war es eine große Beerdigung. Wer einmal auf dem Waldfriedhof ihren Grabstein gesehen hat, wird wissen, das Geburtsjahr ist falsch angegeben. Der Steinmetz hat die 1861 geborene Elisabeth zwei Jahrzehnte jünger sterben lassen. Die Geburtsjahreszahl 1881 ist nie berichtigt worden .

Wenn die Hebamme eine Ahnung davon hätte, würde sie vielleicht wie an jedem Tag ihres Lebens die Hände falten und beten: Komm Herr Jesu, sei unser Gast und segne, was du uns bescheret hast. Amen.

Meine Ehe hat sie nicht stiften können, aber als Karl Krobott beim Schlesiertreffen zu Oskar Junak sagte: „Ist das deine Frau?“, mußte ich an Elisabeth Konietzkes Beschluß auf dem Feldrain in Minken denken, und das war der Anfang dieses Aufsatzes.

IK-113753

Gruss aus Minken Kr. Ohlau

Ev. Kirche
Kath. Kirche
GRUSS
aus
Minken Kr/Ohlau
Ev. Schule
Kath. Schule

GRUSS aus Minken.

Großvater Ernst,

Kürassier des Leib-Kürassier-Regimentes Großer Kurfürst (Schles.) Nr. 1, Breslau, woher er kam, wohin er ging.

Der älteste Sitz der Famile in Schlesien ist Würben Kreis Ohlau. Vor 844 Jahren wurde dieser Ort, auf der linken Seite der Oder gelegen,

DER SCHLESIER 26. Februar 1993

chen Familie

Schlesiens

fahren. Die Straße war überflutet und das Gefährt fuhr im 30 bis 40 cm hohen Wasser." Die Wege, wie die Ottager Hand, blieben nach Hochwasser lange Zeit unbenutzbar. Statt weiterhin Ernteschäden zu bezahlen, siedelte die Regierung Landwirte und Häusler von Bergel und Ottag aufs linke Oderufer um. Neubergel und Neuottag entstanden, weshalb seither die beiden rechtsodrigen Dörfer das Wort Alt vor ihren Ortsnamen tragen.

Leib-Kürassier Ernst Miserre

Aber noch war Bergel Bergel und unser Großvater Ernst Miserre nach dreijähriger Militärzeit bei dem Leib-Kürassier-Regiment Großer Kurfürst (Schles.) Nr. 1, in Breslau – als kühner Reiter belobigt – nach Bergel zurückgekehrt. Er wußte, sein Bruder Paul, Jahrgang 1871, würde den elterlichen Bauernhof erben. Im Nachbarort seines Heimatdorfes, in Grüntanne, kaufte er mit ganz jungen Jahren zunächst eine kleine Landwirtschaft, dann Gasthaus und Mühle und begann zunächst unverheiratet zu wirtschaften.

Der Minkener Schuhmachermeister Brockel, der zu jener Zeit des öfteren nach Ohlau wanderte, um Leder einzukaufen, kehrte auf seinem Wege in Grüntanne, im Gasthaus von Ernst Miserre ein. Dort erzählte er von Minken und einem jungen Mädel in Minken, von Martha Kinast, Tochter der Bauersleute Daniel und Marie, vom Schimmel-Kinast-Hof. 1896 fand die Hochzeit statt. Martha, dreiundzwanzig Jahre alt (sie hatte sieben Geschwister), zog zu ihrem Ernst nach Grüntanne. Hier wurden sechs ihrer sieben Kinder geboren: Georg 1898, Maria 1899, Elisabeth 1901, Ernst 1904, Oskar 1905, Erwin 1906.

Die Gastwirtschaft florierte. Fernfuhrleute, die auf dem Weg nach Ohlau

Großvater Ernst Miserre, geboren 23. August 1867, gestorben 24. Juli 1914, als stolzer Kürassier des Leib-Kürassierregimentes Großer Kurfürst Nr. 1 (Breslau).

fen. 1912 bot er für 125 000 Goldmark dem Landwirt Feige aus Bergel das Gut in Groß Zöllnig an. Feige lehnte ab, das war ihm zu teuer. Der Gütermakler Gierek erwarb es für das Geld. Ein halbes Jahr später kaufte Feige vom Gütermakler Gierek das Gut für nunmehr 140 000 Goldmark. Onkel Paul, Großvaters Bruder, schimpfte: „Da lockt mich der Mensch (Bruder Ernst)

ehrenvolle Verhalten der Familie seiner Frau gegenüber hat ihm kein Glück gebracht. 1914 geschah das zweite Unglück, das noch größer als das erste war, weil es einen Familienvater traf. Ernst Miserre verunglückte mit der Mähmaschine. Derselbe Plauwagen, darin Maria Theresia mit ihrem Enkel so feine Kutschfahrten unternommen hatte, brachte den todkranken Land-

erstmalig beurkundet. Da schenkt Graf Peter Wlast, 1149, dem St. Vinzenzstift in Breslau, das Dorf Virbeno (Würben), Ohlau und Zottwitz. 1235 erläßt Herzog Heinrich der Erste, den seit etwa hundert Jahren ansässigen Wallonen in Würben, unzumutbare Lasten. 1253 wird Würben zu deutschem Recht ausgesetzt. (Kreis und Stadt Ohlau von Heinz Günther). Im ersten Band von Skriptorum Rerum Silesium, der ältesten Chronik von Schlesien, die in der Zeit von 1282 – 1292 geschrieben wurde und deren Verfasser unbekannt ist, (herausgegeben von Stenzel 1838), werden die Wallonen in Wirbin (Würben) Gallier genannt. Das ist der lateinische Name aller keltischen Stämme. Mögen des Kürassiers Vorfahren Flamen gewesen sein, wie er selber weitergegeben hat oder Wallonen, ihr Leben ist Mühe und Arbeit gewesen. Am 22. Februar 1215 teilt Papst Innozenz III. dem Breslauer Domkapitel mit, daß die von Bischof Lorenz von Breslau kraft päpstlicher Autorität ausgesprochene Kassierung, betreffend die Neubruchzehnten in die Breslauer Diözese, vom Apostolischen Stuhl gebilligt wurde. Derselbe Papst gibt den Auftrag, die deutschen Siedler zum Neubruchzehnten zu zwingen. An Herzog I. geht ein Schreiben von Papst Innozenz, er möchte die Entrichtung des Neubruchzehnten gestatten. (Urkundensammlung Preußischer Kulturbesitz).

Das heißt, noch ehe gesät und geerntet werden konnte, wurden die mühseligen Rodungen der Siedler besteuert.

In einer Urkunde vom 28. April 1358 bezeugt Kaiser Karl IV., daß die Herzöge Wenzel und Ludwig an Herzog Bolko von Schweidnitz und Jauer den halben Teil der Städte Brieg und Ohlau, mit den dazugehörigen Kreisen für 2500 Mark zu 48 Gr. verkauft haben. Der Handel mit Menschen, Stadt, Dorf und Land, durch Schenkungen, Verkäufe und Erbschaften, war im Mittelalter Brauch. Das Volk trug die Lasten und huldigte dem jeweiligen Besitzer. Zum unermüdlichen Volk gehörten unsere Miserre-Vorfahren.

Von Würben über Stannowitz, wo mein Großonkel Gohla, Lehrer in Peisterwitz und Würben, die Kirchenbücher eingesehen hat, finden wir die direkte, väterliche Linie in Bergel, auf der rechten Oderseite wieder. Hier bringt meine Ururgroßmutter Maria, geborene Gutmann, ihrem Kaspar einen Sohn zur Welt, meinen Urgroßvater Kaspar Miserre, geboren am 10. November 1790, den späteren Gerichtsscholzen von Bergel Kreis Ohlau. Er heiratet Johanna Müller, Tochter des Mältzers und Brauers in Bergel. Sie zeugen den Sohn Johann Ernst Julius Miserre, geboren am 31. Dezember 1826, getauft am 2. Januar 1827 in Ohlau, der als Patin Ferdinande von Schmettau hat, eine Frau von vaterländischer Gesinnung, denn sie opferte in den Freiheitskriegen für „Gold gab ich für Eisen" ihre langen Zöpfe. Johann Ernst Julius Miserre, unser Urgroßvater, heiratete Maria Theresia Tielsch, des Brauerpächters Tochter aus Geppersdorf. Sie gebar fünf Kinder, wovon mein Großvater Ernst Miserre, geboren 1867, das dritte ist.

Großvater Miserres älteste Schwester Maria, verehelichte Scholz, lebte in der Stadt. Interessiert an Musik, Literatur und Theater, ist sie namenlos in die Literaturgeschichte eingegangen. In dem Buch „Schlesien, die letzten Tage im Kampf um Deutschlands reichste Provinz, das Verbrechen der Vertreibung", schreibt Hermann Bürger, Lehrer in Bischwitz Kreis Ohlau,: Meine Frau mußte mit dem Schulrat zusammen auf dem kleinen, gelben Wagen meines Bruders Platz nehmen, da der Förster Dzierzon eine 84jährige Frau aus Breslau auf den Planwagen geschoben hat." Die alte Frau aus Breslau war unsere Tante Scholzen, bei ihrer Nichte Elisabeth Dzierzon, der Förstern, zu Gast als die Flucht begann. Ihr Urenkel ist der Schauspieler Ulrich Anschütz am Maxim-Gorki-Theater in Berlin.

Die zweite Schwester Pauline Ernstine heiratete den Landwirt Vogel in Kallen. Einer ihrer Enkel ist Oskar Vogel in Paderborn. Die jüngste Schwester Anna heiratete nach Altstadt Kreis Namslau den Land- und Gastwirt Liehr.

Das Dorf Bergel, wie der Name sagt, liegt auf einem Hügel. Die Feldmark aber in der Niederung blieb im Frühjahr nach der Schneeschmelze und in regenreichen Sommern von Hochwasser nicht verschont. Aus dem Jahre 1494 berichtet die Chronik, die Oder führe Hochwasser, überschwemme die Niederung vom Stadtrand Ohlau bis nach Bergel und Ottag. Solche Hochwasser gab es immer wieder, aber es sollten 400 Jahre vergehen, ehe die Regierung Maßnahmen ergriff, die der Regulierung der Oder dienten. Mit der Oderstrombauverwaltung begann Ende des 19. Jahrhunderts das umfassende Werk, das aus der Oder, die 904 Kilometer lang ist und ungefähr 470 Kilometer durch Schlesien fließt, einen Verkehrsweg für Frachtkähne machte, wie zum Beispiel für den 500 Tonnen Breslauer Maßkahn, der die ganze Strecke von Cosel bis Stettin schippern konnte. Schleppzugschleusen wurden gebaut, Staustufen eingerichtet, Krümmungen begradigt und Buhnen angelegt, um die Strömung in die Flußmitte zu drängen.

Im Jahre 1903, als für die Landwirte in Bergel und Ottag die letzte große Überschwemmung kam, ehe sie Staatsverdrängte wurden, denn wieder einmal führte die Oder Hochwasser, war mein Vater Georg Miserre fünf Jahre alt. Er erinnert sich, wie die Familie an der Brücke des Flößbaches, der in die Oder fließt, Rehe und Hasen einfing und sie in den Gaststall rettete. Der Gaststall gehörte zu dem Anwesen seines Vaters Ernst Miserre in Grüntanne. „Mit meinem Vater bin ich 1903 mit dem Einspännerwagen nach Ohlau gefahren. Die Straße war überflutet und das Gefährt fuhr im 30 bis 40 cm hohen Wasser." Die Wege, wie die Ottager Hand, blieben nach Hochwasser lange Zeit unbenutzbar. Statt weiterhin Ernteschäden zu bezahlen, siedelte die Regierung Landwirte und Häusler von Bergel und Ottag aufs linke Oderufer um. Neu-Bergel und Neu-Ottag entstanden, weshalb seither die beiden rechtsodrigen Dörfer das Wort Alt vor ihren Ortsnamen tragen.

Aber noch war Bergel Bergel und unser Großvater Ernst Miserre nach dreijähriger Militärzeit bei dem Leib-Kürassier-Regiment Großer Kurfürst (Schles.) Nr. 1, in Breslau, – als kühner Reiter belobigt – nach Bergel zurückgekehrt. Er wußte, sein Bruder Paul, Jahrgang 1871, würde den elterlichen Bauernhof erben. Im Nachbarort seines Heimatdorfes, in Grüntanne, kaufte er mit ganz jungen Jahren zunächst eine kleine Landwirtschaft, dann Gasthaus und Mühle und begann zunächst unverheiratet zu wirtschaften.

Der Minkener Schuhmachermeister Brockel, der zu jener Zeit des öfteren nach Ohlau wanderte, um Leder einzukaufen, kehrte auf seinem Wege in Grüntanne, im Gasthaus von Ernst Miserre ein. Dort erzählte er von Minken und einem jungen Mädel in Minken, von Martha Kinast, Tochter der Bauersleute Daniel und Marie, vom Schimmel-Kinast-Hof. 1896 fand die Hochzeit statt. Martha, dreiundzwanzig Jahre alt,(sie hatte sieben Geschwister) zog zu ihrem Ernst nach Grüntanne. Hier wurden sechs ihrer sieben Kinder geboren: Georg 1898, Maria 1899, Elisabeth 1901, Ernst 1904, Oskar 1905, Erwin 1906.

Die Gastwirtschaft florierte. Fernfuhrleute, die auf dem Weg nach Ohlau in die Sägewerke waren, hielten an. Von der linken Oderseite kamen Bauern, die keinen Wald hatten und holten Holz. Sie aßen bei Miserres in Grüntanne und fütterten die Pferde. Achtzehn Pferdefutterkrippen standen immer vor dem Haus. Als in den ersten Jahren des 20. Jahrhunderts die Eisenbahnstrecken gebaut wurden, befürchtete Ernst Miserre, der Gasthof könne mangels Gäste und Ausspann Einbußen erleiden. Er verkaufte seinen Besitz in Grüntanne an Bittner und kaufte 1907 einen Bauernhof in Groß-Zöllnig bei Bernstadt im Kreis Oels. Das war ein Gut von 220 Morgen, die Felder in zwei Stücken. Das

Gut kostete einundsechzigtausend Goldmark. Der vorherige Besitzer, Witwer und Amtsvorsteher Kleinert, blieb bei unserer Großmutter Martha in Kost und Logis. Mein unermüdlicher Miserre-Großvater baute und baute. Zwischen 1907 bis 1912 entstanden Stallung, Scheune, Schuppen. 1910 kam der fünfte Sohn Hans zur Welt. Dann überredete Ernst seinen Bruder Paul, nicht wie die anderen Bergeler nach Neu-Bergel auf die linke Oderseite zu gehen, sondern in seiner Nähe, in Klein-Zöllnig, einen Hof zu kaufen, was dieser 1910 tat. Meine Urgroßmutter Maria Theresia schenkte ihren beiden Söhnen je einen Plauwagen. Von ihrem Enkel Georg, meinem Vater, als er noch ein kleiner Junge war, ließ sie sich gern von Groß-Zöllnig nach Klein-Zöllnig und von dort nach Bergel kutschieren. Paul Miserre in Klein-Zöllnig hatte zehn Kinder.

1912 geschah in Minken ein Unglück. Der Bruder meiner Großmutter Martha, der Erbe vom Schimmel-Kinast-Hof, starb als junger, lediger Mann an Lungenentzündung. Keines der männlichen Geschwister konnte und wollte den Hof übernehmen, weder Oskar, Kaufmann von Beruf, noch Johannes der Lehrer. Unser Urgroßvater Daniel, der Schimmel-Kinast, 1840 geboren, war zu alt. Mein Miserre-Großvater ließ sich von seinem Schwager Johannes, dem Lehrer überreden, den alten Familienbesitz zu übernehmen. So verkaufte er das Gut in Groß-Zöllnig, um sich in Minken in die Schimmel-Kinast-Wirtschaft einzukaufen. 1912 bot er für 125.000 Goldmark dem Landwirt Feige aus Bergel das Gut in Groß-Zöllnig an. Feige lehnte ab, das war ihm zu teuer. Der Gütermakler Gierek erwarb es für das Geld. Ein halbes Jahr später kaufte Feige vom Gütermakler Gierek das Gut für nunmehr 140.000 Goldmark. Onkel Paul, Großvaters Bruder, schimpfte: Da lockt mich der Mensch (Bruder Ernst) von Bergel nach Klein-Zöllnig, dann verkauft er sein Gut in Groß-Zöllnig und zieht nach Minken.

Der Umzug der Familie , Ernst, Martha, fünf Söhne und zwei Töchter, vollzog sich mit Pferd und Wagen. Der älteste Sohn Georg machte den Kutscher, die anderen mußten im Landauer (Plauwagen) Platz nehmen. Familienvorstand Ernst Miserre, der einst stolze Kürassier sonst hoch zu Roß, fuhr bescheiden mit dem Fahrrad von Groß-Zöllnig nach Minken hinter den Fuhrwerken her. Da hatte er Zeit über alles nachzudenken.

Mein armer Großvater Ernst! Das ehrenvolle Verhalten der Familie seiner Frau gegenüber hat ihm kein Glück gebracht. 1914 geschah das zweite Unglück, das noch größer als das erste war, weil es einen

Familienvater traf. Ernst Miserre verunglückte mit der Mähmaschine. Derselbe Plauwagen, darin Maria Theresia mit ihrem Enkel so feine Kutschfahrten unternommen hatte, brachte den todkranken Landwirt nach Hause. Dr. Deckert aus Peisterwitz verband die Wunden. Dann wurde mein Großvater mit der Eisenbahn ins Krankenhaus nach Breslau befördert. Eine Woche später am 24.Juli 1914 starb der 46jährige Mann an den Folgen des Unfalles. Mein Vater, damals Schüler der Höheren Landwirtschaftsschule in Brieg, erinnert sich: Das war so ein Schock, da dachte ich, die Welt gehe zu Ende, wie der Vater gestorben ist.

Elisabeth Miserre und Paul Dzierzon heiraten am 28. 12. 1922 in Minken und feiern im Ökonom-Kinast-Saal mit den Gästen (beginnend obere Reihe von links nach rechts:

1. Else Fick geb. Srocke, 2. Fritz Fick, 3. u. 4. Herr und Frau Alexander, 5. Luise Kinast, 6. Georg Miserre, 7. Maria Miserre, 8. Kurt Wiesner, 9. Lotte Kriesch, 10. Erwin Miserre, 11. Fräulein Wiesner, 12. Erwin Kinast, 13.Cousine des Bräutigams, 14. Oskar Miserre, 15. Cousine des Bräutigams, 16. Klein-Zöllniger Ernst Miserre, 17. Freundin von 18. Srocke Willi, 19. Elisabeth Kinast, 20. Max Kinast, 21. Liesbeth Rosenberger, 22. Unbekannt, 23. Klein-Zöllniger Mariechen Miserre, 24. Herbert Gohla, 25. Frieda Glaser, 26. Alfred Liebske, 27. Kunze-Kinast Emilie,

28. Adolf Markwardt, 29. Johannes Kinast, 30. Ernst Junak, 31. Grete Wiesner, 32. ihr Gatte, 33. Martha Srocke, 34. ihr Gatte Herbert Srocke, 35. Frieda Junak, 36. Ernst Miserre, 37. Emma Kinast, 38. Klein-Zöllniger Andel Miserre, 39. Kinast Paul, 40. Martha Kinast, 41. Karl Dzierzon, 42. Cousine davon, 43. Richard Kinast, 44. Hulda Junak, 45. Paul Miserres Gattin, 46. Paul Miserre, 47. Brautmutter Martha Miserre, 48. Bräutigamvater Dzierzon, 49. Hans Miserre, 50. und 51. Brautpaar, 52. Helene Fick, 53. Bräutigammutter, 54. Daniel Kinast-Großvater, 55. Anna Srocke, 56. Elisabeth Konietzke und 57. ihr Gatte Gottfried Konietzke.

Hochzeit in Minken von Elly Liebske und Karl Hoffmann am 21.Juni 1942

von links nach rechts, obere Reihe: Martha Liebske, Georg Miserre, Luise Miserre, Luise Kinast, Bruder des Bräutigams, Schwester des Bräutigams

von links nach rechts, mittlere Reihe: Elisabeth Konietzke, Vater des Bräutigams, Brautpaar, Emilie Liebske, Gottfried Konietzke

von links nach rechts, untere Reihe: Hans Liebske, Renchen Kosok, Ruth Liebske, Karl Miserre

Hochzeit in Minken

Frieda Ruhm und Wilhelm Mokros, wir sehen sie hier als Verlobte, heiraten am 19. 12. 1942

Untere Reihe von links nach rechts: Johann Ruhm Spitzname Moritz, Schwester des Bräutigams, Schwester des Bräutigams, Mutter des Bräutigams mit ihrem Enkel, Braut, Bräutigam, Brautmutter Frieda Ruhm, Brautvater Gottfried Ruhm, Anna Ruhm Gattin von Johann Ruhm. Mittlere Reihe von links nach rechts: Paul Ruhm Bruder des Brautvaters, Emma Ruhm Tochter von Johann Ruhm, Emilie Nitschke, die weiteren sechs Gäste kennen wir nicht namentlich, Martha Mokros geborene Gutsmann, Robert Mokros Bruder des Bräutigams. Obere Reihe von links nach rechts: Liesbeth Baensch geborene Mocka, Werner Baensch, Erna Ruhm Schwester der Braut, Soldat?, Elli Kosok verehelichte Kittner Erwin, Willi Ruhm Sohn von Johann Ruhm, Frau von Oskar Ruhm, Else Oguntke.

In den beiden Weltkriegen des zwanzigsten Jahrhunderts sehen wir während des Ersten Weltkrieges (1914 – 1918) die jungen Leute Kinast und Kosok mit Kiontke Emma (zweite von links oben), während des Zweiten Weltkrieges (1939 – 1945) die Hochzeit von Bruno Köberlein mit Luise Kinast im September 1943. Links von der Braut sitzt Hulda Köberlein, rechts oben, neben dem alten Birnbaum, steht Hermann Köberlein. Nach ihm ist die Köberleingasse benannt.

Jugendstreich in einer Hochzeitsnacht

Eine Bauernhochzeit daheim war schon immer etwas Besonderes. Die, welche nicht geladen waren, wurden neugierig und wollten unbedingt etwas davon sehen, entweder in der Kirche oder im Tanzsaal oder gar im Hochzeitshause unterm Fenster. Das weibliche Geschlecht war neugierig auf die Kleider und die jungen Burschen auf die Mädel.

Es war wieder einmal eine Hochzeit im Dorfe, die Marthel vom Glaser-Bürger heiratete. Der Hof lag an der Kirchgasse zur katholischen Kirche. Ein Nachbar war der Mühl August (Kreuzmühl), der andere Nachbar war Gutsmann an dem Dorfteich – Titscher-Lusche genannt. Schräg über die Straße wohnte der Liebske-Bäcker.

An jenem Abend trafen durch Zufall beim Gastwirt Laugwitz Mierswa Ernst, Miserre Hans und ich zusammen. Der Miserre Hans lernte zu dieser Zeit in Ohlau in der Drogerie Strohwald und brachte ab und zu einmal ein kleines Fläschel Alkoholessenz mit, schauerliches Zeug, kaum zu genießen. Wir gossen uns Wasser dazu und tranken davon. Wenn es auch nicht schmeckte, so bekamen wir doch Unternehmungsgeist. Miserre Hans ging nach Hause. Mierswa Ernst sagte: Albert komm, wir gehen mal zur Hochzeit schauen!

Am Hochzeitshause waren alle Fenster verhangen, so daß man nicht in die Stuben sehen konnte. Nur ganz oben die beiden kleinen Fenster waren frei. Wie wollten wir hineingucken und dabei nicht gesehen werden? Also kletterten wir am Mauersims hinauf. Plötzlich kam jemand aus der Haustür heraus. Wir sprangen herunter, liefen in den Gemüsegarten und versteckten uns zwischen den Stangenbohnen. Ungewollt gerieten wir vor das Kellerfenster. Von außen war nur kaputte Fliegenfenstergaze zu sehen, aber drinnen brannte eine Kerze. Sie stand auf einer großen Tischplatte, die bedeckt war mit allen Sorten Kuchen.

Mierswa Ernst und ich hatten auf einmal großen Appetit auf Kuchen. Aber wie da heran? Einer von uns kam auf eine gute Idee. Wir schnitzten mit dem Taschenmesser eine Bohnenstange spitz und angelten uns für jeden einen Kuchen heraus, setzten uns hinter die Bohnen auf den Zaunriegel und aßen bei Mondenschein jeder seinen Kuchen.

Nach kurzer Zeit sagte Ernst zu mir: Du, Albert, die müssen doch zur Hochzeit auch ein Schwein geschlachtet haben! Also auf zum Kellerloch. Von Fleisch und Wurst war aber nichts zu sehen. Das Kellerfenster verlief schräg durch die Mauer nach unten, dadurch war es viel länger als die Mauer stark. Wir überlegten hin und her. An dieser Stelle möchte ich hinzufügen, wir haben alles nicht als Diebstahl angesehen, nur als Jux eben. Also weiter. Ich kroch mit dem Kopf zuerst ins Kellerloch, und der Ernst mußte mich, wie ausgemacht, an den Beinen festhalten.

Als ich mit dem Kopf im Keller war, sah ich links von mir ein Brett mit Wurst. Wie die kleinen Ferkel lagen sie da, alle Sorten. Nur greifen konnte ich sie nicht. Ernst zog mich wieder hoch. Wir machten uns von der Bohnenstange einen Stock von ungefähr ein Meter Länge. Dann kroch ich wieder hinein, spickte eine dicke Wurst an und gab sie unterm Arm hindurch nach draußen. Dann spickte ich eine Leberwurst an und gab dieselbe nach draußen.

In demselben Moment geht die Kellertür auf, Nachbar Gutsmanns Tochter Martha kommt in den Keller, sieht mich mit Kopf und Oberkörper im Keller, hebt die Hände über den Kopf und schreit wie am Spieß. Ich rief zum Kellerloch:

Ernst, raus, schnell raus!

Draußen aus dem Loch steckten wir Wurst und Kuchen in die Jacke, sprangen über den Zaun und rannten die Kirchgasse entlang zur katholischen Kirche. Dort setzten wir uns auf den Mauersockel des Friedhofzaunes und aßen in aller Gemütsruhe, denn wir wußten nicht, daß wir von allen Hochzeitsgästen gesucht wurden.

Die Gutsmann Marthel hatte Alarm geschlagen, und nun suchten sie uns im Garten und Maisfeld, allen voran der Bruder der Braut mit einem Gewehr. Die Gutsmann Marthel war so erschrocken, als sie mich im Kellerloch sah, daß sie mich nicht erkannt hatte. Ernst und ich gingen dann heim, es war Heuernte und wir mußten am nächsten Tag, jeder auf seinem elterlichen Bauernhof, tüchtig ran.

Am nächsten Morgen nahm ich mir ein Stück Wurst mit aufs Feld als Brotaufstrich. In der Nähe des Kräckerackers stand ein Schrankenwärterhäusel mit Brunnen. Ich war an jenem Vormittag mehr am Brunnen als auf dem Felde, so brannte mir der Pfeffer und auch das Salz von der Wurst im Magen.

Am Mittag daheim, die Wurst bedrückte doch mein Gewissen, und sie wollte auch kein Ende nehmen, ich wußte ja nicht, daß die Gutsmann Marthel mich nicht erkannt hatte, nahm ich die übrige Wurst und trug sie dem Hund in die Hütte. Ein Feiertag für Karo! Beim Mittagessen sagte ich zur Mutter, ich hätte heute keinen Hunger, nur Durst. Verständlicherweise sagte ich nicht warum. Nach dem Essen nahm die Mutter einen Napf und trug dem Karo Futter hinaus. Doch der kam erst gar nicht aus der Hütte. Ich weiß nicht, sagte die Mutter, was ist eigentlich los, der Albert hat nicht gegessen, und der Hund will och nischt.

Am nächsten Tag, es war ja Heuernte, waren wir auf der Teichwiese. Glaser-Bürger waren Nachbarn auf der Teichwiese. Am Nachmittag kam der Bruder der Braut nach Heu. Als er mich sah, sagte er:

Haste schon gehört, sie wollten heute nacht bei uns einbrechen!

Ich sagte:

Ach geh, das gibts doch nich!

Ja, sagte er, einer war mit dem Kopf und den Händen schon im Keller!

Hat er denn was gestohlen?

Ach wo, sagte er, er wollte gerade hineinkriechen, als die Gutsmann Marthel dazukam.

Ich sagte:

Es ist ja gut, wenn nur nichts fehlt.

Die Angelegenheit war für mich also erledigt.

Ein Jahr danach, wieder Heuernte, wieder Glaser-Bürger und Mühl auf der Teichwiese. Die Bürger-Glasern sagte zu meiner Mutter: Nu ja, Frau Mühl, wie die Zeit vergeht, heute vor einem Jahr hatte meine Marthel Hochzeit! Als ich diese Worte hörte, dachte ich, jetzt Albert, kannst du dein Gewissen entlasten. Nuja, sagte ich, heute vor einem Jahr haben wir, ich mit dem Mierswa Ernst, aus eurem Keller Kuchen geholt. Der Frau Bürger-Glaser fiel der Rechen aus den Händen, den Mund bekam sie auch nicht zu. Was, sagte sie, das warst du mit dem Ernst? Von der Wurst sagte ich nichts. Es hatte ihnen ja nach eigenen Angaben nichts gefehlt. Der geheimnisvolle Einbruch war geklärt, und alle lachten darüber.

Albert Mühl

Winterspaziergänge über die Felder (Erna Ruhm), in die Sandgrube (Erna Höppchen mit Bruder), in den Peisterwitzer Wald (Paul Dzierzon mit Familie)

Christkindelspiele

Als das Rübenblatt in den Silos sank und die Holzschober an Höhe gewannen, die Kuppsen mit Erde beworfen, der Acker gepflügt und Weizen eingesät waren, hatte eine trockene und kalte Luft den nebelfeuchten November verdrängt. Dann kam Wind auf, und es schneite. Die Bahnhofstraße in Minken, zwischen Paul Fuhrmanns Landmaschinenhandlung und Zahnarzt Bethmanns Haus am Nummerwege, wehte zu. Die Pendler: Arbeiter, Schüler, Händler, Verkäufer-, Näher- und Kellnerinnen zum Sechsuhrzug unterwegs, stapften unsicher durch den frischen Schnee. Aus Mühlatschütz glitt bimmelnd ein Pferdeschlitten heran, und die Peitsche des Kutschers knallte nach allen Seiten, denn es galt, lästige Kufensteher abzuwehren.

Auf dem Hauptbahnhof in Breslau sahen wir Soldatenzüge, neckende und auch ganz stille, junge Männer in feldgrauen Uniformen, und das halbwüchsige Schulmädel, das ich damals war, wünschte sich zu Weihnachten die Heimkehr ihrer großen Brüder. Heiligabend mit den Fotos der beiden in Uniform neben brennenden Kerzen? Ach, wären sie leibhaftig da. Es möge doch bitte, bitte so sein wie früher, liebes Christkind, und sie wollte sich nicht einmal die Ohren zuhalten, wenn unser Ernst und unser Jorg auf Gänsegurgeln bliesen und den letzten Klagelaut der geschlachteten Tiere herausbrachten. So wie früher sollte es sein, als die Angestellten, Natascha, Olga, Nikolei und Leo noch Martha Knorr, Heija Richard und Schlacke Paul hießen, als Großmuttels Christkindel vergeßlich war und den kleinen Roßhaarbesen, der eigentlich unter den Weihnachtsbaum gehörte, an der Haustür abstellte, weil es Eile hatte zum Brix Ernst nebenan zu kommen und zu den Gawor-Kindern.

Ja früher, da gab es Puppentheater bei Großvatel in der Billardstube von Tante Trude inszeniert, und Christkindelspiele im Saal von Höppchen im Dorfkretscham Poguntke unter Leitung von Lehrer Brauner. Da mochten wohl die Hirten auf dem Felde, der Rappel zum Matz gesagt haben: Hoo, ich ho gor a guda Pauer, a flucht und schelt und sitt gor sauer. Und wenn ich kumm bis ei dos Haus, do spricht a zu mer: Pack dich naus. Ich sull wull a ni a Wörtla soagen, do will a mich glei dervonne joagen. Du Bruder Matz, woas gibt denn dir dei Pauer zu Lohn?

Bei so einem Christkindelspiel bin ich einmal dabeigewesen und habe mitspielen dürfen als kleiner Nebenengel, als winzige Abordnung himmlischer Heerscharen an der Hand der schönen, großen Hildegard Heinze. Wir standen in langen, weißen Gewändern im vollbesetzten Saal des Dorfkretschams und Heinze Hilde sprach zu den Hirten: Fürchtet euch nicht, siehe, ich verkünde euch große Freude, die allem Volk widerfahren wird, denn euch ist heute der Heiland geboren, welcher ist Christus der Herr, in der Stadt Davids. Und das habt zum Zeichen:

Ihr werdet finden das Kind in Windeln gewickelt und in einer Krippe liegen.

Einer der vier schlesischen Hirten, Grolmus, Staffa, Matz oder Rappel, einer jedenfalls dem das Wunder nicht die Sprache verschlug, hat, als wir Engel gen Himmel fuhren oder zumindest die Saaltür von außen schlossen, gerufen:

O Freude über Freude, ihr Nuppern kummt und hiert, woas mer durt uf der Heide fier Wunderding possiert. Es koam a weißer Engel mit am kleenen naber sich, zu hucher Mitternacht,der sung mer an Gesängel, dos mer dos Herze lacht. Ar soite, freut euch olle, dar Heiland is geborn, zu Bethlehem eim Stolle, dos hot ar sich derkorn. Die Krippe is sei Bette, gieht hin uf Bethlehem und wie ar asu redte, do floagen se beede heem.

Große Wunder ziehen kleine Wunder nach sich. Und das kleine Wunder geschah mit meiner Mutter. Sie, eine schlesische Bäuerin mit festen Grundsätzen und unumstößlichen Geboten, zog uns Kinder im Winter warm an. Das hieß zur Weihnachtszeit; Hemdel, lange Unterhosen und kurze, barchentene Leibchen, angerauhte Unterröckel, Wollstrümpfe, Strickkleidel. Diese Bekleidung gestattete auch bei größter Kälte ohne Mantel schnell einmal zu Fuße-Schmidtes zu hopsen oder zu den Großeltern rüber. Den Kampf gegen die langen Unterhosen, die nur Kopf, Hände und Füße freiließen, habe ich als Kind immerwieder neu gekämpft, aber wie sich jeder denken wird, bei meiner Mama erfolglos.

Wie erstaunt mußte ich sein, wie wunderbar war es, im weißen Gewand mit offenem Haar und nackten Beinen, ja sogar ohne Schuhe, denn an den weißen Söckchen klebte nur eine Pappsohle, vor der Minkener Festgesellschaft zu erscheinen. Wären nicht die goldenen Flügel auf meinem Rücken gewesen, ich hätte meinen können, in meinem Bett zu liegen und zu träumen.

Aber Engel und kleine Nebenengel tragen nun einmal keine langen Unterhosen und hohe Schuhe. Das muß unsere Mutter gewußt haben.

Silvester in Minken - vielleicht freut es Euch

Am Silvesterabend war es so Sitte, den Bauern die Hoftüren auszuhängen, zu verschleppen und zu vertauschen. Also zogen wir auf das Kret-Ende und ließen kein Hoftor in Ruhe. Es waren viele Burschen beisammen, so an die vierzehn Jünglinge.

Der Tinzmann-Ruhm Herbert vom Tuhme und ich von der Bahnhofstraße sonderten uns ab.

Wir sagten: Das kann ja nicht gut tun mit so vielen zusammen.

Und so kam es auch, denn die anderen zogen weiter und legten dem Großer Gottlieb seinen ganzen Zaun um. Das hat er angezeigt. Damals war der Leutnant Plaetschke auf Celline Amtsvorsteher.

Als ich am Neujahrstag in die Kirche gehen wollte, stand die Polizei auf dem Ringe vor dem Gasthaus Laugwitz.

Wachtmeister Richter und Wachtmeister Kleinert winkten mir.

Wo warst du die Nacht?

Ich wollte anfangen, ihnen irgend etwas zu erzählen, aber sie sagten, das habe keinen Zweck, und zeigten mir ihr Notizbuch, darin die Namen aller Sünder bereits aufgeschrieben waren.

Nun, wir alle bekamen eine Strafe von drei Mark sechzig. Drei Mark Strafe und sechzig Pfennige Einschreiben. Das war damals viel Geld, und wir hatten wenig. Also gingen wir alle durch tiefen Schnee nach Celline zum Amtsvorsteher und Gutsbesitzer Plaetschke und sagten, wir wollten zahlen aber nicht alles auf einmal. Wir einigten uns auf fünfunddreißig Pfennig die Woche.

Als wir die Woche darauf alle vierzehn Mann nach Celline mit der ersten Rate gingen, war Tauwetter. Wir erschienen mit unseren dreckigen Gummistiefeln im Amtszimmer. Herr Plaetschke schaute uns und seinen Fußboden an. Dann sagte er mit donnernder Stimme:

Wenn ihr nicht macht, daß ihr heimkommt, hetze ich sämtliche Hunde auf euch!

Wir brauchten nicht zu zahlen und freuten uns.

Albert Mühl

Schlitten und Züge

Die Weihnachtsferien gingen zur Neige. Neuschnee fiel, der die vereisten Straßen und Wege unserer schlesischen Landschaft in ein lockendes Paradies verwandelte. Man hätte sich nichts Schöneres vorstellen können, als im Pferdeschlitten zu sitzen, mollig verpackt in pelzgefütterten Fußsäcken, die einem, wenn man klein genug war, bis ans Kinn reichten, um im Schlitten im Trab, mit Bimmelklang, dem Prusten und Schnaufen der Pferde in die weite Ebene hineingetragen zu werden.

Liebe Martha, schicke bitte deine Söhne am Sonntag schon mit dem Nachmittagszug nach Trebnitz, dein Bruder Hans!

Georg las die Karte seinen Brüdern vor und sagte, er müsse gleich nach dem Mittagessen anspannen und sie zur Bahnstation bringen. Aber sie wollten nicht. Warum denn das, entrüstete sich Ernst, die anderen Schüler kommen doch auch erst abends an. Wieso eigentlich schon mit dem Nachmittagszug fahren, die anderen Schüler kommen doch auch erst sehr spät in der Schule an, brummelte Erwin und Ernst sagte entschlossen: Ich jedenfalls fahre erst mit dem Abendzug!

Das wirst du nicht, alter Freund, erwiderte Georg, der sich seit dem Tode des Vaters, als der älteste von sieben Geschwistern, für die Erziehung verantwortlich fühlte, ich bringe euch morgen alle miteinander zur Bahnstation.

Der letzte Ferientag war angebrochen. Schon standen gähnende Koffer herum. Der Onkel, Direktor Kinast, hatte mit seiner „tummen" Karte alles verdorben. Selbst als der große Bruder noch schnell zu einer Schlittenpartie am Vormittag einlud, war es nicht das Richtige. Es war ja kaum Zeit. Erst der Kirchgang, bald würde man essen, na und überhaupt: Ein Vormittag ist doch kein Nachmittag! Jetzt hieß es Abschied nehmen von dem freien, wilden Leben auf dem Bauernhof. Ein letztes Mal guckten die Jungen in die Ställe, streichelten ihre Ziegenböcke, Gefährten unbeschwerter Ferientage. Die Mama packte jedem ein Päckel mit Pfefferkuchen für unterwegs; aber das, gerade das konnte am allerwenigsten darüber hinwegtrösten, daß bis zu den Osterferien noch eine Ewigkeit vergehen würde und dazwischen, das war klar, lag ein pflichtenreiches Internatsschulleben.

Kommt, wir fahren. Hüü los, rief Georg den Pferden zu. Mama stand am Tor, froh und wehmütig, die beiden Schwestern winkten.

Am Minkener Bahnhof angelangt, eilte Georg zum Schalter und löste vier Fahrkarten, die er jedem Jungen einzeln in die Hand gab. Dann schnaufte der Zug heran, und die Brüder stiegen ein. Finger weg, schrie der Schaffner und knallte die Türen zu.

Na endlich! Georg saß im Schlitten, verfolgte das Anfahren der Dampflokomotive und sah dem Personenzug nach. Ein zufriedenes Lächeln huschte über Georgs Gesicht. Er holte eine Zigarre zu 15 Pfennig aus der Tasche, zündete sie an und blickte versonnen dem Zug nach, dessen Schlußlichter noch zu sehen waren. Da gewahrte er jenseits der Gleise auf freiem Felde einen hochaufgeschossenen Jungen, seinen Bruder Ernst. Dieser Lorbaß! Ernst schritt am verdutzten Herrn Walenzig vorbei, auf Georg zu. Du Lause-Igel, steigst auf der anderen Seite aus, steigst einfach aus! Ernst blieb vor Georg stehen und fingerte an der Schülermütze herum: Tja also, da fahr ich doch mit dem Abendzug! Er riß die Mütze vom Kopf, warf sie mit einem Freudenschrei in die Lüfte. Die Pferde reckten die Hälse.

Steig ein!

Man hätte sich nichts Schöneres vorstellen können, als im Pferdeschlitten zu sitzen, mollig verpackt in pelzgefütterten Fußsäcken, die einem, wenn man klein genug war, bis ans Kinn reichten…

Aber auch diese Kindheit ging zu Ende und die Miserre-Jungen waren erwachsen, hatten einen Beruf und Familie.

Erwin, Georg, Oskar, Hans und Ernst

Arbeitspferde, mit denen die Minkener Bevölkerung am 20. Januar 1945 auf die Flucht ging, gehörten folgenden Bauern:

1.	Kiontke Paul	1 Pferd
2.	Miserre Oskar	4 Pferde
3.	Vogt Paul	2 Pferde
4.	Kinast Karl III	2 Pferde
5.	Junak August	2 Pferde
6.	Kinast Johann IV	2 Pferde
7.	Vogt Gottlieb	2 Pferde
8.	Drobek Wilhelm	2 Pferde
9.	Kinast Otto	3 Pferde
10.	Gerlach August	2 Pferde
11.	Vogt August	2 Pferde
12.	Brix Gustav	1 Pferd
13.	Großer Heinrich	2 Pferde
14.	Niechziol Paul	2 Pferde
15.	Ruhm Gottfried	1 Pferd
16.	Scholz Oskar	1 Pferd
17.	Niechziol Otto	2 Pferde
18.	Kosok Paul	2 Pferde
19.	Kosok Richard	2 Pferde
20.	Wiezorek Adolf	1 Pferd
21.	Glaser Erwin	4 Pferde
22.	Mierswa Ernst	2 Pferde
23.	Kunze Oskar	1 Pferd
24.	Kunze Otto	2 Pferde
25.	Kinast Oskar	2 Pferde
26.	Schaar Paul	2 Pferde
27.	Kosok Ernst	2 Pferde
28.	Blasche Fritz	1 Pferd
29.	Kinast Erwin	2 Pferde
30.	Platzke Paul	2 Pferde
31.	Schmidt Franz	2 Pferde
32.	Miserre Georg	4 Pferde
33.	Poguntke Erwin	2 Pferde
34.	Kinast Erwin	2 Pferde
35.	Stiller Richard	3 Pferde
36.	Mühl Albert	2 Pferde

37.	Kinast Oskar	2 Pferde
38.	Ruhm Richard	2 Pferde
39.	Kunze Erwin	2 Pferde
40.	Junak Oskar	3 Pferde
41.	Berger Gustav	1 Pferd
42.	Liebske Alfred	2 Pferde
43.	Kosok Ernst	2 Pferde
44.	Kosok Fritz	2 Pferde
45.	Walter Pauline	2 Pferde
46.	Bürger Paul	2 Pferde
47.	Ruhm Paul	2 Pferde
48.	Lontke Paul	1 Pferd
49.	Nowak Johann	1 Pferd
50.	Bedranowsky Karl	1 Pferd
51.	Grieger August	1 Pferd
52.	Harmuth Richard	1 Pferd
53.	Nitschke Heinrich	1 Pferd
54.	Kinast Walter	2 Pferde
55.	Nitschke Hermann	1 Pferd
56.	Treske Hermann	1 Pferd
57.	Ruhm Johann	1 Pferd
58.	Kutzke Paul	1 Pferd
59.	Ruhm Ernst	1 Pferd

60.	Nitschke Ernst	1 Pferd
61.	Konietzke Robert	2 Pferde
62.	Kinast Karl II	2 Pferde
63.	Ruhm Erwin	1 Pferd
64.	Junak Karl	2 Pferde
65.	Kinast Paul	1 Pferd
66.	Gutsmann Karl	1 Pferd
67.	Bürger Pauline	2 Pferde
68.	Mühl Joseph	2 Pferde
69.	Nowak Anna	1 Pferd
70.	Schmalisch Alfred	1 Pferd
71.	Knorr Hermann	2 Pferde
72.	Brix Hermann	2 Pferde
73.	Glatzel Clemens	2 Pferde
74.	Kinast Paul	2 Pferde
75.	Bochnig Richard	2 Pferde
76.	Gollesch ~ottlieb	1 Pferd
77.	Konietzke Johann	2 Pferde
78.	Kinast Johann V	2 Pferde
79.	Otto Robert	1 Pferd

Zu den insgesamt 140 Arbeitspferden in Minken, gab es 16 bis 20 Fohlen.

Georg Miserre

Minkener und ihre Pferde

Der Schmied und das Eisen

Die Schmiedehämmer in Minken sind verstummt. Kein Schüller-Schmied, kein Pospich-Schmied schürt mehr das Feuer in der Esse, holt nicht mehr das rote Eisen mit der Zange aus der Glut und schwingt den Hammer auf den Amboß, daß es über die Dorfstraße, über Nachbars Garten schallt. Noch heute ist mir der helle Klang aus fernen Kindertagen, als hätte ich ihn gestern zum letzten Mal gehört.

In Minken gab es von jeher zwei Schmieden, auch in der Zeit vor 1842, als das Rittergut noch bestand.

Eine Schmiede für die Bauernwirtschaften im Dorf, diese Schmiede stand auf dem Dorfanger, auf dem Kret-Ende zwischen Kunze-Kinast und Wandel Johann (zuletzt Blasche, Adam Max), vom Ring aus gesehen linker Hand, auf dem Platz, auf dem die Hirschfelden später ihr Haus gebaut hatte. Der letzte Schmied dieser Dorfschmiede hieß Pelz. Er verließ 1895 Minken mit August Kretschmer zusammen in die Mark Brandenburg, wo dieser eine Maschinenfabrik gründete. Noch in der Zeit vor dem Zweiten Weltkrieg waren Maschinenfabriken ohne Schmiede unvorstellbar. Der Nachfolger der Pelz-Schmiede war die Schüller-Schmiede, sie stand und steht heute noch ebenfalls auf dem Dorfanger, vom Ring aus gesehen rechter Hand, vor den Bauerngehöften Junak August und Poosche-Kinast Johann 6.

Der Pospich-Schmied hatte zunächst seine Schmiede im Mühlatschützer Weg, jedem Minkener als Köberlein-Gasse bekannt, in Bäcker Schmalischs Haus, das ehemals zum Rittergut gehört hat und als Ort der alten Gutsschmiede anzusehen ist. Im Juni 1916 brannte das Haus Bäckerei Schmalisch ab. Der Pospich-Schmied wohnte danach bei Walters im Auszughaus, ehe er sein Wohnhaus mit Schmiede hinterm Zaune „zwischen den Nachbargrenzen Georg Miserre und Johann Wandel" 1929 baute. Der Baumeister war Johann Grieger in Minken. Der Kreisbaumeister in Ohlau, der die statische Berechnung genehmigen mußte, hieß Ogrissek, wie aus der Genehmigungsurkunde hervorgeht, dessen Kopie mir der Enkel des alten Pospich-Schmiedes beim Schlesiertreffen schenkte.Der Schmiedemeister Joseph Pospich, geboren 1869, stammt aus Thomaskirch Kreis Ohlau von der linken Oderseite, was ein Unterschied zu uns rechtsodrigen Leuten auf der Lausigelseite ist. Im Vergleich zu den linksodrigen Bauern von der Herrenseite waren wir die ärmeren.

Weizen und Zuckerrüben wuchsen aber auch bei uns.

Unsere Schmiede in Minken, Pospich und Schüller, hatten Söhne, die das Handwerk ihrer Väter lernten. Hat jemand einmal beim Minkener-Treffen zum Beispiel neben dem Schüller-Schmied gesessen? Man kann sich dahinter verstecken, und braucht noch nicht einmal „zusommengekruchen“ zu sitzen. Von den fünf Söhnen des Pospich-Schmiedes lernten die ältesten vier das Schmiedehandwerk. Der jüngste Sohn Georg sollte Schuster werden und kam nach Bernstadt in die Lehre. Bernstadt liegt im Kreis Oels, hatte 1910 4591 Einwohner und 25 Schuhmachereien. Georg Pospich aber gefiel es nicht in der Schusterlehre, er wollte wie seine großen Brüder beim Vater in Minken das Schmieden lernen. Weil ihm sein Meister in Bernstadt die Schuhe versteckt hatte, damit er nicht davonlaufen konnte, ging er barfuß nach Hause die dreizehn Kilometer nach Minken zurück. Der alte Pospich-Schmied hatte ein Einsehen und nach dreieinhalb Jahren Lehrzeit bestand der jüngste Sohn 1927 seine Gesellenprüfung mit der Note GUT.

Der allerjüngste Minkener Schmied aber ist Heinz Ottmann, Jahrgang 1925. Er hat beim Dietrich-Schmied in Beckern seine Lehre abgeschlossen. In einem Brief schreibt er mir:

„Du wolltest wissen, wie ich meinen Beruf abgeschlossen habe und was mein Gesellenstück war. Ich bin immer noch ein bißchen stolz auf mein Prüfungszeugnis. Ich habe die Praktische-, die Theoretische- und die Hufbeschlagprüfung mit der Note GUT bestanden und das bei 35 Prüflingen. Wir waren nur drei Prüflinge mit so einem Zeugnis. Als Gesellenstück mußte ich eine Radkapsel mit Deck- und Ringeisen anfertigen, alles feuergeschweißt. Das Gesellenstück ist in der Berufschule in Ohlau als Ausstellungsstück geblieben. Meinen Gesellenbrief kann ich dir beim nächsten Minkener Treffen zeigen.“

Wie die Kopie des Gesellenbriefes von 1886 des Schmiedelehrlings Joseph Pospich sen. zeigt, wurden die Prüfungen vom Obermeister und zwei anderen Schmiedemeistern abgenommen. Als Ausbildungsberechtigter mußte ein Schmiedemeister fünf Jahre selbständig gearbeitet haben, ehe er Lehrlinge ausbilden durfte.Wie so ein Dokument aussah, zeigt uns die Genehmigung des Königlichen Landrates Freudenreich in Ohlau aus dem Jahre 1909.

Das Schmiedehandwerk ist so alt, wie es Metalle gibt. Das Schmiedehandwerk ist der Urahn vieler verschiedener Handwerke, die alle aus ihm hervorgingen. Goldschmiede, Silberschmiede und Kupferschmiede sind die Handwerker der Bearbeitung edler Metalle.

Eisen, das am Anfang nur als Meteoreisen auf der Erde bekannt war, in Ägypten und Kleinasien 2000 Jahre vor Christus, und kostbarer gehandelt wurde als Gold und Silber, gab es in Mitteleuropa 1000 – 500 vor Christus, wie die Eisenschwerterfunde bei Hallstatt beweisen. Von 500 bis zur Zeitenwende waren die Kelten die großen Schmiedemeister, ihre Erzeugnisse gelangten von der Westküste Europas bis zu den Karpaten. Eisenerze aus Sachsen, Thüringen, dem Siegerland verhüttete man zu jener vorchristlichen Zeit in Brennöfen, die in den Berghang getrieben wurden. So ein Stollen war dreimal so groß, wie der Tiegel, der das verhüttete Eisen auffing. Die Wände des Stollens wurden mit Lehm ausgestampft, darüber baute man einen Schacht und bedeckte ihn mit Steinblöcken.

Der Hangwind fachte das Feuer an, indem man ihn in einem aus Steinplatten gebautem Kanal auffing. Wenn der Brennofen gefüllt und die Glut rot war, verschloß man den Steinkanal mit einem Lehmpfropfen, in den eine Düse von einem Durchmesser einer Spardose hineingestochen war. Dadurch entstand eine Temperatur von über tausend Grad. Das Metall von allen oxydischen Erzen befreit, sammelte sich im Tiegel, war aber fest, nicht flüssig und mußte gehämmert werden.

Das flüssige Eisen, Schmelzpunkt 1528 Grad, gab es in Europa erst im 15. Jahrhundert, als Brennöfen erfunden wurden, die höhere Temperaturen erzeugen konnten, für das 19. Jahrhundert sind bekannt die Bessemer-Birne, die Thomasbirne, der Siemens-Martin-Ofen.

Im Mittelalter, der Hochblüte der Zünfte, haben sich aus dem Schmiedehandwerk Berufe entwickelt, die es zum Teil heute noch gibt: Schlosser, Bogner, Rohr-und Büchsenmacher, Uhrmacher, Messerer, Panzermacher, Harnischmacher, Sporer, Nagel-Pfannen-Ketten-Helm und Klingenschmied. Die Schwertfeger, die Degen und Säbel herstellten und die Löffelschmiede nicht zu vergessen. Martin Luther soll seine Speisen am liebsten mit dem Löffel gegessen haben. Gabeln im Eßbesteck waren noch nicht in Mode. Mit der Verfeinerung des Metalls durch Legierungen gab es wieder eine Teilung der Berufe: Rotschmiede und Gelbgießer, Messingschlager oder Spängler, Glockengießer und Schellenmacher. Alle diese Berufe haben, wie schon gesagt, das Schmiedehandwerk zum Urahn.

Unsere Schmiedemeister in Minken haben ihren Stahl, das heißt ihr Eisen entweder aus dem Waldenburger Bergland bezogen oder aus Oberschlesien, wo es zur Weiterverarbeitung des Eisenerzes Stahl- und

Walzwerke gab. Gehen wir in Minken in eine der beiden Schmieden. Wenn eines unserer Pferde beschlagen werden mußte, nahm es der Pferdeknecht am Halfter, lief durch den Garten zum Tor hinaus und war in der Pospich-Schmiede. Ging mein Vater mit, so sagte der alte Pospich-Schmied: Guten Morgen, Herr Amtsrat! (nicht Amtsvorsteher) Holte er seine Schnupftabakdose unterm Lederschurz hervor, sagte er: Scheiß, schnupp wer noch amoll, das andere geht sowieso nich. Niemals ließ er jemanden in die Dose greifen, das war unhygienisch. Stets klopfte er seinem Gast ein wenig Schnupftabak auf die zur Faust gemachte Hand zwischen Daumen und Zeigefinger.

Kam ein Minkener Bauer mit seinem Pferd und sagte: Beim Schiller-Schmied is aber doas Beschlaogen billiger!, antwortete der Pospich-Schmied: Dann geh zum Schiller-Schmied, ich beschlag dirs nich! und ließ den Bauern stehen.

Ende der zwanziger Jahre unseres 20. Jahrhunderts kostete einen Huf beschlagen zwei Mark, wie mir gestern ein alter Landwirt aus Westpreußen sagte, das wird bei uns in Schlesien nicht anders gewesen sein. In den dreißiger Jahren erhöhte sich der Preis pro Huf und kostete fünf Mark.

„Es gab gute Hufe und es gab spröde Hufe. Gingen die Pferde in den Sumpfwiesen, da riß das Eisen auch mal ab. Ein bis zwei Monate hielt das Eisen bei den Arbeitspferden. Nicht immer wurden alle vier Hufe beschlagen, Die Vorderfüße nur, die greifen, die Hinterfüße setzen die Pferde mehr platt auf, die brauchen sie nur zum Abstoßen."

Der Knecht führte das Pferd in den Zwangsstand. Dieser war beim Pospich-Schmied ein überdachter Anbau mit Beschlagbrücke und Stauchstein. (Wer jemals im Leben zusammengestaucht wurde und sich danach kleiner fühlte, weiß, was mit dem Hufeisen auf dem Stauchstein geschieht).

Für uns Kinder war die Esse ein Augenmerk. Dort glimmte und glühte es. Mit Hilfe des Blasebalges schossen Stichflammen aus dem rotschwärzlichen Haufen. In einem Regal lagen Hufeisen unterschiedlicher Größe. Die Zangen hatten besonders lange Griffe und die Hämmer hatten besonders lange Stiele. Feilbank mit Schraubstock, Horn, Stauchmaschine, Bohrmaschine, Reifenbiegemaschine und ein Schleifstein gehörten zur Grundausstattung. Damit stellte der Schmied alles her, was an Eisenteilen an einem Wagen, den der Stellmacher Ruhm in Minken machte, gebraucht wurde. Wer erinnert sich nicht an die Einspännerwaage, die Zweispännerwaage, das geschmiedete Deichselende, das auf das blanke Holz paßte wie ein junger Ast auf einen Baum, wie angewachsen. Eher brach die Deichsel.

Dem Schmied, der fleißig den Hammer schwingt, fehlt es nicht an Brot, heißt ein Sprichwort.

In Minken beim Zugucken des Pferdebeschlagens hielt ich es nur solange aus, bis das bearbeitete und in Wasser getauchte Hufeisen, das zischte, dem Pferd auf die Sohle gesetzt wurde. Sogleich stank es übel nach verbranntem Horn und ich nahm Reißaus. Tat es den Pferden denn nicht weh, wenn sie beschlagen wurden?

Im Januar 1945 mußten wir unsere Pferde beim Schmied in Großburg Kreis Strehlen beschlagen lassen. Unsere Flucht aus Minken duldete keinen Aufschub. Zwei Tage hatten wir gebraucht, um auf den verschneiten, verstopften Fluchtstraßen von Minken nach Großburg zu gelangen. Tapfer zogen die Pferde die Treckwagen durch die vereiste Landschaft in ihren Sommerschuhen, was manches Kascheln verursachte. Erst die Hufeisen mit Stollen brachten Erleichterung für Pferd und Kutscher.

Handwerkskammer zu Breslau.

Für prüfungsberechtigte Innungen.

SCHMIEDE-ZWANGS-INNUNG OHLAU

Prüfungs-Zeugnis.

Der Lehrling Georg Porsich
geboren am 6. Juni 1910
in Minken Kreis Ohlau
hat bei dem Herrn*) Schmiedemeister
Josef Porsich
wohnhaft zu Minken, Kr. Ohlau
das Schmiede- Handwerk
in 3½ Jahren vom 1. April 1924
bis 1. Oktober 1927 ordnungsmäßig erlernt.
Betragen: „gut"

Nachdem der Lehrling
am heutigen Tage vor dem unterzeichneten Prüfungsausschuß seine Gesellenprüfung im
Schmiede- Handwerk
gut
bestanden, ist dieses

Prüfungs-Zeugnis

ausgefertigt und wird demselben mit den besten Glückwünschen für seinen ferneren Lebensweg hiermit eingehändigt.

Ohlau, den 1. Oktober 1927

Der Prüfungsausschuß für das Schmiede- Handwerk.

Rob. Herbig
Vorsitzender.

1. Josef Karl 2.
Meisterbeisitzer.

1. J. Gutsche 2.
Gesellenbeisitzer.

Georg Porsich
Eigenhändige Unterschrift des Inhabers.

Anmerkung. Als Prädikat ist „genügend", „gut" oder „ausgezeichnet" einzutragen.

Während der Polenzeit rettete uns der Schüller-Schmied aus der Not. Wir holten Feuer aus seiner Esse für den häuslichen Herd, zur Herstellung der allmorgendlichen Wassersuppe, die mein Papa Plärre nannte.

Stempelfrei mangels Vorhandenseins einer Urschrift.

Der Schmiedemeister Josef Pospich geboren am 20. Februar 1869 in Thomaskirch Kreis Ohlau war am 1. Oktober 1908 länger als 5 Jahre nach den bis dahin geltenden bezüglichen Bestimmungen der Reichsgewerbeordnung zur Anleitung von Lehrlingen in seinem Handwerk befugt.

Auf seinen Antrag wird ihm gemäß Artikel I des Gesetzes vom 30. Mai 1908 (R.G.Bl. S. 356) diese Befugnis weiter verliehen.

Ohlau, den 16. April 1909.

Der Königliche Landrat.
I.V.
Freudenreich
Regierungsrat.

Joseph Pospich

Die Erinnerung an unsere Schmieden in Minken soll heiter enden: Ein Sommermorgen, ein Kind sitzt auf der Haustürschwelle, die Katze im Arm. Der Hahn kräht, Schwalben fliegen über den Hof, und das

Zeugniss

für

den Schmiedelehrling Joseph [illegible]

aus Thomaskirch Kr. Ohlau

über die

bestandene Gesellen-Prüfung.

Der Schmiedelehrling Joseph [illegible] aus Thomaskirch Kr. Ohlau hat vor der unterzeichneten Prüfungs-Commission nach den bestehenden Prüfungs-Vorschriften dargethan, dass er die einem Schmiede- Gesellen nöthigen Kenntnisse und Fertigkeiten besitzt, worüber demselben das gegenwärtige Zeugniss ertheilt wird.

Ohlau den 15. November 1886.

Die Prüfungs-Commission

der Schmiede-Innung

zu Ohlau.

C. Mioska Obermeister

J. Birke

L. Kühnel.

Hämmern der nahen Schmiede gibt den Ton an. Ehrfurcht empfand ich und das ist so geblieben.

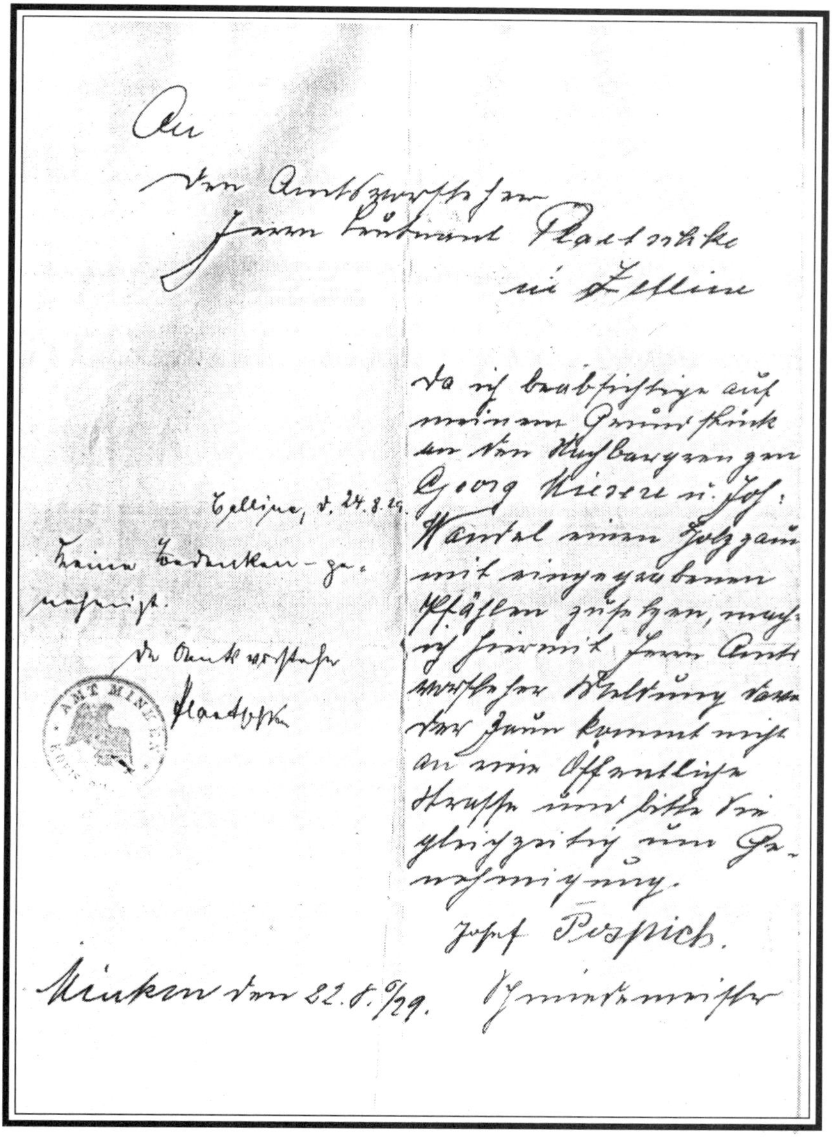
An
den Amtsvorsteher
Herrn Leutnant Plaatschke
in Zellin

Da ich beabsichtige auf meinem Grundstück an den Nachbargrenzen Georg Kiesel u. Jos. Wandel einen Holzzaun mit eingegrabenen Pfählen zu setzen, mache ich hiermit Herrn Amtsvorsteher Meldung, denn der Zaun kommt nicht an eine öffentliche Straße und bitte gleichzeitig um Genehmigung.

Josef Pospich.

Minken den 22.8./29. Zimmermeister

Zellin, d. 24.8.29.
Keine Bedenken – genehmigt.
Der Amtsvorsteher
Plaatschke

AMT MINKEN

Der Sattler Franz

Mit Vornamen Franz und mit Familiennamen Paul, so hieß unser Sattler in Minken. Alle Minkener nannten ihn Sattler Franz mit Betonung auf Sattler. Der Eindeutigkeit halber hieß auch seine Tochter die Sattler Hilde.

Die Familie wohnte im Haus von Knies, zwischen Zieglers und Gutsmanns gelegen, dessen weinberankter Giebel von der Schulgasse zu sehen ist. Der Sattler im Dorf, das hundertfünfzig Pferde hatte, war so nötig wie nützlich. Das Handwerk ist ein altehrwürdiges. Hören wir, was schon vor dreihundert Jahren in Christoff Weigels Ständebuch darüber geschrieben steht:

So nötig zu des Pferds Regierung und Bereitung der Zaum und beschlagene Huef, so nötig ist auch dem darauf sitzenden Reiter der Sattel und Bügel.

Von dem letzteren ist bei dem Sporer Meldung geschehen, von dem ersten, als dem Sattel, wollen wir hier ein weniges berühren.

Zwar waren ehemals einige Nationen, die sich gewöhnt hatten, ohne Sattel ihre Pferde zu tummeln und und damit gegen den Feind zu streiten, wie Lucanus solches von den Massyliern, Strabo aber von den Mauretanern bezeugt.

Ja, Julius Caesar vermeldet von unseren alten Teutschen, daß sie vor die höchste Schand und Ungeschicklichkeit gehalten, sich eines Sattels zu bedienen, welche Gewohnheit der Völker aber nach und nach, besserer Bequemlichkeit wegen, verändert und anfangs die Pferde mit Decken und Kotzen belegt worden, wie aus dem Xenophonte solches abzunehmen.

Folglich legte man Tierhäute auf den Rücken der Pferde und setzte sich darauf, wie denn Virgilius dem Pferd, worauf Aeneas ritt, eine Löwenhaut, Statius dem Pferde Parthenopaei eine Luxenhaut, Silus aber dem Pferd Flaminii eine unterlegte Tigerhaut angedichtet.

Nach der Hand mag man immer näher zu unseren heutigen Sätteln gekommen sein, wiewohl weder die Zeit noch der Name der Erfindung und des Erfinders so genau zu benennen.

Es verfertigen aber die Sattler außer den Sätteln auch Pistol-Hulfftern und Kummeter, und zwar diese sowohl für die gemeine Zug- und Bauernpferde, als auch diejenige, so in den Schlitten oder den Chaisen und Calessen in einer sogenannten Gabel laufen.

Sie überkleiden die Arbeit des Wagens, es seien gleich Chaisen, Calesse oder Carossen, so wohl inwendig mit dem schönsten Sammet oder Tuch, als auch auswendig mit Leder und wissen sie mit allerlei Gattungen Nägeln auf das schönste und zierlichste zu beschlagen, auch, so es verlanget wird, die Namen derjenigen, denen die Kutschen angehören, durch Nägel in den schönsten Zugwerken zu exprimieren. Anbei pflegen sie ein und andere Lederarten, so sie zur Arbeit gebrauchen, selbst zuzurichten.

Die Meisterstücke dieses Handwerks sind meist zwei große Turnier-Sättel, davon der eine mit starkem Messing, der andere aber mit Eisen beschlagen, und müssen beides nicht nur selbst dazu schmieden, sondern auch das Holz sehr mühsam aushauen und zurichten.

Daher dann die Sattler billig unter die so nötig als nützliche Handwerker gezählet werden.

Der Sattler Franz in Minken war freischaffend, nicht nur als Sattler. Nein, er übte noch einen anderen Beruf aus. An Schlachtetagen saß er in den Fleischereien, so auch bei meinem Großvater in der Schenke auf der Ofenbank vor dem dunkelroten Kachelofen, auf dem Platz des Gastwirtes, während dieser mit seinem Assistenten, dem Kunze-Fleischer im Schlachthaus hantierte. Weil es stets früher Vormittag war, blieb die Schenke ohne Gäste. Nur ein kleines Mädel setzte sich dem Sattler Franz gegenüber und beobachtete neugierig dessen Tun.

Auf dem Tisch stand ein merkwürdiges, schwarzes Gerät und ein Teller, auf dem rohes Fleisch lag. Mit einer fingerlangen Greifzange, deren Enden so spitz wie eine Nähnadel waren, zupfte er feine Fleischfasern zurecht, legte sie zwischen zwei blanke Glasscheiben, die nicht größer waren als das Guckfensterle im Stechkasten an der Wand, und schob sie ins schwarze Gerät. Der Sattler Franz kniff ein Auge zu, schaute mit dem anderen in ein Rohr, drehte mit der Hand einen Metallknopf hin und her und sagte kein Wort. Was tat er da? Suchte er etwas? Willste och amoll gucken?

Sofort hopste ich von der Bank, kniff auch ein Auge zu, sah mit dem anderen ins Rohr. Siste woas? Woas siste?

Sollte ich sagen, ich sehe das Fleisch? Aber das hatte ich auch schon auf dem Teller gesehen, bloß nicht so groß, und ich sagte: Ich sehe nischt.

Doas is gutt, meinte der Sattler Franz und lehnte sich an die dunkelroten Kacheln.

Einen ganz anderen Sattler Franz gab es, so verändert wie die Schenke am Abend. Wenn in Minken allen Männern zur selben Zeit eingefallen wäre, ins Gasthaus zu gehen, sie hätten Platz gehabt, denn es gab ihrer fünf, drei davon mit Fleischerei, dazu gehörte eben auch das Gasthaus meiner Großeltern. Durch kleine Botengänge zwischen Großmutters Küche und Großvaters Schenke erhielt ich kurze Einblicke in das gesellige Männerleben. Die Schenkenluft war wie zum Schneiden, so verräuchert von Tabakpfeifen- und Zigarrenqualm. Zigaretten R6 rauchte nur mein Onkel Oskar und die jungen Herren, sie hielten Juno (aus gutem Grund ist Juno rund) zwischen den Fingern. Skat wurde gekloppt und gedroschen. Donizetti, zwei atü und noch verloren! Grün scheißen die Gänse im Mai! Nullouvert und du kummst raus! Gastwirt noch an Kurn! Wer schmeißt ane Runde?

Mein Großvater durchmaß mit langen Schritten seine Gaststube, ging an die Theke, zapfte Bier, und wie sich der Gerstenschaum im Glas setzte, schrieb er mit dem dicken, angebundenen Zimmermannsbleistift Buchstaben und machte Striche in das dicke, schwarze Wachstuchbuch mit den weißen Seiten. In einer solchen Stunde, an einem solchen Abend hörte ich, wie der Sattler Franz mit lauter, erhobener Stimme rief:

Diese Kaanallje!

Viele Jahre später, als wir Minkener aus unserem Heimatdorf vertrieben waren, und die Geschichten von Zuhause das Heimweh lindern halfen, erzählte ich meinen lieben Eltern, es gäbe zwei Wörter in meinem Sprachschatz, die ich dem Sattler Franz aus Minken verdanke: Mikroskop und Kanaille.

Da sagte meine Mutter:

Eenmoll, wie der Sattler Franz spät oabends nachhause koam, soagt er zu Seiner, sie mecht ihm die Stiefel ausziehen. Aber die Sattlern woar verbost und toat es nich. Doa ging mei Franz in die Schuhkommer und schmiert die Stiefel, als mecht a kleistern, mit schwoarzer Schuhcreme vull und legt sich, wie er woar, ins Bette.

Sie hat Zobten gesehen

Wer in der Ebene aufwächst, lernt weit gucken. Keine Berge hindern den Blick, kein Tal begrenzt ihn, und die Sonne, wenn sie untergeht, verschwindet nicht zur Hälfte hinter der nächsten Hügelkette. Sie bleibt ganz lange groß und rund am Horizont stehen. Weil unser Heimatdorf Minken in der Ebene liegt, war weit gucken können ein Spiel, das Erwachsene manchmal mit Kindern spielten.

Bei Tante Marthel im ersten Stock, Bäckerei Liebske, wohnte Familie Gutsmann. Machte ich während des Brotholens einen Abstecher in deren Wohnung, so rief Herr Gutsmann vom Küchenfenster her: Willste amoll Brieg sehen? Er legte seine Handflächen an meine Ohren und zog mich am Kopf in die Höhe. Meine Augen blickten über Gärten und Felder hinweg. Siste Brigg? Ja! Aber statt die Stadt zu erspähen, trachtete ich danach, schnell wieder auf die Füße zu kommen. Auf diese unbehagliche Weise lernte ich auch den Zobten sehen. Aber war er das? Eine Silhouette des Berges am Himmel, wie Wolken sind?

Etwas anderes hat Zobten gesehen, nicht so, gehörte dorthin, gehörte dem Textilkaufmann Hermann Kretschmer.

In den vierziger Jahren des zwanzigstens Jahrhunderts, als wir Vertriebenen gerade vertrieben waren aus unserer schlesischen Heimat, und der Zusammenhalt aller Schicksalsgefährten stärker zum Ausdruck kam in der Fremde, redete man sich auf der Straße an, fragte nach der alten Heimat, sprach sein Heimweh aus, lernte im gemeinsamen Leid einander kennen. Kunze Mieke, Frau von Tischlermeister Hermann Kunze aus Minken, pflegte zu sagen: Wir Vertriebenen haben alle eenen Namen, wir heeßen olle ibrig.

Mein Vater, der Landwirt Georg Miserre und letzte Amtsvorsteher in Minken, hatte sich gleich nach unserer Ankunft im Westen als Landarbeiter auf der Domäne Aerzen Kreis Hameln-Pyrmont verdingt. Jeden Morgen, er arbeitete im Kuhstall, pilgerte er mit seinem Brotbeutel um die Schultern von Mestmäckers, wo wir wohnten, auf das staatliche Dominium, ließ sich vom Inspektor zur Arbeit einteilen, ging mittags zum Essen zu seiner Familie zurück, um bald wieder anzutreten.

Auf einem dieser Gänge begegnete ihm der Textilkaufmann Hermann Kretschmer aus Zobten. Nun sehe ich wieder einmal einen, der so aussieht, wie unsere Herren in Schlesien ausgesehen haben, rief der

Kaufmann. Mein Vater blieb stehen, ließ seine Joppe begutachten, aus bestem Tuch mit Hornknöpfen und eingearbeiteten Taschen vom Schneidermeister Kosok aus Minken. Man stellte einander vor, redete vom Viehhändler Fritz Kretschmer aus Oels, der immer im Gasthaus Junak in Rodeland übernachtet hat und der, wie sich herausstellte, Hermann Kretschmers Bruder war. Die Joppe, sagte der Kaufmann zum Schluß, wird ihnen bei dem Wetter zu warm werden, ich habe eine Jacke für sie, noch aus Zobten, die vermache ich ihnen, sie ist dünn und leicht.

Wie kostbar sie für meinen Vater wurde, stellte sich erst im Laufe der Jahrzehnte heraus. Zunächst trug er diese Jacke aus grauer, ungebleichter, dichter Leinwand mit den honiggelben Knöpfen alle Tage zur Erntezeit. Vom Landarbeiter zum Schaffer auf der Domäne Aerzen aufgestiegen, erhielt er damit die nötige Würde. Fein sah er aus. Auf dem Rumpelbrett wurde sie von meiner Mutter gewaschen, kam später, in den sechziger Jahren, für solche Zwecke in die neuerworbenen Waschmaschine und blieb, was sie war, stets in Form.

Eines Tages, Papa war längst pensioniert von allen Pflichten und Ämtern, sagte er zu mir:

Du, meine alte Leinenjacke – willste sie haben für deine Jungen?

Ich wollte, kannte ich doch ihren historischen Wert. Fein herausgeputzt, schickte ich sie meinem Sohn Georg, er ist der einzige, dem sie passen konnte, zu seinem dreißigsten Geburtstag. Architekten, dachte ich, tragen so was Außergewöhnliches gern. In die Jackentasche steckte ich einen Zettel:

Diese Jacke ist ein Erbstück vom Großvater, halte sie in Ehren, denn sie ist noch aus Schlesien. Sie hat Zobten gesehen.

Dann erzählte ich meinen 90-jährigen Vater, die Jacke sei jetzt in Frankfurt am Main und würde vom Akademikerfips (so nannte er diesen Enkelsohn, seit er Schüler war) spazieren getragen. Er zöge sie an bei Besprechungen mit Bauherren. Papa schossen die Tränen in die Augen und er sagte:

Wenn das der Hermann Kretschmer wüßte, der würde sich aber freuen.

So ein verrücktes Huhn

Es gab einmal eine Zeit, da ging es auch den Hühnern besser. Der Lebensraum einer Henne umfaßte Stall, Hof, Garten und war nicht auf die Größe eines Kanarienkäfigs reduziert. Sonne und Sand durften flügelschlagend genossen werden, das Gackern und Gockeleg zweckgebunden über die ganze Bauernwirtschaft erschallen.

Ein stolzer, eifersüchtiger Hahn mit rotem Kamm, langem Kragen und im Bogen getragenen Schwungfedern war nicht nur Wecker und Wetterprophet, er war eine Zierde des Hofes.

Frei lebte das Federvieh sein kurzes Hühnerleben und manch brave Henne konnte zur Außenseiterin werden.

So ein verrücktes Huhn befand sich einst auf unserem Bauernhof in Minken. Zwei Hühnerrassen hielt meine Mutter. Das waren die weißen Leghorn, gezüchtet zu fleißigen Eierproduzenten, das waren die rotbraunen Rhodeländer, die zu Fleisch- und Legehühnern taugten, sie sorgten für das Ei in der Pfanne und die kräftige Suppe im Topf. Der Hahn auf unserem Hof, zweijährig und im besten Mannesalter, war stets ein Rhodeländer mit schwarzgrünen Schwanzfedern sichelförmig drapiert, die zu dem roten Kragen prächtig paßten.

Unter den Rhodeländer Hennen, die ein schlichtes, rotbraunes Federkleid trugen, gab es eine, die hatte einen weißen, nackten Fleck auf jeder Wange. Immer, wenn der Hahn etwas Besonderes zum Fressen fand, lockte er mit einem eigenartigen Ton seinen Hühnerharem herbei, um das Gefundene mit ihm zu teilen. Aber erst, wenn die mit den weißen, nackten Wangen davon pickte, ließ der Hahn einen seiner Flügel schießen. Seine Stimme wurde sanft und die zärtliche Zuneigung konnte den anderen Hennen nicht verborgen bleiben.

Das gab Ärger. Wollte die Henne auf ein Nest, das sie mit zwei anderen Hennen teilen mußte, war es besetzt. Das sah sich die weißwangigige nicht lange an. Sie lief in den Garten, verschwand in der Wagenremise, flog auf den Kutschwagen, von dort auf das Dach des Plauwagens und weiter in den Pferdeschlitten auf dessen Boden sich noch ein bissel Stroh vom letzten Winter „rumsielte".

Die Tage vergingen, das Gelege hatte sich schon auf zwölf Eier summiert, da fielen der weißwangigen Rhodeländer die ersten Brustfedern aus. In diesem Zustand traf sie der Hahn. Statt zu locken und zärtlich zu sein, sagte er streng:

„Horch amal, da ist mir zu Ohren gekommen – du legst keine Eier mehr? Stimmt das?"

Die Henne wußte nicht, was sie erwidern sollte. Sollte sie jetzt ihr Versteck preisgeben? Nie und nimmer, denn dann würden es morgen alle Hühner wissen. So ein Hahn schwatzt auch. Wenn sie es wüßten, kämen sie und wollten in ihr Nest legen. Alles wäre verdorben. Also beschloß die weißwangige Henne scheinbar einzugestehen, zum Eierlegen vorläufig außerstande zu sein.

Als der Hahn das hörte, schlug er empört mit beiden Flügeln, krähte entrüstet kikiriki und stolzierte davon.

Da stand sie nun die Geächtete. Jetzt war ihr alles egal. Sie nahm sich nicht einmal mehr Zeit, etwas zu fressen und zu trinken, sondern eilte flugs auf ihr Nest zurück, legte noch ein Ei, ein unbefruchtetes, wie sich jeder denken kann, dann begann sie zu brüten.

Einundzwanzig Tage saß die weißwangige Henne, wie es sich für eine Glucke gehört, fast ununterbrochen auf ihren Eiern, rupfte sich selber noch ein paar Brustfedern aus, damit die Körperwärme ungehindert der Brut zugute kam.

Einundzwanzig Tage ließ sie ihr Nest kaum jemals im Stich. Sie wurde, das muß leider gesagt werden, mager und häßlich.

Doch dann kamen die glücklichen Stunden. Zwölf Schiepel begannen auszuschlüpfen. Erst knabberten sie an der Schale, dann fraßen sie das Gelbe vom Ei und entledigten sich der engen Hülle.

Da nahm die Glucke jedes einzeln am Schlafittchen und flog damit vom Schlitten herunter. Als alle vollzählig beieinander waren, nahte der große Augenblick.

Voran das weißwangige Mutterhuhn und zwölf kleine, gelbe Knäuel mit Flaumfederchen von weichster Qualität starteten zum großen Vorbeimarsch. War das ein prächtiger Zug.

Zuerst sah ihn der Hahn. Als der Hahn das sah, vergaß er seinen Stolz, sein eifersüchtiges Temperament, seine Würde, und kam angelaufen wie eine neugierige Gans. Die anderen Hennen aber erblaßten an Kamm und Kehllappen vor Neid.

Ja und die Bäuerin, was sagte sie?

Im linken Arm hielt sie die Schüssel, mit der rechten Hand warf sie das Korn aus und rief nicht wie gewohnt nur:

Putt putt putt!

Nein, sie rief in großer Freude:

Schiepele, schiep schiep!

Viele Ostern sind des Hasen Not

Am Gründonnerstag gingen in Minken die heutigen Großmütter, als sie noch junge Mädchen waren, frühmorgens nach Osterwasser zum Quoal. Das ist eine Quelle am Helderwege. Dabei durfte nicht gesprochen werden, damit das heilkräftige Wasser, das vor Runzeln und Sommersprossen schützte, seine Wirkung nicht verlor.

Da wurden die Hoftore mit jungem Grün geschmückt, und auch der Osterhase kam in Minken am Gründonnerstag. Von ihm soll die Rede sein.

Der Osterhase hatte zu unserer Familie ein besonders gutes Verhältnis. Mein Vater ist kein Jäger. Als er einmal auf Anraten seines Schwiegervaters mit auf die Jagd ging, passierte etwas, das er so zu formulieren pflegte: Wie ich auf den Hasen schieße, waren wir beide so überrascht, daß der Hase wegläuft und ich mir meine Gedanken mache, wer wohl mit dem größeren Schrecken davonkam.

Damit war die Jagdkarriere meines Vaters eröffnet und zugleich beendet. Die Osterhasen hatten also ein berechtigtes Zutrauen zu uns, das besonders uns Kindern zugute kam. Das erste Osternest meines Lebens fand ich in einer Mulde auf dem Holzplatz, während meine großen Brüder auf den Holzschober geklettert waren und lauthals die Entdeckung ihres Osternestes verkündeten. Man sieht, wie sportlich unsere Osterhasen zu sein vermochten, waren sie doch aus dem Kellerwald gekommen, einen weiten Weg über den Lugeberg, den Trieb Schwarzegasse hinunter, hinterm Zaun entlang, mit allen Eiern auf dem Rücken, ins Dorf gehoppelt.

Eines schönen Osterjahres kündigten uns meine Eltern ein großes Ostereiersuchen in der Försterei Bischwitz an. Meine Vettern und Cousinen versammelten sich im Forsthaus. Wie standen die Osterhasen zu meinem Onkel Paul, der als Förster verpflichtet war, Jäger zu sein? Er galt als Heger und sorgsamer Pfleger seines Reviers. Ungern erlaubte er das Jagen, und selbst zur Auflockerung des häuslichen Speiseplanes mit Wildbret trug er nur ungern bei, zum Leidwesen meiner Tante Liesel. So war es nicht verwunderlich, wie sehr die Osterhasen ihrem Förster vertrauten und mit einem Ostereiersegen für uns Kinder aufwarteten. Dazu hatten sie sich eine Menge ausgedacht. In einer Fuchshöhle, im Dachsbau, hohlen Bäumen, zwischen Farn und Blaubeerbüscheln waren unsere Nester versteckt. Ich weiß noch, wir konnten unsere Aufregung kaum verbergen, wenn wir beim Rascheln dürren Laubes unter den Füßen, vom Knacken der Äste erschreckt, in der feuchtwarmen Luft, die nach Moos und Pilzen roch, dann wieder auf dem Tannennadelteppich vorsichtig dahintappend, jede auffällige Veränderung zu erspähen suchten. Plötzlich entdeckten wir einen Teich mitten im Wald, dessen Böschung mit Schilf bewachsen war und ohne Übergang ins Wasser führte. Auf diesem Wasser schwamm eine signalrote Schale mit allerlei Österlichem angefüllt.

Wem von uns Kindern mochte der Osterhase dieses Präsent zugedacht haben?

Bald hatten wir es heraus. Vetter Felix, der Dukter-Felix, war übriggeblieben. Da diese signalrote Schale nicht ohne weiteres und nicht ohne geeigneter Mittel zu erreichen war, bildete die nun folgende Aktion den Höhepunkt.

Die älteren Jungen schleppten aus dem Hausrat unserer Tante einen Waschtrog herbei, den sie mit geschäftigem Eifer unter den Anfeuerungsrufen der Umstehenden auf das Wasser setzten. Felix zog Schuhe und Strümpfe aus, stieg ein und ruderte mit dem großen Pfaumenmuslöffel hinaus auf das Meer. Wir hätten ihn gern zum Kenteradmiral gemacht. Aber leider war er seetüchtig und die Bergung seines Osternestes kein Reinfall.

In späteren Jahren ließen die Osterhasen in ihrem Eifer merklich nach. Unsere Nester, die wie stets unterm Weinstock vor dem Haus gemacht worden waren, behielten ihren Standort auch dann noch, wenn der Osterhase bereits etwas hineingelegt hatte. Die Nester wurden nicht mehr versteckt. Fehlte es den Osterhasen am nötigen Esprit? Waren sie älter geworden? Waren wir dem Alter, das Osterhaseneifer lohnt, entwachsen?

Es kam das Jahr, da ich es ganz genau erfahren sollte. Meine drei älteren Geschwister waren fort, mein jüngerer Bruder Karlchen und ich machten die Nester an der gewohnten Stelle. Als ich am Gründonnerstagmorgen hineinschaute, war mein Nest leer.

Zum ersten Mal hatte der Osterhase meine Erwartungen nicht erfüllt. War ich vergessen worden? Im Haus traf ich meinen Vater, der am Tisch saß und frühstückte. Mein Leid über den unzulänglichen Hasen klagend, sagte ich am Schluß:

Mein Osternest liegt jetzt auf dem Fensterbrett in der Küche! und verließ das Zimmer.

Vielleicht fiel dem Osterhasen das Bücken schwer, ich wollte ihm noch eine letzte Chance geben und wartete gebührlich lange Zeit, die mir ausreichend zum Füllen meines Nestes schien. Dann ging ich zurück in die Küche. Kein Mensch war weit und breit zu sehen, aber in meinem Osternest lag etwas, und was dort lag, empörte mich, das war ja allerhand!

In meinem Osternest lag eine angeschnittene Leberwurst. Mit der Leberwurst in der Hand ging ich zu meinem Vater. Ich bin böse, sagte ich wütend und legte die angeschnittene Leberwurst auf den Frühstückstisch zurück. Lachte der Osterhase etwa?

Im Mühlatschützer Wald: Die beiden Schwestern Kinast: Elisabeth verheiratete Kiok, Martha verheiratete Kornäcker-Kosok. In der Mitte sehen wir Anna Kosok verheiratete Feier-Ruhm.

Mariechen Poguntke mit Sohn Ernstel auf ihrem Kretscham-Hof.

Ohne Fahrrad ging es nicht

Wer denkt, wenn der Frühling kommt, nicht gerne zurück an unser herrliches Flachland, das zum Fahrradfahren besonders gut geeignet war. Jedes Kind lernte radfahren und mochte die Mecke noch so eiern, Hauptsache man durfte sie benutzen.

Bei uns zu Hause gab es Fahrräder von unterschiedlicher Güte. Das Halbballonrad fuhr mein Bruder Hans-Georg, der auch für das Reparieren zuständig war. Opapa hatte ein steifes Stahlroß, mit dem er aus seiner Villa in der Bahnhofstraße auf unseren Hof radelte, um bei meiner Mama zu frühstücken, um die Sense zu dengeln und abgebrochene Zinken in Heurechen zu erneuern. Zum Aufsteigen auf sein Rad benutzte der lange Opapa einen geriffelten Eisenbolzen mit Innengewinde, der auf die Achse des Hinterrades geschraubt blieb. Papas Fahrrad war gut geölt und wie neu. Meine große Schwester Hildegard kaufte sich von ihrem Konfirmationsgeld ein chromglitzerndes Damenfahrrad mit einem bunten Netz am Hinterrad vom Geschäft Fritz Keller im Ottmann-Haus auf dem Kret-Ende.

Für die anderen Räder, allesamt Herrenräder, gab es niemanden auf unserem Hof, der Besitzansprüche anmeldete, sobald man es nur in die Hand nahm, und runter von meinem Roade schrie. Auf solchen begann ich zu lernen. Unermüdlich drehte das kleine Mädel seine Runden auf dem Hof bis Idschick Richard, der gerade mit dem Pferdefuhrwerk fuhr, rief: „Nu da los doch, das andere Been och uff die Pendale! Nich so zimperlich!" Bei dem Wort zimperlich steckte ich wie auf Befehl das rechte Bein zwischen Gestellgabel und Querstange und konnte fahren. Wie ein lachendes Klammeräffchen hing man am Fahrrad, wobei das Bremsen aus schwungvoller Tätigkeit das größte Hindernis schien. Meine Freundin Erika Adam hatte auch gerade das Fahren gelernt und so wagten wir uns eines Sonntags auf die Straße. Mit frisch erworbenen Kenntnissen und mangelnder Praxis umkreisten wir den Ring, wie wir das bei den großen Jungen gesehen hatten. Die Kirchenglocken läuteten, kein Minkener war zu sehen weit und breit, bis die ersten Kirchgänger nahten. Vorsicht war geboten, nur jetzt nicht zeigen, wie wacklig es um uns stand. Es wäre alles gut gegangen, hätte Herr Revierförster Nestor den Fußsteig nicht gewechselt. Auf der Ecke Sägewerk-Ruhm überquerte er die Straße zum Erbkretscham. Erika fuhr, es gab kein Entrinnen, den fein gekleideten Herrn von hinten an. Der Ärger war groß und auf beiden Seiten. Während der Revierförster seinen Paletot abklopfte, hatte Erika vor Schreck mit ihren weißen Kniestrümpfen die gutgeschmierte Fahrradkette berührt.

Polizei erschien nicht aber Verordnungen gab es. Wie sie aussehen, weiß ich erst, seit mir Siegfried Kretschmer eine Kopie des Amtsblattes der königlichen Regierung in Breslau von 1908 schickte. Fahren wir also noch einmal in Gedanken die Ebene entlang, um die Bekanntmachung der Central-Behörden zu würdigen:

Auf Grund des § 137 des Gesetzes über die allgemeine Landesverwaltung vom 30. Juli 1883 und der §§ 6, 12 und 15 des Gesetzes über die Polizeiverwaltung vom 11. März 1850 werden unter Zustimmung des Provinzialrates für den Umfang der Provinz Schlesien für den Radfahrverkehr auf öffentlichen Wegen und Plätzen folgende Vorschriften erlassen:

§ 1

Für den Radfahrverkehr gelten sinngemäß die den Verkehr von Fuhrwerken auf öffentlichen Wegen und Plätzen regelnden polizeilichen Vorschriften, soweit nicht im nachfolgendem andere Bestimmungen getroffen sind.

§ 2 – Das Fahrrad

Jedes Fahrrad muß versehen sein:

1. mit einer sicher wirkenden Hemmvorrichtung
2. mit einer helltönenden Glocke zum Abgeben von Warnzeichen
3. während der Dunkelheit und bei starkem Nebel mit einer hellbrennenden Laterne mit farblosen Gläsern, welche den Lichtschein nach vorn auf die Fahrbahn wirft.

§ 3 – Der Radfahrer

Ausweis über die Person des Radfahrers. Der Radfahrer hat eine auf seinen Namen lautende Radfahrkarte bei sich zu führen und auf Verlangen dem zuständigen Beamten vorzuzeigen. Die Karte wird von der zuständigen Behörde des gewöhnlichen Aufenthaltsortes des Radfahrers nach dem Muster der Anlage unter Verwendung von auf Leinwand aufgezogenem Papier ausgestellt. Für Personen unter 14 Jahren erfolgt die Ausstellung auf Antrag des Vaters, Vormundes oder sonstigen Gewalthabers. Die Radfahrkarte gilt für den Umfang des Deutschen Reiches. Radfahrer, welche ihren gewöhnlichen Aufenthalt außerhalb des Deutschen Reiches haben, haben einen anderweitigen genügenden Ausweis über ihre Person bei sich zu führen und auf Verlangen dem zuständigen Beamten vorzuzeigen.

§ 4 – Besondere Pflichten des Radfahrers

Jeder Radfahrer ist zur gehörigen Vorsicht bei der Leitung seines Fahrrades verpflichtet. Auf den Haltruf oder das Haltzeichen eines als solchen kenntlichen Polizeibeamten hat jeder Radfahrer sofort anzuhalten. Zur Kenntlichmachung eines Polizeibeamten ist auch das Tragen einer Dienstmütze ausreichend.

Unsere Polizeibeamten in Minken, sie waren für den gesamten Amtsbezirk zuständig, kannten wir auch ohne Uniform oder Uniformmütze. Das Haus in der Richtergasse (Siedlerstraße 1), darin sie wohnten – es gehört meinen Eltern – heißt bei uns heute noch das Wachtmeisterhaus. Die rechte Hälfte bewohnte Gendarmeriehauptwachtmeister Richard Richter (daher Richtergasse) mit seiner großen Familie. In der linken Hälfte des Doppelhauses lebten nacheinander die Familien der Gendarmeriewachtmeister Kleinert, Otto Lietfin und Koschnig. Herr Koschnig ist im Zweiten Weltkrieg gefallen. Schon am Ersten Weltkrieg hatte er teilgenommen und ein Buch darüber geschrieben, das ich einmal in die Hand nehmen durfte.

Das letzte Ende der Bahnhofstraße, das von der Straße nach Ohlau abzweigt, hat Kopfsteinpflaster, auf dem sich mit dem Fahrrad schlecht fahren ließ. Die eiligen Pendler, die morgens zum Bahnhof wollten, benutzten den wassergebundenen Fußsteig zum Radfahren. Das Fahren auf dem Bürgersteig aber war verboten. Jeder Radfahrer wußte es. Man durfte sich halt nicht erwischen lassen.

An Sonntagen machten die jungen Leute in Minken Ausflüge an den Zinnober-See, die Jeltscher Fähre und nach Smortawe. Das war schön. Mit Frau Gawor, die nach Ohlau wollte, durfte ich einmal mitfahren, weil ich darauf bestand, unser Landdienstmädel im Kreiskrankenhaus zu besuchen. Das Tempo der zierlichen, schlanken Frau, Mutter von fünf Kindern, hat mich Mühe gekostet einzuhalten. Die sechzehn Kilometer von Minken nach Ohlau hörte sie überhaupt nicht auf zu treten.

Ohne Fahrrad ging es nicht. Bauer Glaser holte die Kalebasse (Kochwurst) bei meiner Großmutter Fleischerei Kinast mit dem Fahrrad. Der Bauer Gerlach fuhr mit seinem Rad ins Gasthaus.

Geht es ohne Fahrrad nicht?

Voriges Jahr erfüllte sich mein Mitkonfirmand Werner aus Steindorf, Professor Dr. Lanz-Niechziol, einen Wunschtraum. Er fuhr nach Schlesien, borgte sich von den Polen in seinem Haus in Steindorf ein Fahrrad und radelte 80 Kilometer durch unsere Landschaft. Was ist so besonderes darin? Es ist der Wind. Der Wind weht anders in der Ebene. Er muß sich nicht an Bergen brechen. Aber tätscheln tat er auch.

Meinen geliebten Eltern zum Gedenken

Mama wurde 1897 in Minken geboren. Papas Geburtsort ist Grüntanne. Beide Dörfer im Kreis Ohlau in Schlesien gelegen trennt ein Wald, ein mächtiger Forst, der wegen seiner Länge einmal Jeltscher, dann Peisterwitzer, danach Rogelwitzer hieß.

Als Kinder badeten beide in Gewässern, die zur Oder fließen. Papas Tummelplatz war der Flößbach, Mama badete im Tiefen Graben, der in den Mühlbach mündet und dessen Quelle aus der Korsawe quillt. Sein durchsichtiges Wasser bei den Lipinkawiesen ließ den Blick auf Seeampfer zu an den Rändern und Moosen auf dem Grund.

Das erste Erlebnis durch den Wald hatte Papa als kleiner Junge. Er rannte dem Kutschwagen seiner Eltern nach, die den Großvater in Minken besuchen fuhren. Das Gefährt holte er nicht ein, deshalb ließ er sich erschöpft am Teufelstein nieder, wo ein Wanderer den Findling neben dem Findling fand und ihn nach Hause brachte.

Mama saß als Kind gerne auf einem ähnlichen Stein in Minken auf dem Kret-Ende, bis der Woischnik aus dem Walde kam und dem kleinen Mädel angst machte. Da lief es schnell nach Hause.

Ich hatte Lust zu Hause zu bleiben, sagte einmal mein Papa, als er mir vom plötzlichen Tod seines Vaters erzählte. Ich hatte Lust zu Hause zu bleiben, das klingt wie ein leises, sehnsuchtsvolles Lied. Papa war Schüler der höheren Landwirtschaftsschule in Brieg, in die er als Externer von seinen Eltern und Schulleiter, seinem Onkel Johannes zur Aufnahmeprüfung gebracht worden war. Bei Tante Lissen wohnte er, die so lockere, wohlschmeckende Eierkuchen backen konnte, und Onkel Lisse, Prokurist einer Brieger Brauerei, versorgte ihn mit Bier. Bitte nur Malzbier, hatte der Vater beim Abschied angeordnet. „Das hat keene vier Wochen gedauert, da war ich so a Plätzer!"

Die Landwirtschaftsprüfung hat Papa, nach seiner Tätigkeit als Gutseleve bei Kremser in Neu-Altmannsdorf, in Alt-Altmannsdorf gemacht auf dem Gut Förster, sie bestanden, und als „junger Spund" den Herren und der Dame des Hauses eine Rede gehalten.

„Wenn du etwas zu sagen hast", lehrte er mich, „sage es! Warte nicht bis jemand kommt und dich auffordert. Da kannst du lange warten!"

Mama fuhr als junges Mädchen mit Papas Schwestern auf dem Pritschenwagen in den Wald zum Blaubeerenpflücken. Die brauchte man in Mengen, denn Eierkuchen ohne Blaubeeren ist für die schlesische Küche undenkbar. In die Nähschule in Breslau wurde sie manchmal von den Rotherjungen begleitet, einer von ihnen schenkte ihr ein Veilchenbouquettel. Aber am schönsten war es in Minken bei der liebreizenden Kunze-Kinast-Mutter, die mehr als zehn Kinder hatte, und wo sich die jungen Leute trafen, wo man froh und fezig sein konnte, am langen Tisch saß, Lieder sang, Federn schleißen mußte und anschließend Pfannkuchen essen durfte.

An Ostermorgen holte Mama als junges Mädchen stumm, man sollte dabei nicht sprechen, sonst würde man häßlich, Wasser vom Quoal, der Quelle am Helderwege, wusch ihr Gesicht damit, auch manchmal mit frischer Stutenmilch und hatte eine Haut wie Waschseide.

Auf der Hochzeit von Papas Schwester Elisabeth mit Revierförster Paul Dzierzon, im Ökonom-Kinast-Saal, gaben meine Eltern ihre Verlobung bekannt, 1923 heirateten sie. Eine Fotografie meiner drei älteren Geschwister – Ernst und Hans-Georg sitzen auf dem Schaukelpferd, das mit echtem Pferdefell überzogen ist, unsere große Schwester Hildegard steht am Zügel – hat mir stets gesagt: Da bist du noch nicht vorhanden!

Als ich geboren wurde, war Papa Bürgermeister. Nun gehörte Papa nicht mehr uns allein, er gehörte allen Minkenern. Die Wohnstube hieß fortan Amtszimmer. „Sie sind der beste Vorsteher in meinem Bezirk", hat Amtsvorsteher Plaetschke auf Celline zu Papa gesagt, ehe er vom Kreistag in Ohlau zum Amtsvorsteher gewählt wurde. Das war 1934. „Ich wäre ja noch nicht Amtsvorsteher geworden, wenn Leutnant Plaetschke sich nicht besoffen hätte. Mit seinem Auto fuhr er in einen Menschenhaufen hinein und hat ein Mädel totgefahren. In Brieg hat er im Gefängnis gesessen und ist Knall und Fall entlassen worden als Amtsvorsteher."

1936 wurde mein Bruder Karl geboren. Stolz fuhr ich ihn im dunkelblauen Kinderwagen spazieren, den Mama extra für ihr fünftes Kind in Breslau gekauft hatte.

Papas öffentliche Ämter häuften sich. Besonders stolz war er, Mitglied des Kreisausschusses in Ohlau zu sein, einziger Abgeordneter von der rechten Oderseite, „das war schon was!"

In ihrem Amtsbezirk gibt es wohl nur gute Menschen?, ist er in Ohlau bei den vorgesetzten Behörden gefragt worden. Er verstand sich als Behüter und Beschützer und war kein Freund von Meldung machen. Im Gespräch wußte er alles zu regeln und helfen können machte ihn froh.

Als er in der Polenzeit mit den neuen, polnischen Besitznehmern durchs Dorf ging, um alle Verhältnisse zu klären, haben die Minkener gesagt: Der Miserre ist dabei, da wird es wohl nicht so schlimm werden. Wurde es aber. In der Volksschule in Aerzen, wo wir am 20. 6. 1946 als Vertriebene aus Minken ankamen, lag Mama krank auf dem „Genistlich" und am Ende ihrer Kraft.

Unterernährt, stellte der Arzt fest. Wären die Tränen gesammelt worden, die Mütter weinten nach der Vertreibung, hätte man Heimweh wiegen können und wüßte exakt, wie schwer es ist. Papa und meine große Schwester liefen tagelang durch Aerzen, klopften an manche Tür und baten um Herberge. Bei Familie Mestmäcker – das Haus gibt es nicht mehr – wurden wir aufgenommen von guten Menschen. Heiligabend 1946 bat Dorothea Mestmäcker, die Hausfrau, alle Hausbewohner, die neuen wie die alten, in die Stube zum erstrahlenden Weihnachtsbaum. Das war ein Licht in der Finsternis.

Meine Schwester und ich zogen bald aus Aerzen weg, Papa ging auf die Domäne arbeiten, Karl war Schüler, die beiden ältesten Söhne kehrten nicht aus dem Krieg zurück. Auch dieser Krieg wird einmal ein Ende haben, schrieb mein Bruder Ernst in seinem letzten Brief, dann komme ich nach Hause und kann euch helfen, dann brauchen wir aber noch mehr Pferde.

Mama bekam einen Schrebergarten in Aerzen am Greberg, wo sie sich ausweinen konnte, wie sie selber sagte. Erst 1955 erhielt sie eine Nachricht vom Tode ihres Sohnes Hans-Georg. Ein Kriegskamerad schrieb: Ich habe ihn auf dem Panzer tot liegen gesehen. Papa wurde noch einmal zum Bürgermeister gewählt, diesmal von den Aerzenern. Zwanzig Jahre nach unserer Ankunft in Aerzen, teilte man die staatliche Domäne auf. Siedlungshöfe entstanden, einer davon ist der Miserre-Hof. Zweimal in meinem Leben habe ich meinen Papa schluchzen gehört: 1944 im Herbst, als meine Eltern die Nachricht vom Tod meines Bruders Ernst erhielten, der in Rumänien gefallen ist, und 1987, als Mama starb. Meine Eltern verließen uns in der Reihenfolge ihrer Geburtsjahre, Mama 1987, Papa 1988. Zwischen diesen beiden Sterben liegt das Lebensende ihrer ältesten Tochter Hildegard, meiner großen Schwester. Bei der Beerdigung meines Vaters würdigte Georg Exner, auch ein Minkener wie wir, Papas Verdienste während seiner Amtszeit in Aerzen. Willi Kinast, auch ein Minkener wie wir, trat ans Grab und sprach ein letztes Mal in wörtlicher Rede zu meinem Papa und gab ihm drei Handvoll Heimaterde mit hinein.

„Ob ich in den Himmel komme?“ war Papas Frage kurz bevor er starb. „Bestimmt! Wer ein so guter Mensch wie du ist, der so vielen anderen Menschen geholfen hat, muß in den Himmel kommen.“ Meine Eltern sind tot, sie haben nie das Meer gesehen. Mit ihnen starb ein Gutteil schlesischer Art. Sie waren Bauersleute bis auf den Grund und ans Ende ihrer Tage.

Zeigt her Eure Füße, zeigt her Eure Schuh

Vorigen Herbst erfüllte sich ein Kindertraum. In einem Schaufenster in Berlin standen ein Paar hohe Schuhe mit Ösen und Haken. Meine Mama hatte immer in Minken gesagt, wenn ich die Brüder um das flinke Zuschnüren ihrer hohen Schuhe beneidete, während ich beim Anziehen in Ösen fädeln mußte, Haken seien nur an Jungenschuhen und nichts für kleine Mädel.

Die hohen Schuhe aus schwarzem Leder im Schaufenster in Berlin, als hätten sie eigens auf mich gewartet, wurden gekauft. Sie müssen jetzt besohlt werden. Wie gern brächte ich meine hohen Schuhe in Minken zum Schuhmacher. Zu welchem? Das müßte entschieden sein.

Auf dem Kret-Ende wohnte Karl Werft, der Werfte-Schuster, auf der Bahnhofstraße der Wende-Schuster, in der Köberleingasse Schuhmacher Franz Soport, auf dem Tuhm der Brockel-Schuster, Teuer Gottlieb und Schuhmachermeister Alfred Knappe. Wer als Kind gern Fahrrad fuhr, sauste zum Schuster nach Korsawe.

Schuhmachermeister Knappe arbeitete in einer Schuhfabrik in Breslau, wohin er täglich mit der Eisenbahn fuhr, besorgte aber zu Hause seine Minkener Kunden. Teuer Gottlieb hatte viel Arbeit, denn bei keinem anderen Schuster in Minken habe ich so viele reparaturbedürftige Schuhe auf einem Haufen gesehen wie gerade bei ihm in seiner Werkstatt.

Die Minkener Schuhmacher saßen wortkarg auf ihrem Schemel am Schustertisch, der bei allen vor einem Fenster stand. Brachte man ihnen

Schuhe zum Besohlen, wurden sie eingehend in- und auswendig betrachtet. Vor diesen kritischen Blicken mußte man als Kind großen Respekt haben.

Brockel-Schuster, der älteste aller Minkener Schuhmacher, hatte seine Werkstatt in der Küche, die im Winter gleichzeitig Schlafzimmer war. Trat man ein in die geräumige Stube, hantierte die Meisterin links vorne am gekachelten Küchenherd. Links hinten in der Ecke standen, das dichtige Gebette mit einer Tagesdecke zugedeckt, die Ehebetten. Am rechten Ende der Stube saß der Meister auf seinem Schemel, umgeben von Leder, von Schuhen, Zuschneidemesser, Schnitteisen, Schabeisen und Dreifuß. Zugucken war erlaubt. Wenn der Meister die winzigen Holznägel aus Lindenholz ins helle, neue Leder klopfte, so flink, als tanze der Hammer wie von selber auf der Sohle herum, da hätte man singen können:

Schlitzka, schlitzka, Schwanehälsla,
wenn mei Voater a Schuster wär,
doas ber woas zu frassa hätta,
doas die gruße Nut ni wär.
Ritz ratz, reißt ma sich die Sohla uff,
klipp klapp, haut der Schuster doas Lader druff

Mußte der Meister nähen, wichste er den Hanffaden zum Schutz gegen Nässe mit Pech, was diesen Handwerkern in der Walzsprache die Bezeichnung Pechhengste eintrug. Dann zog er den Faden durch Wachs, damit er nicht klebe und begann mit der Ahle zu nähen.

Der Schuster macht erst einen Stiefel fertig, ehe er den anderen anfängt, heißt ein altes Sprichwort.

Meister Brockel führte auch die neuesten Modelle in Filzschuhen, Latschen, Pantoffeln, Sandalen und Lederschuhen für die Minkener, die zum Schuhekaufen nicht extra nach Ohlau, Bernstadt, Brieg oder Breslau fahren mochten. Neben dem Kachelofen führte eine Tür in die Kammer, darin ein Regal voller Schuhschachteln stand. Den Verkauf besorgte die Meestern. Sie hatte den in Minken einmaligen Vornamen Thekla. Die Anprobe erfolgte in der Kammer, gelaufen wurde bis zum Meister, der der Sache wenig Beachtung schenkte.

Eine Narbe an meinem linken Fußknöchel erinnert mich heute noch an glückliche Kindertage in Minken: Wintervormittag in der Schenke des Großvaters: Er geht zum Wandschrank, holt Geld aus der Kasse, legt es in meine Hand und sagt: Lauf zum Brockel-Schuster. Grund war eine Wunde, die nicht heilen wollte, weil das Leder meiner hohen Schuhe scheuerte.

Eilig ging es die Dorfstraße entlang, bei Laugwitz vorbei, Schmalisch-Bäcker, das rechte Schaufenster von Krautwurstes mußte überwunden werden, all das feine Porzellan und die Stickdecken, Frisör Heinze und Schmalisch Otto, das Gritzke-Haus mit der Fahrradhandlung. Im ersten Stock hatte Herr Gritzke senior an der Außenlaibung seines Fensters einen Spiegel angebracht, der ihm ermöglichte, bis zum Ring zu sehen. Wer im Zentrum kam und ging.

In Minken wurde viel gegangen. Wie hätten sonst sechs Schuhmacher bei eintausenzweihundertacht Einwohnern Arbeit haben können. Jetzt wurde die Dorfstraße überquert, denn das Haus, darin Brockel-Schuster wohnte, es gehörte zur einstigen Kiontke-Wirtschaft und war Eigentum von Junak Oskar, lag zwischen den Bauernhöfen Kunze Erwin und Junak Oskar.

Mit braunkarierten Filzschuhen, die je Schuh zwei Blechschnallen hatten – eine Vierkantöse auf der einen Seite, einen Kniehebel auf der anderen – kehrte ich zu meinem Großvater zurück. Ob er mit meinem ersten Schuhkauf zufrieden war?

Für sich selber hielt er nichts von Filzschuhen. Wochentags trug er Stiefel und sonntags blankgeputzte, knöchelhohe, geschlossene Lederschuhe, die an der Seite ein eingearbeitetes Dreieck aus Gummiband hatten. Wickelgamaschen, wie mein Onkel Paul Dzierzon, oder Ledergamaschen wie Heinrich Karl aus Ziegelhof, trug er nicht.

Knöppelschuhe waren in Minken schon nach der Jahrhundertwende altmodisch. Ein Paar aber existierte noch in den vierziger Jahren bei der Hirschfelden, das meine Freundin Erika Adam erbte. Zu einer Zeit, als unsere Füße wuchsen, und das Wachsen keine Rücksicht auf verknapptes Schuhwerk der letzten Kriegsjahre nahm.

Knöppelschuhe sollen einmal eine schicksalhafte Rolle bei einem Heiratsantrag gespielt haben, den der Gutsbesitzer Assmann aus Groß-Zöllnig meiner Großtante Emma Kinast machte. Die Schneiderin Tante Bertel, spätere Frau Junak, soll gesagt haben: Den kannste nich heiraten, der hat ja noch Knöppelschuhe an. Da hatte es dem jungen Herrn Assmann gar nichts genützt, die Schuhe wie die Pferde im Mühlatschützer Wald noch einmal abzuwischen, um blankgeputzt in den Schimmel-Kinast-Hof einzubiegen. Emma wies ihn ab.

Auf größtem Fuß in Minken lebte Herr Gemeindeschreiber Kurt Liebe. Am Fahrrad meiner Schulkameradin Eva Winter baumelten einmal seine Halbschuhe, die sie gerade vom Schuster geholt hatte. Ohne den mächtigen Mann darin, sahen sie noch größer aus als sonst. Wir nannten sie Oderkähne. Herr Liebe hat sie sicherlich nach Maß anfertigen lassen, wie es noch im 19. Jahrhundert Brauch war.

Im Hamburger Kunstgewerbemuseum hängt ein Kupferstich „Schuhmacher beim Anprobieren und Maßnehmen" aus dem 17. Jahrhundert. Da kniet der Schuhmacher, angetan mit Wams und weißem Kragen vor einer Dame in deren Boudoir. In Norddeutschland gingen noch im 19. Jahrhundert die Schuhmacher mit Material und Werkzeug ins Haus, wenn die Bäuerin zu ihrem Mann sagte: Fritze, diu moßt woll na n Schauster hen. Wi sind alle ganß aferetten un hebt nicks mehr an n Fäuten!

Die erste bekannte Fußbekleidung unserer Vorfahren ist der Bundschuh. Damit gingen die alten und jungen Germanen in die Völkerwanderung, die 375 begann. Später wurde der Bundschuh das Feldzeichen der Bauernkriege. So einen Bundschuh kann sich jeder selber herstellen:

Man nehme ein viereckiges Stück Leder, schneide an drei Seiten Zotten und versehe diese mit Ösen. In die vierte Seite schneide man Laschen und klappe die Seite mit den Laschen wie einen Fußlappen über die Zehen. Mit einem Lederbendel verbinde man die Laschen und überkreuze die Ösen.

Das älteste Dokument des Schuhmacherhandwerks stammt von 1157. Es ist eine Urkunde, die Erzbischof Wichmann in Magdeburg ausgestellt hat:

„In all unseren Handlungen, bei denen wir etwas zum Ruhme und Nutzen der Magdeburgischen Kirche zu tun uns bestrebten, wollen wir die Freiheit als die Mutter unserer Handlungen wissen, so daß, wenn es sich um Ehre und Gemeinnützigkeit in unseren Überlegungen handelt, immer die Freiheit obenan stehe, weil Ehre und Nützlichkeit ohne Freiheit nur als feile Dienstbarkeit zu erachten sind.

Es sei daher allen Gegenwärtigen wie Zukünftigen hiermit kund, daß wir, sowohl die großen als kleinen Gewerke unserer Stadt in Ehren und Rechten unbeeinträchtigt wissen wollen, und demgemäß das Recht und den Vorstand der Schuhmacher dahin bestimmen:

daß sie keine anderen Vorgesetzten über sich erkennen brauchen, als die, welche sie mit ihrer Gemeinschaft Zustimmung selbst als Vorstand gewählt haben. Da ferner das unter ihnen bestehende Recht und ihre Ordnung jene, welche an der Ausübung des Schusterhandwerkes keinen rechtlichen Anteil haben, auf die Weise davon ausschließt, das

Fremde eine fertige Arbeit innerhalb der gesetzlichen Grenzen des allgemeinen Marktes nicht verkaufen dürfen, so bestimmen wir, daß Fremde ihre fertige Ware nur dann zum Markte bringen dürfen, wenn sie die Zustimmung aller jener, welche jenes Vorrecht, das man Zunft nennt, genießen, für sich haben."

Wie Gesellen während der Zeit von Hans Sachs aus Nürnberg und Jacob Böhme aus Görlitz, den beiden bekannten Schuhmachern, die wegen ihrer Poeterei berühmt sind, die ausgelernten Lehrlinge behandelt haben, ehe sie in die Gesellenschaft aufgenommen wurden, weiß eine alte Chronik zu berichten:

„Bei den Schuhmachern wurde dem losgesprochenen Lehrling der Stand des Burschen abgeschliffen. Zu diesem Zwecke mußte sich der Lehrling beim Altgesellen melden und ihn bitten, sein Schleifpfaffe zu werden. Gleichzeitig wählte er andere Gesellen als Schleifpaten. Das Schleifen war ein derber Spaß, den sich die Gesellen noch einmal, und zum letzten Mal mit dem Lehrbuben erlaubten. Während der Bursch eine lange Predigt mit allerlei Ermahnungen über sich ergehen lassen mußte, wurde er geprügelt, geohrfeigt, mit Bier übergossen, an Haaren und Ohren gezupft und gebeutelt, bis ihm Hören und Sehen verging. Der Mißhandelte durfte sich nicht nur nicht mucksen, sondern er mußte sich zu guter Letzt bei den Gesellen für die Behandlung bedanken."

Gehen wir in Gedanken noch einmal in unser Dorf. Bei herrlichem Sonnenschein kehrte der größte Teil der Minkener Bevölkerung im Mai 1945 nach viermonatiger Abwesenheit von der Flucht zurück.

Die Feldbestellung war nicht getan, der Kartoffelacker nicht gepflügt. Der im Herbst gepflügte Rübenacker lag in ausgetrockneten, harten Schollen breit, die man nur schwerlich mit der Egge krümeln konnte. Darein wurden Kartoffeln gesteckt. Mein Vater bediente die Lochmaschine, die Frauen von der gemeinsam durchlebten Flucht auf unseren Wagen, legten Kartoffeln in die gemachten Löcher. Ich war Stallbursche, mußte die Pferde antreiben und hatte Holzschuhe an. Immer, wenn ein Stolperklumpen auf meiner Spur lag, riß ich an der Leine. Die Furchen wurden dadurch krumm und schief. Die Folge war heftiges Schimpfen meines Vaters, denn eine gerade Furche ist für den Bauern so wichtig, wie für den Pfarrer eine gute Predigt. In meiner Not warf ich die Holzschuhe von den Füßen und lenkte die Pferde barfüßig. Die Frauen wagten nicht einzugreifen, sagten aber später meiner Mutter: Doas Mädel hott uns asu leid getoan.

Als die Kartoffeln wuchsen und das Korn hochstand, kamen die Polen ins Dorf. In Peisterwitz hatte sich die polnische Miliz etabliert und meinen Onkel Oskar Miserre gefangengenommen. Papa wollte seinen Bruder befreien und verlangte ihn heraus. Der polnische Milizer war einverstanden, wenn er ihm ein Paar schwarze Stiefel brächte. Noch einmal putzte ich Papas Stiefel, diesmal mit Spucke. Onkel Oskar kam frei.

Wie dringend der Pole schwarze Stiefel brauchte, erkannten wir, als er alle Deutschen auf das Kret-Ende vor Ottmanns Haus beorderte, um uns mitzuteilen, in Zukunft weiße Armbinden zu tragen. Bei Nichtbefolgen drohe Gefängnis. Während der Aufführung auf dem Kret-Ende, hatte er rote Stiefel an.

Die Willkür der Polen machte, kaum war der Befehl ausgesprochen, Bäuerin Mariechen Poguntke, Rudolf König, Niechziol Paul und Schüller Martha zu Gefängnisinsassen im Spritzenhaus.

Als ich vom Pilzesuchen im Peisterwitzer Wald über die Felder nach Hause lief, allein, Frau Poguntke, mit ihr war ich suchen gewesen, hatte den Wald schon vor mir verlassen, kam mir meine Mama aufgeregt mit einer weißen Armbinde entgegen und rief:

Die Polen haben Frau Poguntke eingesperrt.

Der letzte Akt dieser grenzenlosen Willkür brach mit dem 14. Juni 1946 an, als der Sonderbefehl im Aushang hing. Abgeschafft, der letzten Habe beraubt, traten wir den langen Marsch der Vertreibung an, in was für Schuhen auch immer.

Pringsheims zwischen Minken und Mühlatschütz

Im Heimatblatt für die Kreise Strehlen und Ohlau, Septemberausgabe 1990, hat Eberhard Bittner in „Gedenken an Universitätsprofessor Dr. Alfred Pringsheim" u. a. geschrieben: Er wurde in Ohlau als Sohn des Kaufmanns Rudolf Pringsheim geboren, dessen Vorfahren nachweislich bereits im 18. Jahrhundert in Schlesien ansässig waren.

Wenn man von meinem Heimatdorf Minken in den Mühlatschützer Wald wanderte und den Spitzbubenweg nordwärts ging, traf man auf einen Friedhof, dessen Grabsteine hebräische Inschriften trugen. Unser Heimatforscher Siegfried Kretschmer teilte mir dazu folgendes mit:

Der Friedhof der jüdischen Gemeinde Bernstadt ist der älteste des Fürstentums Oels, aber auch er ist erst unter Friedrich dem Großen erworben worden. Der älteste Grabstein dieses stimmungsvoll im Wald zwischen den Dörfern Minken und Mühlatschutz gelegenen Friedhofes scheint das Datum 5529 (1769) zu tragen. Der Friedhof ist ungefähr bis zum Jahre 1900 benutzt worden. Die Mauer neben der Leichenhalle ist, wie die Inschrift bezeugt, 1847 von dem aus Bernstadt stammenden Emanuel Pringsheim in Oppeln gestiftet worden.

Alle Träger des Namens Pringsheim sind Nachkommen des Bernstädter Mendel Menachem ben Chain Pringsheim, 1753 Brandweinschenker und Pächter des Schloß-Urbar in Bernstadt und gestorben am 21. 8. 1794.

Quellennachweis: Hermann Brilling, Münster in Westfalen; Die Juden in Mittelschlesien.

Mit großem Interesse habe ich im Heimatblatt ihren Bericht über den Judenfriedhof im Mühlatschützer Walde gelesen, schreibt unser Heimatfreund Bauer Albert Mühl. Wir sind als Kinder immer durch den schadhaften Zaun gekrochen und haben zwischen den Gräbern Pilze gesucht. Ein paarmal haben wir als junge Burschen nach dem Tanzvergnügen in Minken noch einen Ausflug zum Friedhof gemacht. Der Spitzbubenweg war links und rechts mit einer Reihe Birken bewachsen, das war ein schöner Anblick, wenn man dort entlang ging. Auf dem Friedhof gab es unter anderem auch Gräber mit teuren Marmorsteinen. Die Polen werden wohl dieselben, wie die Steine von den Gräbern unserer Angehörigen auf den Kirchhöfen in Minken, kassiert haben.

Wenn ich mich recht erinnere, war ein Grab mit der Jahreszahl 1914 dabei. Eine Familie Effenberger. Ich habe mir den Namen behalten, weil in Ohlau eine Familie Effenberger eine Fabrik betrieb, die Dreschkasten und Göpel herstellte. Ich weiß nicht, ob die Gräber zu dieser Ohlauer Familie gehörten, denn die meisten Toten wurden von Bernstadt auf den Waldfriedhof gebracht. Ein Bruder meines Vaters wußte da so allerhand zu erzählen. Er war 1859 geboren und hat in dieser Zeit, als der Friedhof noch benutzt wurde, gelebt. Ich weiß nicht, ob es nur eine Legende war oder Wahrheit ist.

Die Toten von Bernstadt wurden seiner Zeit auf Bauernwagen zum Friedhof gebracht. Und weil kein Leichenwagen vorhanden war, durften die Toten nur des nachts überführt werden. So hat es mir der Onkel Paul erzählt.

Also fuhr ein Bauer und ein Angehöriger des Toten von Bernstadt nach Mühlatschütz. In Mühlatschütz führte noch ein Weg quer durch die Felder auf den Waldfriedhof. Am Anfang dieses Weges stand ein Gasthaus. Als der Bauernwagen am Wirtshaus vorbei kam, brannte noch Licht. Der Bauer hielt an und ging hinein, um einen Schnaps zu trinken. Die Anwesenden spielten Skat.

Man fuhr weiter auf den Friedhof zu. Als man kurz vor dem Walde war, schaute einer nach rückwärts nach dem Toten. Welch ein Schreck! Der Tote bewegte sich, als wolle er sich aufsetzen. Der Bauer und der Angehörige des Toten gerieten in Panik, sprangen vom Wagen und liefen ins Wirtshaus zurück. Dort wurde alles den Skatspielern erzählt. Gemeinsam ging man zum Wagen zurück. Aber der Tote lag ganz ruhig im Kastenwagen und rührte sich nicht.

Die Juden wurden nicht in Särgen bestattet, sondern in lange Binden eingewickelt. Beim Fahren auf dem holprigen Feldweg hatte sich eine Binde gelöst, war durch den Kasten gerutscht, hatte sich um die Radnabe gewickelt und so den Toten bewegt.

Also etwas aus der Heimat.

Die Bestattungsart in der Minkener Erzählung von Albert Mühl. entspricht einer Anmerkung von Professor Steinschneider, geboren 1816, in dem Buch „Ut mine Stromtid" von Fritz Reuter, darin der Schriftsteller das Ende des Juden Moses schildert. Wir können die Geschichte getrost als wahr bezeichnen.

Soldatengrab

Lieber Bruder,

im Sommer war ich bei dir. Es hat mich viel Mühe gekostet, dein Haus zu finden, denn du hast mir nicht gesagt, wo du wohnst. Durch Fremde erfuhr ich deine Adresse. Eine Bäuerin hatte deinen Namen in ihr Kochbuch geschrieben, für den Fall, daß jemand käme und nach dir fragt.

Es war ein heißer Tag. Die Hitze quälte mich. Sie hing wie Blei über dem fremden Tal.

Erst suchte ich dich am Waldrand unter hohen Bäumen neben Geißbart und Farn. Dort hoffte ich deine Behausung zu finden, aber du warst nicht da.

Dann suchte ich dich in der Siedlung. Jedes Haus habe ich geprüft, die Inschriften gelesen, die Blumen betrachtet, die stummen und blinden Blumen. Eine Handvoll Sand hob ich vom Wege auf und ließ sie durch meine Finger rieseln. Du warst nicht da. Schon wollte ich gehen, als ein Mann kam und sagte, da drüben hinter der Kirche sei noch eines.

Zwischen Eibe und Kiefer sah ich das Dach deines tiefen Hauses. Es ist mit Geranien und Tagetes bewachsen, aber es will mir nicht gefallen. Du bist mit hundertneunundvierzig fremden Menschen zusammen, zusammen in einer lichtlosen Kammer.

Wie konnte Gott das zulassen!

Ich habe mich zu dir gesetzt und zu den anderen, deren Namen ich lesen mußte, um deinen finden zu können. Meine Füße taten weh, und an den Fersen hatte ich Blasen.

Deine Füße sind starr. Dein Blut ist erstickt. Wie Nebelschleier fallen die Jahre auf dich. Ruhst du?

Das Schicksal kam per Telefon nach Minken

Anfang des zwanzigsten Jahrhunderts, als die Gemeinden mit sparsamsten Mitteln verwaltet wurden, gab es in Minken einen Gemeindeboten, der nur dann sein Amt ausüben konnte, wenn ihn alle Bürger durch persönlichen Einsatz unterstützten. Dieser Gemeindebote, dem es oblag, amtliche Mitteilungen bekannt zu machen, hieß Klucke oder mittelalterlich Kluppe (Klemme, Klammer) und war aus Holz.

Jeweils der Bürger, der das am Holz befestigte Amtsblatt zuletzt gelesen hatte, mußte die Klucke, die die Form eines Ankers hatte, zum Nachbarn tragen. Auf diese Weise regelten die Bürger ihren Informationsstand weitgehend selbst.

Damals gab es zum Beispiel Dorfspeisungen. Bauersfrauen erfuhren durch die Klucke, wann sie dran waren, wen zu beköstigen. Meist handelte es sich um alleinstehende Frauen und Männer, denen Essen getragen wurde, weil sie nicht mehr in der Lage waren, für ihr leibliches Wohl zu sorgen.

Ging wirklich einmal ein Mann als Bote von Haus zu Haus, so war es der Hochzeitsbitter Stieglitz.

Während der Weimarer Republik wurde die Klucke abgeschafft, eine Personalstelle eingerichtet und ein Mann in Lohn genommen. Der letzte Gemeindebote in Minken hieß Berthold Eigenwillig. Berthold hatte die Grube Anna zur Frau, war mit einer schwarzen Aktentasche, einer großen Nase und einem Fahrrad ausgerüstet und versah seine Arbeit in freier Zeiteinteilung, was diesem Amt manchmal den Charakter des Zufälligen verlieh und in der Schicksalsnacht vom 19. zum 20. Januar 1945 bei vielen Bewohnern Ratlosigkeit hervorrief, ohne daß Berthold Eigenwillig sich dessen bewußt gewesen wäre oder er gar etwas dafür gekonnt hätte.

Tragische Ereignisse im Leben der Menschen werfen lange Schatten voraus, aber weil die Sonne noch hoch am Himmel steht, vermag man sie nicht zu sehen, doch ihre Zeichen sind da und das ahnen auch die Kinder.

An einem Sommernachmittag im August 1939, als die Erntewagen der Minkener Bauern bei flirrender Hitze durch das Dorf knirschten, saßen ein paar acht- und neunjährige Jungen und Mädel bei Laugwitzes auf den Treppenstufen und führten zögernd ein Gespräch. Da war kein Hopsekästel zu sehen, die Zehn Kameraden wurden nicht gespielt, und auch das beliebte Kaiser, König, Fürstenstein war vergessen.

Wenn es Krieg gibt, sagte ein Kind, kommen die Russen. Niemand wußte, was Krieg ist und ob die Russen nicht vielleicht Insekten seien.

Bald danach hatte Minken Einquartierung; bespannte Artillerie, leichte Feldhaubitzen, schöne Pferde, junge, gutgelaunte Soldaten. Die Feldküche aus emailliertem Blech mit dem umkippbaren Ofenrohr und dem hochgeklappten Deckel war befeuert und mit Erbsensuppe für die Dorfjugend gefüllt. Mein dreizehnjähriger Bruder Hans-Georg rief mir zu: Hol dir doch ochn Tippel, während er begeistert die dicken Speckgrieben löffelte, Lerge, schmeckt das gut.

Furier Günther und Obergefreiter Stoßer wohnten bei meinen Großeltern im Frontenspieß. Als sie weg waren, sie und die anderen Soldaten mit ihren im Bogen schießenden Haubitzen, ertönte aus dem Volksempfänger die Meldung vom Kriege. Im Gasthaus zum guten Johann standen die Männer an der Theke, und ich hörte meinen Onkel Oskar sagen: Na, wer wird siegen, ihr oder wir. Wir, sagte der Pole, der Schweizer war auf unserem Hof. Onkel Oskar schüttelte den Kopf, das solle er sich ja nicht einbilden.

Fünf Jahre später, im Winter, es war die Woche, die für die Minkener in Minken mit dem 20. Januar 1945 endete – ich war bereits schlafen gegangen – klangen Männerstimmen aus der Amtsstube in die Kinderzimmer herüber. Es war nichts Ungewöhnliches, aber soviel ich auch horchte, ein Lachen war nicht dabei. Der Stellvertreter des Bürgermeisters Oskar Junak Paul Ruhm (Feierruhm), Amtsschreiber Otto Schmalisch, Frisörmeister Albert Heinze und mein Vater, der Amtsvorsteher Georg Miserre berieten etwas. Ich vernahm Namen Minkener Familien. Es hörte sich an wie ernste, angespannte Arbeit bis tief in die Nacht.

Am 19. Januar ging ich zu meiner Tante Mariechen, der Frau von Dr. Tiltsch, praktischer Arzt in Minken. Meine Schule in Breslau hatte geschlossen, meine Brüder waren Soldat und Hans-Georg löffelte jetzt von berufswegen Erbsensuppe aus Blechnäpfen. Lawatsch Liesel, die Schwester von Pfarrer Lawatsch erschien und erzählte, einige Familien hätten Zettel bekommen, Anweisungen mit welchen Bauern sie mitfahren sollen im Falle einer möglichen Flucht. Meine Tante fragte ungläubig: Vom Amtsvorsteher, von meinem Bruder, ja das müßte ich doch wissen, seine Tochter ist ja hier.

Ich konnte ihr keine Antwort geben, denn ich hatte auch keine erhalten auf ungefragte Fragen, und wir putzten das Haus, denn es war Freitag. Als ich am Abend heimwärts ging, sah ich Treckwagen. Unser Hof war mit flüchtenden Menschen angefüllt. Außerdem machte eine Nachschubeinheit der deutschen Wehrmacht bei uns Quartier. Zu einem Offizier, der meine Schlafstelle beanspruchte, sagte ich: Sie freuen sich sicher, wieder einmal in einem Bett schlafen zu können. Er antwortete: Das habe ich jede Nacht. Unser Haus war belagert. Meine große Schwester wich zu den Großeltern aus. Wir hatten nur noch das Elternschlafzimmer für uns, aber weder unsere Mutter, noch mein kleiner Bruder Karlchen, noch ich, konnten schlafen. Eine quälende, dumpfe Unruhe lag über uns. Plötzlich läutete das Telefon. Mama lief an den Apparat. Der Anruf kam aus Ohlau von der Kreisleitung und enthielt die Nachricht, Minken sei morgen früh um 6 Uhr zu räumen.

Zieh dich an, sagte die Mutter zu mir, du mußt Bescheid sagen gehen. Ich sah sie noch vom Hausboden Koffer und steifgefrorenes Unterzeug von der Leine bringen, das aussah wie kopflose Vogelscheuchen. Ich ging zunächst zu den Großeltern. Dort war alles dunkel, ich weckte meine Schwester, die packen kommen sollte und eilte weiter zu unseren Nachbarn Franz Schmidt, da brannte noch Licht. Gemütlich saßen die Mutter meiner Freundin Trudel, Gerda Kittner, Erwin Kittner und Fritz Wende, beides Freunde meines Bruders Ernst, die auf Urlaub waren, Fritz hatte ein Bein verloren und Erwin sollte seinen Arm in den letzten Kriegstagen opfern müssen, am warmen Kachelofen, tranken selbstgebrauten Wein aus der grünen Kruke und sahen mich ungläubig an.

Wir müssen flüchten, die Russen kommen, war meine stereotype Aussage. Wem alles ich diese Schreckensbotschaft gebracht habe, hat mein Gedächtnis gelöscht. War ich nicht sogar mit der Klingel unterwegs gewesen? Geblieben ist der Eindruck der Vierzehnjährigen von einer lautlosen Winternacht, in der sie mitten auf der Dorfstraße ging wie auf einer Buhne. Es gab noch viel Aufregung in dieser Nacht und manchen Bürger, der die Amtsstube stürmte, weil er wissen wollte, zu welchem Bauernwagen er eingeteilt worden war für die Flucht. Jetzt kam heraus, was Berthold Eigenwillig in freischaffender Souveränität versäumt hatte. Berthold war auf seinen Botengängen mit den amtlichen Mitteilungen, dem Resultat jener Nachtarbeit in der Amtsstube, stecken geblieben. Sein Weg hatte ihn am Gasthaus Laugwitz vorbeigeführt. Berthold Eigenwillig fror und wünschte sich aufzuwärmen. Er ging in die Gaststube, legte die schwarze Aktentasche mit den Anweisungen auf den Tisch, genehmigte sich einen Korn und dachte bald, morgen ist auch noch ein Tag.

Der nächtliche Besuch meiner Tante Marthel Liebske bei meiner Mutter, zeigte mir die ungleiche Meinung beider Schwestern. Sie ginge nicht von zu Hause weg, nicht bei der Kälte ins Ungewisse, das sei Mord. Der Bauer Kornäcker-Kosok trat in die Amtsstube und sagte zu meinem Vater: Jorg, ich bleibe, ich bin ein alter Mann, wenn ihr wiederkommt und ich lebe noch, werd ich euch erzählen, wenn nicht? Er zuckte die Achseln. (Um es zu sagen; alle, die im Dorf zurückgeblieben sind, wurden bei unserer Rückkehr nach Minken erschossen aufgefunden).

Meine Großmuttel klammerte sich an ihren Herd und weigerte sich das Haus zu verlassen. Mein Großvater brachte es nicht übers Herz ihr die Finger, die ganz weiß waren, mit Gewalt zu lösen. Sie blieben zunächst zurück, auch als unsere Wagen mit den angespannten Pferden in den Höfen standen. Meine Mutter schlachtete noch schnell den großen Puter, hing ihn an die Wagenrunge. Unsere Ukrainermädel Nataschka und Olga weinten und riefen: Chefin, nimm uns mit!

Wer soll denn das Vieh füttern, tröstete meine Mutter, die Russen werden euch doch nichts tun. Aber unser Ackerkutscher Leo, der Pole, blieb nicht. Er flüchtete mit uns mit. Die kriegsgefangenen Franzosen im Dorf hatten sich etwas ausgedacht, sie wollten über Odessa den Heimweg nach Frankreich antreten.

Um sechs Uhr standen die Bauernwagen auf dem Ring. Familien mit ihrem Gepäck wurden zugewiesen. Im Finstern wurde gelärmt, Kinder weinten. Aber am schlimmsten in dieser Nacht war mir die Szene auf unserem Hof, da stand ich stumm mit taubem Herzen.

Langsam setzten sich die Pferdegespanne in Bewegung und bildeten einen Treck, der im Peisterwitzer Wald nicht weiterfahren konnte, weil die Straße bereits mit Fahrzeugen und Militär verstopft war. Es begann erneut zu schneien. Onkel Konietzke, den meine Geschwister und ich Opapa nannten, saß im angehängten Plauwagen, klopfte ans Fenster und rief: Weiter foahrn! Karlchen und ich, die wir uns, so hatte es Mama angeordnet, an der Federung des Plauwagens festhielten und durch den Schnee stapften, mußten den alten Mann, der fror und nichts begriff, beschwichtigen.

Fluchtweg des Minkener Trecks

80 Wagen, 140 Arbeitspferde, 1.000 Menschen

Unsere Flucht

20. Januar 1945
In der Nacht packen. Früh um 6 Uhr mit den Wagen los.

21. Januar 1945
Übernachtet in Marschwitz Kreis Ohlau, auf dem Fußboden einer kleinen Stube gelegen, 28 Leute.

22. Januar 1945
Übernachtet in Großburg Kreis Strehlen, bei dem Kaufmann Koenecke im Schlafzimmer in den Ehebetten. Nächsten Tag Radpanne, Pferde beschlagen lassen, noch eine Nacht geblieben.

24. Januar 1945
Übernachtet in Langseifersdorf, im Gutshaus, im großen Eßzimmer, 68 Mann, wieder auf den Dielen, dem Fußboden gelegen.

25. Januar 1945
Übernachtet in Weißkirschdorf Kreis Schweidnitz, bei einer Siedlerfamilie im Wohnzimmer auf Stroh gelegen. Unsere Hilde mit dem Fahrrad nach Käntchen gefahren.

26. Januar 1945
Ankunft in Dittmannsdorf Kreis Waldenburg. Im Gasthaus Quartierzettel empfangen.Wir, unsere Familie, bei Frau Kinner Quartier bezogen, Pferde bei Bauer Hoffmann untergebracht. Dort geblieben bis 22. Februar 1945.

22. Februar 1945
Abfahrt von Dittmannsdorf. Übernachtet in Wüstegiersdorf.

23. Februar 1945
Abfahrt bei strömendem Regen bis Volpersdorf bei Neurode. Dort bei einem Bergmann übernachtet, gut untergebracht.

24. Februar 1945
Sturm und Schneeschauer, noch einmal übernachtet, den 25. Februar abgefahren.

25. Februar 1945
Ankunft in Tunschendorf. Übernachtet in der Schule auf Stroh, sehr kalt, nichts zu heizen.

26. Februar 1945
Ankunft in Deutsch-Wernersdorf. Übernachtet auf einem Bauernhof in der großen Wohnküche auf dem Fußboden, aber sehr warm.

27. Februar 1945
Ankunft in Hronow, in einem Saal auf Stroh übernachtet.

28. Februar 1945
Ankunft in Böhmisch-Skalitz. Übernachtet in einem Kino auf Stroh, mehrere Tausende. Trecksperre bis 7. März.

8. März 1945
Weiter bis Josefstadt getreckt. Übernachtet in einem Jugendheim auf Stroh, sehr kalt, Karlchen erkrankte dort schwer. Onkel Konietzke gestorben. Noch immer Trecksperre. Junge von Bochnig gestorben. Geblieben bis 16. März.

16. März 1945
Ankunft in Opotschno. Übernachtet in einem kleinen Saal auf Stroh. Die anderen Minkener im Kloster geschlafen, auch auf Stroh. Bauer Paul Schaar gestorben.

17. März 1945
Ankunft in Reichenau. Übernachtet im großen Saal auf Stroh.

18. März 1945
Ankunft in Lukawitz. Mama gestorben. Sie liegt auf dem Friedhof in Lukawitz. Quartier bei Vincens Seidel die Dachkammer bezogen. Dort verblieben bis 5. Mai 1945.

5. Mai 1945
Zurück nach Deutschland.

9. Mai 1945
Ankunft in Grenzeck bei Bad Kudowa. Den Einzug der Russen abgewartet. Dort geblieben bis 15. Mai.

15. Mai 1945
Abfahrt unter vielen Mühen in die Heimat nach Minken.

20. Mai 1945
Ankunft in Minken, erster Pfingsttag.

Luise Miserre, geb. Kinast 1897 – 1987

Der Passierschein aus Bad Kudowa

Seit den Maitagen 1945 sind viele Jahre vergangen. Wer Erinnerungen hat, kann zu jeder Zeit und Stunde daran denken, aber im Mai wird es ihn überfallen, und seine Füße tragen ihn noch einmal Höhen und Täler entlang, in die Ebene, aus der er kam und die seine Heimat ist.

Auf dem Weg von Lukawitz in der Tschechoslowakei nach Minken, trafen wir am 9. Mai in Bad Kudowa ein. Wir hatten die Nacht davor in der überfüllten Ziegenhalsbaude geschlafen und auf dem Fußboden

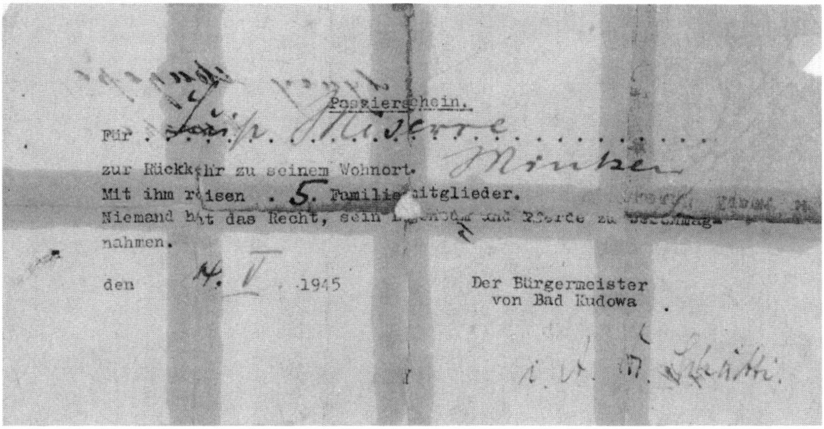

Passierschein.

Für ....

zur Rückkehr zu seinem Wohnort. Minken

Mit ihm reisen . 5. Familienmitglieder.

Niemand hat das Recht, sein Eigentum und Pferde zu beschlagnahmen.

den 14. V. 1945

Der Bürgermeister
von Bad Kudowa

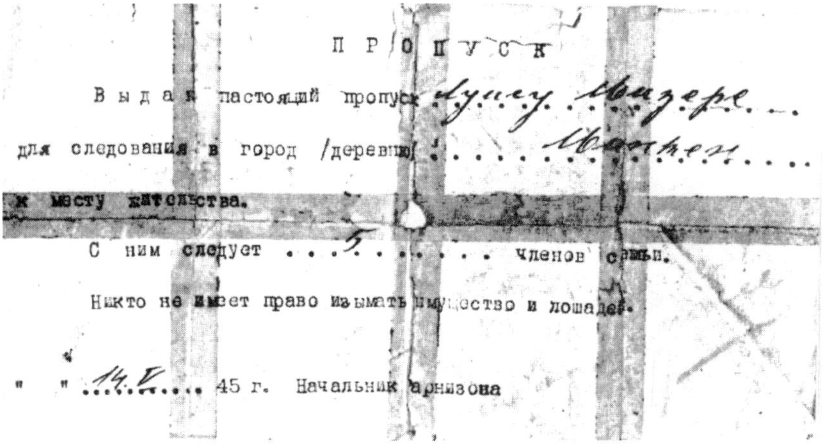

ПРОПУСК

Выдан настоящий пропуск ....

для следования в город /деревню/ . Минкен . . . . .

к месту жительства.

С ним следует . . . 5 . . . . членов семьи.

Никто не имеет право изымать имущество и лошадей.

" " . 14.V. . . 45 г. Начальник гарнизона

liegend, übers Radio nach Bekanntgabe der bedingungslosen Kapitulation, den frenetischen Freudentaumel der Sieger gehört.

Am frühen Morgen stand der Treck an einer Straßenkreuzung, an der meine Mutter, Paul Ruhm (Feierruhm) unser Treckleiter und andere Minkener die einzuschlagende Route besprachen. Ich war damals fünfzehn Jahre alt, die Wochen davor wie eine heiße Kartoffel von Görlitz nach Coburg und wieder zurück gereicht worden, hatte nach einer abenteuerlichen Reise meine Familie wiedergefunden und fühlte mich in der Nähe meiner geliebten Mutter aufgehoben und sicher. Wo wir entlangtrecken würden, interessierte mich nicht weiter. Meine Neugier galt vielmehr einem deutschen Soldaten, der mit drei schönen Pferden auf einer Anhöhe hielt. Ich ging zu ihm und fragte, was er vorhabe, ob er alle Pferde brauche und ob er mir nicht ein Pferd schenken wolle. Er lachte und meinte, er nähme alle drei Pferde mit nach Hause. Ist er jemals durchgekommen?

Unsere Gespanne zogen an, wir nahmen die Straße nach Norden und liefen durch das zauberische Land der Grafschaft. Zwischen Adlergebirge und Heuscheuer bewegte sich der Treck nur langsam voran. Mein Großvater hatte Zeit, an den Wegrändern nach brennbaren, wohlschmeckenden Kräutlein für seine Pfeife zu suchen. Omama, die Storchentante aus Minken, saß im Planwagen auf einem Säckel Zucker und sehnte sich nach einem kühlen, frischen Rhabarberblatt für ihre heiße Stirn.

Dieser unvergessene Mai 1945 mit seinem sonnigen, warmen Wetter, führte uns durch Gebirgsgegenden, die man, so herrlich sie waren, von unserer Ebene durch erschwerte Geländegängigkeit zu unterscheiden hatte. Alle Minkener Pferde, Sankt Georg preise sie selig, von Jugend an ans Flachland gewöhnt, dort geboren und großgezogen, haben ihre Feuerprobe schon auf dem Weg in die Tschechei bestehen müssen, fehlte doch an den meisten Ackerwagen eine Bremse, denn Minkens höchste Erhebung ist der Bahndamm. Ich habe oft Reißaus genommen, meistens mit Erfolg , und den Tadel meiner großen Schwester riskiert, wenn bei Talfahrten das lange, dicke Rundholz auf die eisenbeschlagenen Rädern geschoben wurde und festgehalten werden mußte, dann sauste ich mit dem Fahrrad davon. Die Frauen umfaßten mit ihren kräftigen Armen den Stamm, schoben die Füße weit vor und schlürften in der Schräglage ihrer Körper Schritt für Schritt über die Straßendecke. Liebschwager Otto nahm die Zügel kurz, das Deichselende wurde hochgerissen, die Pferde reckten die Hälse, als das Kummet zu rutschen begann, und an den Hinterbeinen störte sie die Waage.

Auf einer dieser Paßstraßen löste sich einmal ein Wagenrad. Es rollte an uns vorbei dem Abhang zu. Starr vor Schreck erblickten wir den steilen, tiefen Grund und wähnten uns verloren. Gebannt sahen wir zu, wie das Rad immer schneller wurde, doch bevor es abzustürzen drohte, berührte es einen Kilometerstein, kam ins Torkeln und fiel beim nächsten Stein klapp ins Gras.Wir hatten einen Schutzengel.

In Bad Kudowa hielt der Treck vor dem Kurhotel Fürstenhof. Die Wandelhalle mit ihren großen Bogenfenstern, wo in normalen Zeiten die Kurgäste lustwandeln und ihr Heilwasser trinken, war als Schlafsaal eingerichtet worden für die von der Flucht zurückkehrenden Trecks und überfüllt. Ich suchte mir einen Platz zum Schlafen auf der Straße zwischen Vorder- und Hinterrad unseres Wagens. Im Rinnstein sitzend, die Arme auf den Knien und den Kopf in die Arme gelegt, wollte ich für die Nacht bleiben. Aber meine fürsorgliche Mutter kam und riß mich aus den Träumen. Sie hatte noch ein Eckel im Schlafsaal ergattern können. Im Kurpark gab es Verwüstungen. Aber die Heilquelle quoll wie ein unwandelbares Zeichen des Lebens, rein und stetig aus der Erde hervor.

Die nächste Nacht und vier weitere Tage blieben wir in dem kleinen Dorf Genzeck in der Nähe der Stadt. Bad Kudowa war russische Garnison. Nachts hörten wir die Sieger lärmen und Mädchen schreien. Tagsüber suchten russische Soldaten nach deutschen Wehrmachtsangehörigen. Großvatel hatte auf dem Weg nach Bad Kudowa eine Militärmütze gefunden, sie aufprobiert und sich gefreut, weil sie paßte. Beim Durchsuchen der Wagen wurde sie gefunden und die Russen nahmen meinen Großvatel ins Verhör. Da er gerne Hosen aus grauem Tuch trug, wurde dem 75 jährigen Mann fast noch die wehrmachtsähnliche Hose zum Verhängnis. Am selben Tag traf Heinze Hilde den Müller Max aus Minken in einem Jeep auf der Straße in Grenzeck. Max wechselte ins zivile Leben über und kutschierte einen Minkener Treckwagen. In Volpersdorf, wo wir wegen eines kranken Pferdes zurückbleiben mußten, fuhr er an uns vorüber und rief: Einigkeit macht stark. Sein Vater war der Ofensetzer und Fliesenleger in Minken. Wenn ich alles leiden kann, hat er aus Jux gesagt, aber bloß keinen hölzernen Kachelofen.

Als die Stadt ruhiger wurde, besorgte meine Mutter in Bad Kudowa auf der Bürgermeisterei einen Passierschein. Der russische Propusk ist vom Naschalnik Garnisona unterschrieben, mit rotem Buntstift. Die deutsche Fassung trägt die Unterschrift von Dr. Schätti. Der Passierschein hat folgenden Wortlaut: Für Luise Miserre – zur Rückkehr zu seinem Wohnort Minken – mit ihm reisen 5 Familienmitglieder. – Niemand hat das Recht sein Eigentum und Pferde zu beschlagnahmen.

Dieses Dokument war so wichtig wie die Luft zum Atmen. Meine Mutter hütete es wie ihre Kinder. Wurden wir angehalten von den Siegermächten und aufgefordert unsere Pferde herzugeben, nestelte es Mama zum Vorzeigen heraus. Der Passierschein verfehlte seine Wirkung nie, und manch russischer Soldat mußte uns unverrichteter Dinge weiterziehen lassen. Nur einer von ihnen hielt sich dennoch schadlos. Während des Fahrens schnitt er heimlich mein Fahrrad vom rückwärtigen Schieblich ab. Durch einen Schlitz der Plane konnte ich seine Hände beobachten.

In Volpersdorf erkrankte unser Rappen. Meine Mutter glaubte schon, er müsse krepieren. Aber da erschien Omama, die resolute 84 jährige Hebamme mit ihrem Irrigator voll lauwarmem Seifenwasser und gab dem Pferd ein Klistier. Der alte Rappe erholte sich nur langsam. Wir waren nicht reisefähig, deshalb fuhr der Minkener Treck ohne uns weiter. Wir konnten es alle nicht erwarten, nach Hause zu kommen, das war klar. Nur unsere Nachbarn Franz und Gertrud Schmidt warteten, bis das Pferd imstande war, einen Wagen zu ziehen. Wir treckten, jetzt nur noch drei Wagen, konnten aber nicht hoffen, die anderen Treckwagen einzuholen, denn sie hatten zwei Tage Vorsprung.

Als wir das Eulengebirge verließen, fehlte plötzlich der Großvater. Tante Mutti bat meine Mutter umzukehren. Er wird schon wiederkommen, sagte sie nur. Tante Mutti ging zurück, ich sehe noch ihren einsamen Rücken. Emma, bleib hier, rief Mama, wo willst du ihn denn suchen? Im Laufe des Tages tauchte er auf, frisch rasiert, gut gelaunt und Haare geschnitten. In einem der verlassenen Dörfer, die wir passiert hatten, arbeitete schon wieder ein heimgekehrter Frisör. Das gab Schwung. Gnadenfrei, die Stadt der Taschentücher und des feinen Leinens, totenstill die Straßen, auf dem Kopfsteinpflaster klang das Klipp-Klapp der Pferdehufe wie ein Weckruf, aber niemand war da. Rhabarberfeld in Sicht. Omama gebot uns zu halten. Der vordere Schieblich wurde an die Deichsel gestellt und die alte Frau heruntergelassen. Mein Bruder Karl, damals acht Jahre alt, und ich krempelten das Zuckersäckel auf und tunkten die frischgezogenen Rhabarberstangen ins weiße Kristall. Ungewohnte Fruchtsäure verzerrte unsere Mienen, und wir lachten. Omama erhielt endlich ihr frisches, kühles Rhabarberblatt, das sie erfreut auf dem Kopf trug. Wir fuhren weiter. In der Nähe von Strachau übernachteten wir auf einem ausgeplünderten Gut. Im Schloß waren Russen. In der großen Scheune lagen all unsere Mitreisenden, alle schliefen sie in der Scheune, auch meine Mutter, mein Bruder, Großvatel, Tante Mutti, nur meine Schwester weigerte sich, sie schlief im Treckwagen, ebenso Omama und ich. In die unheimliche Nacht hinein klagte Omama, mei Kreuze, mei Kreuze, ihr Madel hott an bessern Plotz! Weil sie gar nicht aufhörte zu jammern, tauschten wir, aber es dauerte nicht lange, da erflehte sie ihre alte Kaule zurück.

In der Ebene! Wie wunderbar! Der Fuß stand wieder waagerecht in der Landschaft. Frei schritten wir aus, aber die Landstraße von Ohlau nach Minken hatten wir noch immer nicht erreicht. Spannung wuchs mit jedem Kilometer. Gerüchte, wie von Zauberhand ausgestreut, verbreiteten sich. Das furchterregendste davon: Sobald wir die Oderbrücke passieren, werden wir erschossen. Die letzte Nacht unserer Rückreise nach Minken verbrachten wir auf dem Versuchsgut Ohlau-Baumgarten unter einer Wagenremise. Die Pferde standen abgeschirrt im Stall. Gleich am nächsten Morgen wollten wir versuchen, über den Fluß zu gelangen. Gab es die Brücke noch? War sie bewacht?

Im Morgengrauen umfuhr eine Horde junger, polnischer Fahrradfahrer die Wagenremise, in der unsere Wagen standen, und kreiste uns klingelnd ein. Meine Mutter mahnte anzuspannen, denn alle fürchteten ausgeplündert zu werden. Sofort lief sie mit Frau Becker und Frau Fuhrmann zur Oderbrücke. Atemlos kehrten sie zurück. Mama habe den Passierschein gezeigt und der Oderbrückenposten habe dawaitje gerufen, glaubte er doch, Pferd und Wagen seien bereit.

Noch einmal legten sich die Pferde kräftig ins Geschirr. Dann ratterten, knarrten und hüpften die Wagen über die Brücke. Begriffen wir eigentlich, was da passierte? Ich betete, lieber Gott, laß unseren Papa, unseren Ernst oder unseren Jorg schon zu Hause sein, denn alle drei auf einmal, das wagte ich selbst beim lieben Gott nicht zu erbitten. Im Peisterwitzer Wald waren wir aufgeregt. Würde noch alles stehen? Die Häuser? Unsere beiden Kirchen?

Als wir aus dem Wald heraustraten und unser Minken im Morgenlicht liegen sahen, wurden die Füße immer schneller. Die Glaserwirtschaft ist abgebrannt, rief jemand. Auf dem Bahndamm erblickten wir an der Kinast Villa, bei meinen Tanten draußen, Transparente in roter, kyrillischer Schrift. Kommandantur, entzifferten wir. Zerrissene Inlets, aufgerissene Matratzen lagen auf der Bahnhofstraße. Vor Jäschkes Haus stand mein Vater.

Foxels Verhängnis

Hunde sind des Menschen älteste Haustiere, seit neuntausend Jahren etwa. Aus Wolf und Schakal – den beiden Stammeltern – häuslich gemacht, entstanden im Laufe der Zeit dreihundert Rassen. Eine davon ist die der Drahthaar-Foxterrier, nicht zu verwechseln mit dem Kurzhaar-Foxterrier. Beide Rassen sind nicht identisch, wie aus Züchterkreisen verlautet. Die Einschreibung ins Züchterbuch im Falle einer Kreuzung sei in keinem Land der Welt erlaubt.

Der Foxel, von dem unsere Geschichte handelt, war ein Drahthaar-Foxterrier und der letzte Hund meiner Kinast-Großeltern im Gasthaus zum guten Johann in Minken. Ein fröhliches, betriebsames und unerschrockenes Tier. Seine größte Tugend war die Treue.

In Minken in Schlesien, einem Tierdorf unter anderem, durften Hunde nicht fehlen. Sie wurden zum Bellen gehalten, zum Wachen, zum Anschlagen, sobald ein Fremder das Gehöft betrat. Jeder Hund hatte eine Bude, ein kleines, festes Holzhaus in der Größe eines Waschschaffes mit einem Satteldach aus Holz und Teerpappe und mit einem ausgesägten Loch an der Giebelseite, als Ein-und Ausgang. Foxels Bude stand unter dem ausladenden Schindeldach von Großvaters Scheune, dicht am Holzstall und den beiden Plumpsklos, die meine Großmutter Abort nannte.

Großmutters Küche war es auch, wo Foxel seinen Lieblingsplatz hatte, unterm langen Tisch zu Füßen seiner Herrin. Dort zwickte er mich einmal in meine kurzen Kinderbeine, weil ich beim Sitzen auf der Bank hin- und herschlenkerte. Mein Schreck über den unverhofften Biß in die kleine Wade war größer als der Abdruck seiner Zähne. Kamen die Bierkutscher in ihren Lederschürzen ins Gasthaus und luden Fässer ab, brachten Stangeneis in Fleischkammer und Keller, wurde Foxel angebunden mit einer langen Kette am Lederhalsband, die am festgeschraubten Ring der Hundebude hing.

Foxel aber wußte, sobald er frei herumlief, sich zu benehmen. Sein Verhalten stand im Einklang mit den Wünschen der Hausbewohner. Großvater konnte überflüssiges Getue nicht leiden. Tante Mutti machte gern Aufhebens beim Füttern. Großmuttels Art war schlicht und leise, zu ihr hatte Foxel das vertraulichste Verhältnis, das sich nicht auf viele Worte stützt. Meine Cousine Luise, die vom Hund Nora im Schlitten gezogen worden war, dem Hund Lux Türenöffnen beigebracht hatte und gerne ums Haus auf einem Bein hopste, lehrte ihn auf drei Beinen gehen. Beide hüpften um die Wette.

Mein Kindheitsgefährte Ernst, sein Vater war der Elektromeister Robert Brix und Flieger im Ersten Weltkrieg, nahm Foxel gern an die lange Kette und spazierte in Großvaters Garten unter den hohen Birnbäumen umher.

Foxel war ein Jagdhund. Zu diesem Zwecke hatte ihn mein Großvater, der Jäger, in die Familie gebracht. Ein Vorsteh- und Apportierhund, der, wo er Rebhühner und Fasanen ausgemacht hatte, stehenblieb, und damit seinen Herrn zum Schießen aufforderte, um ihm danach das geschossene Wild zu bringen. Solchermaßen abgerichtet, hatte Foxel während unserer Abwesenheit von Minken vom 20. Januar bis 19. Mai 1945, die größten Chancen zu überleben.

Bindet die Tiere los! Das war eine der letzten Forderungen, die die Not der Stunde vorgab, bevor wir Minkener im Morgengrauen mit hundertvierzig Arbeitspferden auf die Flucht gingen.

Alle anderen Tiere blieben zurück, alles, was kreuchte und fleugte, ging und stand in Stall und Gemäuer.

Vier Monate später kehrten wir heim, fanden unseren Kurzhaar-Foxterrier auf dem elterlichen Bauernhof tot und angebunden vor seiner Bude liegen. Im Bauernhaus verweste Vieh, eine Kuh im Elternschlafzimmer, ein Schaf in Flur und Küche. Wohnen darin war vorerst ganz ausgeschlossen. Im Gasthaus meines Großvaters – unsere liebe Großmuttel starb auf der Flucht – blieben wir in der Billardstube.

Wer beschreibt unsere Überraschung als Foxel, der Drahthaar-Foxterrier plötzlich auftauchte. Dick und fett war er geworden. Seine Freude, uns wiederzusehen, ließ ihn schier platzen. Außer sich vor

Glück rannte er die breite Holztreppe im Hausflur rauf und runter, quietschte vor Vergnügen, während wir alle davor standen und lachten. Großvater öffnete die Küchentür und Foxel umkreiste Großmutters Platz, den Platz seiner Herrin. Er jaulte und winselte. Tante Mutti mußte ihn trösten, und ihr wich er nicht mehr von der Seite.

Es war nach der Heuernte. Bis in den Herbst 1945 holten uns russische Soldaten zum Heuverladen nach Markstädt. In unser Dorf fuhren sie mit einem Lastauto hinein, auf dessen Führerhaus ein Maschinengewehr stand, und weckten alle Minkener mit Schüssen. Vor Großvaters Gasthaus hielt das Lastauto. Die Soldaten mit ihren Gewehren in der Hand drangen in die Häuser ein und holten alle arbeitsfähigen Menschen, deren sie nur habhaft werden konnten, auch sonntags, jeden Morgen in aller Hergottsfrühe.

An einem dieser unglückseligen Morgen ging Tante Mutti – sie war damals neunundvierzig Jahre alt – in Hausschuhen, nur mit einem Nachthemd bekleidet, darüber sie ihren Mantel geworfen hatte, zum Abort, wie die Großmuttel immer sagte. Gerade das Plumpsklo verlassen, wurde sie von einem russischen Soldaten aufgefordert mitzukommen. Da stand sie nun mit aufgelöstem Haar mitten ihm Hofraum, Foxel hielt sich an ihrer Seite. Er knurrte und bellte, seine Augen zeigten Zorn. Tante Mutti wollte ins Haus gehen, um sich anzuziehen aber der Russe hatte sie mit seinem DAWAI-DAWAI schon bis vor die Fenster der Billardstube getrieben. Foxel blieb unerschrocken bei Tante Mutti und ließ den Russen nicht an sie heran.

Das war zuviel für einen siegreichen Rotarmisten. Er nahm sein Gewehr in Anschlag und schoß. Tot sank das Tier, das sich dicht bei den Beinen seiner Herrin befunden hatte, zur Seite. Wir stiegen zu den anderen Minkenern auf das Lastauto. Tante Mutti bebte und zitterte. Jetzt war nicht nur ihr Haar aufgelöst.

In Markstädt auf einem freien Gelände mit hochaufgetürmten Heuballen (aus ganz Schlesien wie uns schien), die wir in Waggons verladen mußten, schickte ein anderer Russe STARUSCHKA nach Minken zurück. Über den freien Platz zum Wald lief Tante Mutti. An den Bahngleisen entlang ging sie die acht Kilometer nach Hause.

Wer den Hund begraben hat, weiß ich nicht. Aber eins weiß ich: Foxels Verhängnis war seine Treue.

Brief des Maurers Otto Gewande, sechs Monate nach der Vertreibung durch die Polen aus unserem Heimatdorf Minken.

Polle, den 25. 12. 1946

Lieber Sohn und Schwiegertochter!

Da ich nun Deine Adresse erfahren habe, muß ich Dir ein paar Zeilen schreiben. es ist leider schon paar Jahre her, wo wir von Dir keine Nachricht erhalten haben und natürlich von uns auch nicht. Du lieber Sohn, von uns auch nicht. Wir wußten nicht, wo wir dran waren.

Nun will ich Dir unseren Leidensweg mitteilen, wie es mir und meiner Mutter und Töchter gegangen ist.

Ich bin zum Volkssturm zum Lehrgang einberufen, auf vierzehn Tage. Kam zuhause, kam vierzehn Tage zuhause, wieder Lehrgang, Sprengkommando Schwierz hinter Namslau. Das war am 10. oder 12. Januar 1945. Dann sehe ich dort, wo ich war, daß schon Flüchtlinge ankamen. Na, wir blieben noch zwei Tage da und rückten nachts um zwei Uhr ab nach Namslau. Wir kommen hin, Finanzamt, die Parteibonzen besoffen, schon alles drunter und drüber. Ich muß kurz abfassen, sonst reicht es nicht hin. Kommen auf den Ring, Ausrüstung. Auf dem Ring Partei: Stadt halten, keine Wehrmacht da. Nu, zuhause zu Fuß, melden bei der Ortsgruppe oder Kreis. Angekommen zuhause, waren schon Mutter und Emmy, Frieda weg. Alles offen. Frau Kinast und Wagner waren noch da, sind Nachmittag-Sonnabend mit der Wehrmacht mitgefahren. Ich, lieber Sohn, habe geweint. Was soll ich? Dachte –, Vieh gefuttert, reichlich gegeben, ging schlafen. Sonntagmorgen ins Dorf zum Wuttke (Gasthaus Laugwitz), der war weg, bloß der Miserre (Amtsvorsteher) war da, und jeder konnte sich selbst bedienen. Sonntagabend rückten wir mit einem Gespann und Rädern ab nach Rodeland, rasten vor Junak. Da war ein Schwein geschlachtet, konnte jeder essen, trinken, soviel er wollte. Fertigmachen, über Markstädt, Jeltsch, Ohlau und halt. Markstädt stand die Flak, Minken unter Feuer, Iwan Waldausgänge: Wilhelminsche- Lampersdorfer- Mühlatschützer-Straße und bei uns, Kreuz, Müllers Haus weg, Kutschke Scheune, Kosok Haus, Robert Kinast, Treffer Haus, bei mir Garten, Pflaumenbaum weggeschossen.

Wir wurden in Zedlitz eingesetzt. 22. früh 4 Uhr rückten die Russen Minken Markstädt ein. 23. Russen an der Oder. Junak: Höchster Alarm, abrücken, ich herunter kommen, wir: Schneider Neuvorwerk nach Ohlau. Nachts 2 Uhr mörderisches Russenfeuer. Tag anbrach nach Leisewitz, Klein-Peiskerau. Groß-Peiskerau Haufen getroffen, paar Tage dort, nachts ein Arzt bei der Kerze untersucht, paar Mann herausgezogen. Wir ein Viehtransport. Schneetreiben, Vieh verblend vom Schnee, quer Feld, was weggelaufen ist, das ist eben. Nach Schweidnitz, Vieh, Schlachthof, nicht abgenommen. Zobten – . Endlich Waldenburg, treffe dort Minkener Jungen, glücklich. Herr Gewande, Familie draußen, Dittmannsdorf. Angekommen, gefragt, ja, Julansdorf. Müde, nochmals müde. Mutter, Töchter gefunden, geweint. Wir waren drei Wochen da, da rückten wir ab in die Tschechei, nehme Marschroute, war nach Bayern, blieben da bis der Krieg zu Ende war. Dann wieder zurück in die Heimat. Da haben wir unser blaues Wunder erlebt. Ich hatte schon Ausbesserungsarbeiten gemacht. Sonnabend rückte eine Armee ein, Rote Armee, Mongolen. Abends sitzen wir in der Küche; Frau Kutzke, Müllern. Mongole! Mutter, Töchter, Golischen im Roggenfelde versteckt. Kutzken, Müllern inzwischen weggelaufen. Ich allein. Mongole mich mitgenommen – Frauen und Mädchen suchen – und ich Schläge bekommen. Ich: Hilfe! Geweint. Um 12 Uhr Russen, Offizier, 90 Jahre alt, kommt dazu von der Ortskommandantur, mich befreit. Ich in mein Haus. 10 Minuten später klopft es. Ruski: Aufmachen! Antworte: Ja! Zum Fenster heraus, Roggen, durch Laugwitz Bude, sehe ich Ktz Kunze? Ein Auto! Plündern! Schleiche lang, Stiller Sandgrube. Höre die Scheiben klirren. Mein Gott, dachte ich, alles kaputt. Ich schleiche auf die Abschnitte. Leise gerufen: Emmy, Mutter? Gehorcht – keine Antwort.

Sonntagmorgen. Mutter. Im Hof: Matka, packen! Mutter nicht da. Ich stand auf der Straße, habe ihn gesehen. Er mich nicht. Mongolen-Armee, rücken Sonntag 9 Uhr ab. Wir sehen alles nach, Eure Anzüge übrigens alles mitgenommen, meinen auch. Das, was wir haben zurückgebracht, von Sonnabend bis Sonntag 9 Uhr alles geplündert. Die Nacht geplündert.

Mongolen weg. Nachts um 12 Uhr kommen zwei Russen, Offiziere: Bürgermeister, jetze aufmachen, wo Mädchen? Unterm Bett vorkommen! Einer deutsch gesungen, eine Stunde waren sie da. Getan haben sie uns nichts, den Mädchen auch nichts. Angst gehabt, woanders schlafen gegangen. Russen Haus umstellt, herein, gesucht nach Frauen und Mädchen.

Lieber Sohn, wenn ich Dir alles schreiben sollte, dann brauche ich mindestens 20 Seiten. Es ist ja zwar schlecht geschrieben, und denke ich über alles nach, dann zittern mir die Hände beim Schreiben. Ich habe mich schon etwas erholt aber wenn man denkt, dann schaudert einen. Nun will ich schließen. Mit vielen Grüßen Dein lieber Vater, Mutter und beide Schwestern. Gute Nacht, ich gehe schlafen, es ist schon Mitternacht.

Weserbergland-Chronik

Emmern übernimmt Patenschaft für die schlesische Landgemeinde Minken

Vor 22 Jahren von Haus und Hof vertrieben / Wiedersehensfeier in Emmern

Emmern. – Mit der dritten Strophe des Deutschlandliedes, mit „Einigkeit und Recht und Freiheit", bekräftigten am Sonnabend die Einwohner der schlesischen Landgemeinde Minken, die vor 22 Jahren von Haus und Hof vertrieben wurden, ihr Bekenntnis zu einem deutschen Vaterland, in dem Recht und Freiheit das Fundament des Zusammenlebens bilden. Die Nationalhymne beschloß die in feierlicher Form vorgenommene Übernahme der Patenschaft für die Landgemeinde Minken durch die aufstrebende Gemeinde Emmern. Rund 270 Minkener waren dabei, als Emmerns Bürgermeister König im Dorfgemeinschaftshaus in Emmern den einstimmig gefaßten Beschluß des Gemeinderates zur Patenschaftsübernahme bekannt gab.

In einer kurzen Ansprache unterstrich Bürgermeister König das Recht auf Heimat, das unteilbar sei und für alle Menschen gelte. Er erinnerte an die schwere Zeit im Jahr 1946, als die Minkener in Hameln eintrafen und auf Gemeinden im Landkreis Hameln-Pyrmont verteilt wurden. Das sei nicht immer reibungslos vonstatten gegangen, aber man habe versucht zu helfen, wo Hilfe nottat. Auch nach Emmern seien zahlreiche Minkener gekommen.

Wappen im Dorfgemeinschaftshaus

König bescheinigte den Schlesiern, daß sie sich tatkräftig am Wiederaufbau beteiligt hätten und heute vollgültige und geachtete Bürger der Gemeinde Emmern seien. Als äußeres Zeichen der Patenschaftsübernahme überreichte er dem letzten Amtsvorsteher von Minken und heutigen Bürgermeister von Aerzen, Georg Miserre, eine Urkunde. Zugleich wurde im Dorfgemeinschaftssaal das Minkener Wappen enthüllt; es zeigt die katholische und die evangelische Kirche von Minken sowie eine Mühle und eine Eiche. König würdigte die Übernahme der Patenschaft als ein Zeichen der Zusammengehörigkeit zwischen den Minkenern und den Alteingesessenen.

Von hohem ideellen Wert

Bürgermeister Miserre bedankte sich in herzlich gehaltenen Worten für die Patenschaftsübernahme. Emmern sei die erste Landgemeinde, die eine so bedeutsame Aufgabe für eine Vertreibungsgemeinde übernommen habe. Dieser Beschluß sei nachahmenswert und von hohem ideellen Wert. Er werde von den Minkenern recht verstanden und gewürdigt, sagte Miserre. „Wir alle sind in erster Linie Deutsche, und als Deutsche wollen wir uns für ein Deutschland einsetzen, in dem Frieden und Freiheit herrschen. Unser Bekenntnis ist: Einigkeit und Recht und Freiheit", versicherte Miserre, der für diese Worte viel Beifall erhielt. Spontan sangen sodann die Minkener die dritte Strophe des Deutschlandliedes.

Flucht vor den Russen

Der frühere Amtsvorsteher und jetzige Bürgermeister hatte eingangs die zur Wiedersehensfeier zahlreich gekommenen Minkener begrüßt, vornehmlich jene, die von weither nach Emmern gekommen waren, darunter auch viele junge Menschen. Nach dem Gedenken an die Toten und dem „Lied vom guten Kameraden" weckte Bürgermeister Miserre die Erinnerung an die Heimatgemeinde. Er schilderte die Entwicklung des Bauerndorfes Minken, das bei der Vertreibung 1200 Einwohner zählte, und sprach dann von der Flucht vor den Russen. Bei 20 Grad Kälte und hohem Schnee treckten die Minkener zunächst in den Kreis Waldenburg und schließlich in die Tschechei, wo sie sich bis Anfang Mai 1945 aufhielten.

Dann ging es wieder zurück nach Minken. In Minken hielt der sowjetische Kommandant eine Ansprache, in der er die Minkener zur Arbeitsaufnahme aufforderte und ihnen versprach, daß alles was deutsch sei auch deutsch bleiben werde. Die Minkener faßten Hoffnung, aber schon vier Wochen später traf ein Güterzug mit Polen ein. Die Polen übernahmen die Höfe, die deutschen Besitzer mußten als Knechte arbeiten – es war eine sehr schwere Zeit, die damals durchgestanden werden mußte, betonte der Redner.

Im Güterwagen nach Uelzen

Ein Jahr später, am 15. Juli 1946, wurden die Minkener in ein Lager eingewiesen; es durften nur 30 Pfund Gepäck mitgenommen werden. Im Lager nahm man ihnen auch noch einen Teil der wenigen Habe ab. Schließlich wurde ein Güterzug zusammengestellt, der die Minkener nach Uelzen brachte, von wo sie mit einem Personenzug nach Hameln weitergeleitet und dann auf verschiedene Landgemeinden verteilt wurden.

Der Anfang war schwer

„Es war für uns und auch für die Einheimischen sehr schwer, und es kostete viele Mühe, einen neuen Anfang zu finden. Aber die Zeit hat die Wunden geheilt und auch das Zusammenleben erleichtert und harmonisiert. Wir freuen uns", sagte Miserre zurückschauend, „daß wir in das Weserbergland und in den Kreis Hameln-Pyrmont gekommen sind, und wir sind der Gemeinde Emmern sehr dankbar, daß sie mit der Übernahme der Patenschaft die Erinnerungen an unsere alte Heimatgemeinde wachhalten will." – Dank an die Gemeinde Emmern und Grüße an die Minkener richtete der Leiter des Vertriebenenamtes und zweite BdV-Kreisvorsitzende Kahlert aus.

Nach dem offiziellen Teil blieben die Minkener, die sich alle zwei Jahre treffen, noch einige Stunden gemütlich beisammen.

Heimatblatt
für die Kreise
Strehlen Ohlau

Februar 1985 — Nr. 2 — 36. Jahrgang Postverlagsort Münster/Westf. **Vertriebskennz.: K 3627 E**

Minken ist nicht mehr Minken!

Reisebericht von W. und K. Kosok über ihre Minken-Fahrt
vom 3. bis 7. Oktober 1984

Unsere Kinder sollten sehen, wo unsere Wiege stand. Deshalb unternahmen wir in diesem Jahr die Fahrt nach Minken, welche schon seit Jahren geplant gewesen und immer wieder aufgeschoben worden war. Für meine Frau und mich selbst war es, je näher wir unserer Heimat kamen, eine fast unvorstellbare und unbeschreibliche Spannung, die sich in uns aufbaute. Als wir — von Ohlau kommend — den Peisterwitzer Wald hinter uns gelassen hatten, sahen wir Minken. Wir hielten an. Nie werden wir diesen erhebenden Augenblick vergessen. Unser Heimatort lag vor uns! — Obwohl meine Frau und ich uns freuen, daß unsere Kinder unsere Geburtsstätte gesehen haben, werden wir nie in unserem Leben vergessen können, was sich kurze Zeit später unseren Augen darbot. Vor dem Bahndamm hielten wir noch einmal an. Wir erzählten und erklärten unseren drei Söhnen und zwei Schwiegertöchtern (der Vater der einen bzw. die Mutter der anderen sind ebenfalls Schlesier), wo unsere Felder lagen und wie früher — im Gegensatz zu heute — diese Felder bestellt gewesen waren. Im Herbst 1984, vierzig Jahre später, war nichts, aber auch gar nichts, angebaut. Meist sah man verwilderte Stoppelfelder. Arbeitende Menschen auf den Äckern sind absolute Mangelware; aber sicherlich werden diese alle bei der „Solidarität" benötigt.

Als wir dann den Bahndamm hinter uns hatten und die Bahnhofstraße Richtung Ring befuhren, begrüßten uns links und rechts der Straße vergraste und verkommene Fußwege und — polnisch solidarisch — verfallene Gebäude. Bis auf ein paar wenige Bauernhöfe — z.B. von Georg Miserre und Karl Kinast („Fleischer-Kinast") — verfällt fast alles. Es herrscht eine nicht zu beschreibende Unordnung: eine richtige — sprichwörtlich „polnische" — Wirtschaft!

Wer Minken zum letzten Mal vor 1945 gesehen hat und heute — von der Bahnhofstraße her auf den Ring kommend — den Ort wiedersieht, muß weinen, ob er will oder nicht. Womit man zufrieden sein kann, ist allein die Dorfstraße; aber sie ist fünfzehn Zentimeter höher geworden. Die Bordkanten sind gänzlich verschwunden. Dafür gibt es mehr Jauche und Dreck am Straßenrand. Viele Minkener wissen, daß auf der Bahnhofsstraße — neben der Wusche-Villa — heute ein häßliches und schmutziges Flach-Dach-Gebäude steht. Es soll ein Gasthaus oder etwas in dieser Richtung sein. Auch daß im Garten von Richard Ruhm (Sägewerk) nach der Vertreibung ein Haus erstellt wurde, ist vielen bekannt. Jetzt baut man gegenüber — im Garten von Erwin Poguntke — „etwas". Noch ist nicht zu erkennen, was es werden soll. Das gilt ebenfalls für den Platz, auf dem früher die Schule gestanden hat. Im Pastor-Garten von der Dorfstraße hergesehen steht ein von Häßlichkeit nicht zu überbietendes „Flach-Dach-Gebilde". Die Leute im Ort bezeichnen es als „Kaufhalle". Die meisten großen Bäume im Garten sind verschwunden. Hinter dem Pastorhaus hat man einen Schulplatz angelegt. Eine Schule, ebenfalls ein schäbiges Flach-Dach-Gebäude, steht auf der anderen Seite des Weges, der zur evangelischen Kirche führt. Die Kirche selbst wird renoviert und sieht z.Zt. verheerend aus. Das wertvolle Fensterbild über dem Altar wurde ausgebaut und nur durch billiges Fensterglas ersetzt. Die Chore rechts und links sind abmontiert, die Kanzel steht links an der Wand. Alle Bänke und Treppenaufgänge wurden — trotz der Renovierungsarbeiten — nicht abgedeckt. Durch die Farb-Arbeiten an den Wänden und am Himmel der Kirche ist das ursprünglich noch intakte Gestühl schon jetzt derart in Mitleidenschaft gezogen worden, daß gar nicht mehr daran zu denken ist, den alten Zustand herzustellen. Auf dem Friedhof sind alle Grabstätten unserer Angehörigen eingeäschert. Ein Teil der Grabsteine liegt auf der Friedhofseite von der Sandgrube. Von der Kirche in Richtung Mühlatschütz sind einige polnische Gräber — zwischen hohem Gras und Gestrüpp — entstanden. Der restliche Platz um die Kirche ist ebenfalls vergrast und verkommen. In derselben Richtung, aber außerhalb des alten Friedhofs, haben die Polen einen neuen Friedhof angelegt. Auch hier lassen sich die Leute in Sachen Häßlichkeit und Geschmacklosigkeit nicht überbieten, wenn es um das Anlegen von etwas Neuem geht.

Das heutige Minken ist also kaum noch mit dem Minken zu vergleichen, das wir aus der Zeit vor 1945 in Erinnerung haben. Trotzdem liegt Minken — heute wie damals — in Schlesien, hat noch genauso schönes und mildes Wetter, wie wir es von früher kennen und bleibt für uns unsere unvergessene und über alles geliebte Heimat. Hier in Westdeutschland haben wir ein schönes Zuhause gefunden bzw. uns geschaffen. Eine zweite Heimat aber gibt es einfach nicht.

Emmerthal, d. 26. Dezember 1984

Jeder kennt es, keiner erkennt es! Gasthaus „Zum guten Johann"

6 B

Friedrich der Einzige
Zur 200. Wiederkehr seines Todestages

Wenn wir uns mit der Geschichte unserer Heimat Schlesien beschäftigen, führt der Weg in die Vergangenheit immer auch nach Berlin, in die alte Reichshauptstadt. Am 17. August 1986 jährte sich zum 200. Male der Todestag des Preußenkönigs Friedrich II. Eine Ausstellung in der Orangerie, einem Seitenflügel von Schloß Charlottenburg, dokumentiert das tatenreiche Leben, den hervorragenden Charakter, das Schicksal und Ende dieses großartigen Mannes. Rare Kostbarkeiten, die sonst in Archiven ruhen, sind in Vitrinen ausgelegt, und erfreuen ein großes, interessiertes Publikum. Die Ausstellung beginnt mit der Landkarte Europas von 1740 und mit den Ölgemälden der Darstellung der königlichen Familie.

Das Testament des Großen Kurfürsten, Urgroßvater von Friedrich dem Großen, ist ein handgeschriebenes Buch, vom 19. Mai 1667, Cölln an der Spree, darin er Sorge trägt für die Zukunft seiner Nachkommen:

Euch befleißigt
Euer ganzes Leben.

Was ein Schulhaus vor 250 Jahren gekostet hat, verrät eine Skizze. Das Gebäude ist 36 Fuß lang, 30 Fuß breit, besteht aus einem Klassenzimmer, einer Lehrerstube, Küche, Kammer, Flur und zwei Ställen. Überschlag: 25 Taler.

Mein lieber Papa, schreibt der neunjährige Kronprinz, ich hoffe, das sich mein lieber Papa noch wohl befindet bei meine Compani in Cöpenik ist noch alles wohl wie auch bei di Cadets. Dinstag bin ich auf Jagt gewesen mitwoch habe ich mich malen lassen sonst ist hir nichts neues hierbei verbleibe ich mit untertänigstem respekt meines lieben Papa gehorsamster Diner und Sohn Fridrich. Pro Mama sei so gnädig und mache mein Compliment an meine liebe Schwester und bedanke ihr die Gutheit das sie mich so einen so schönen briev geschrieben.

Der nächste Brief in der Vitrine ist vom 13. August 1730 an Meine liebe Madame de Kameke, vom Soldatenkönig persönlich: Ich habe leider das Unglück das mein Sohn hat desertieren wollen mit dem Pagen Katte. Ich habe ihn arrestieren lassen.

Protokoll, Urteil, Verhör, Haft auf der Festung Küstrin, von wo der „Plan wegen des Commercie nach Schlesien, Denkschrift des

Kronprinzen Friedrich, verfaßt in Küstrin" stammt. Ein Begleitschreiben lautet: „Allergnädigster König und Vater. Ich übersende hierbei in aller Untertänigkeit den Plan wegen des Schlesischen Commercie, womit ich nicht eher habe fertig werden können, dieweil meine Meinung im Anfang nur dahin ging, uns die provisorische Zoll volle Jahr die Schlesische Trafikaufen zu versöhnen und die Brandenburgischen Kaufleute zu informieren. Nun habe ich aus den Akten gesehen, das dieses..." Näheres gibt die Vitrine leider nicht her.

Ein Buch „Der Salzburgischen Emigranten Freudenmüthige und höchst gesegnete Wanderschaft in die königlich preußischen Lande" von 1732, leitet über zu den Jahren in Rheinsberg. 1733 heiratet Friedrich die Prinzessin von Bevern, und 1736 scheint der gestrenge Papa ganz zufrieden zu sein. Die Ankündigung eines Besuches in Rheinberg beginnt: Mein lieber Sohn, und endet: Euer stets wohl affectionierter und getreuer Vater.

Dieser getreue Vater, Friedrich Wilhelm I., hatte schon, achtzehn Jahre vor seinem Tod, Testament gemacht. Als er am 31. Mai 1740 stirbt, der König ist tot, es lebe der König, beginnt Friedrich zu regieren. Die Abschaffung der Folter fällt gleich in die Zeit danach, ebenso der Erlaß vom 31. Juli 1740, „daß die Kinder Mörderinnen nicht mehr gesacket, sondern mit dem Schwerdt hingerichtet werden."

Ich habe in der Ausstellung Frauen beobachtet, die sich mit diesem Erlaß beschäftigten und fragten, was es mit gesacket auf sich habe. Wurden die Kindesmörderinnnen wie überschüssige Katzen behandelt, die man früher in Säcke steckte, mit Steinen beschwert, zuband und ins tiefe Wasser warf?

Für Ruhm und Vaterland – Pro Gloria et Patria –, lesen wir auf dem Degen Friedrichs. Zwei Uniformen, die zerschossene von Kunersdorf und eine aus besseren Tagen, vermitteln einen Eindruck von der Statur des Mannes, der nicht sehr groß war und schmal. Infanteriegewehre mit aufgestecktem Bajonett, (den Bajonettverschluß, als friedliche Nutzung des technischen Fortschritts, finden wir heute an Staubsaugern und Geschirrspülmaschinen wieder), zeigen, daß das Bajonett der Österreicher wie ein Fleischmesser geformt, während das preußische ein dreikantiger Eisenstab ist. Damit sind die jungen Männer also im April 1741 bei Mollwitz, (Mollwitz liegt im Kreis Brieg nur wenige Kilometer von Minken entfernt), aufeinander losgegangen. Im November 1741 erfolgte der Einmarsch in Breslau, wo die Stände dem neuen Herrn huldigten. Die wechselvolle Geschichte der 21 Schlachten der drei

Schlesischen Kriege, dokumentieren Landkarten durch rote und grüne Lämpel.

Eine Stellungnahme des Landgrafen von Hessen zu Friedrichs Unternehmungen in Schlesien und eine Antwort auf alle erhobenen Zeigefinger Europas als gebundenes Buch liegt aus. Friedrich der Große muß sehr gründlich die Staatsverträge seines Königreiches studiert haben. Schon 1744 zählt er Schlesien zu seinen Besitzungen, wie das Blankett des Besitzergreifungspatents Ostfriesland zeigt:

Friedrich von Gottes Gnaden König in Preußen, Markgraf zu Brandenburg, des heiligen römischen Reiches Ertzkämmerer und Churfürst, Souveräner Prinz von Oranien, Neufchatel und Valangin, in Geldern, zu Magdeburg, Cleve, Jülich, Berge, Stettin, Pommern, der Cassuben und Wenden, zu Mecklenburg, auch in Schlesien zu crossen Herzog, Burggraf zu Nürnberg, Fürst zu Halberstadt, Minden, camin, Wenden, Schwerin, Ratzeburg, Ostfriesland und Meurs, graf zu Hohenzollern, Ruppin, der Mark, Ravensburg, Hohenstein, Tecklenburg, Lingen, Schwerin, Bühren, und Lehrdam, Herr zu Ravenstein, der Lande Rostock, Stargard, Lauenburg, Bütow, Arlay und Breda.

Unter dem Gemälde „Das Flötenkonzert", von Adolph Menzel, liegt die Flöte des Königs und einige seiner handgeschriebenen, musikalischen Werke. Adolph Menzel hat sämtliche Uniformen aller Regimenter gemalt, mit allem, was dazu gehört. Gerne hätte ich einmal in dem Buch geblättert, um die Uniform meines Großvaters Ernst Miserre zu bestaunen, Kürassierregiment Großer Kurfürst! Aber so etwas lassen verschlossene Vitrinen nicht zu, die obendrein auch noch von Saaldienern bewacht werden. Die Kandare eines Pferdes des Seydlitz Kürassierregimentes Nr. 8 erinnerte mich an Ohlau als Garnison und an Minkowsky, später Seydlitzruh, wo meine Tante Emma und Onkel Fritz Kinast ein Gasthaus mit Fleischerei hatten, und wohin meine Eltern mit der Kutsche fuhren.

Monsieur mon Frere et Cousin, schreibt Maria Theresia, Königin von Österreich und Ungarn, in einem Brief an Friedrich, der im Feldlager zu Hirschberg im Riesengebirge gesagt haben soll: Trotz des Üblen, das sie mir zugefügt hat, muß ich zugeben, daß diese Fürstin sehr achtenswert ist durch ihre Sittenreinheit.

Ein Bericht besonderer Art ist das Tagebuch des Musketiers Johann Jakob Dominicus über die Schlacht bei Kunersdorf. Der Siebenjährige Krieg, der letzte der drei Schlesischen Kriege: Am Rande des Unterganges! Der unglückliche König war unglücklich auf vielerlei Art. Er hatte drei liebste Familienangehörige verloren; die geliebte Schwester Wilhelmine, Markgräfin von Bayreuth, den Bruder August Wilhelm, Prinz von Preußen, die Mutter Sophie Dorothea war ein Jahr zuvor gestorben. Er litt seelisch und körperlich an Koliken ebenso wie an verlorenen Schlachten. Das Unglück des Königs war auch das Unglück der Schlesier. Es gab keinen Ort und keinen Wald noch Acker, den die Heere nicht durchfurcht hätten. Das ist verheerend, pflegte man in Schlesien zu sagen.

Der letzte Teil der Ausstellung vermittelt etwas über die Zeit nach den Kriegen:

Patent betreffend die Beneficia Freyheiten und Exemtiones, welche denen auf die Allerhöchste königliche Bonification in Niederschlesien neu erbaute Häusler-Stellen zu etablieren ausländische Colonisten angedeyhen sollen. De dato Breslau den 26. August 1776.

Neu-Limburg, südöstlich von Breslau gelegen, ist so eine Siedlung Friedrich des Großen. In der Nähe unserer Kreisstadt Ohlau sind es drei. Wer kennt die Namen?

Neben dem Kanonenrohr eines preußischen zwölfpfünder Feldgeschützes blüht der Aufschwung. Manufacturen, Maulbeerculturen, Fabrikation von Samt, Zucker, Tuch, Porzellan. Ein Pfandbrief der Schlesischen Landschaft von 1771 darf studiert werden.

Aus Potsdam schreibt Friedrich der Einzige, wie er fünfzig Jahre nach seinem Tode genannt wurde, kurz vor seinem Ableben einen Brief an General von Tauentzien und schimpft:

Als wenn ich Schuster und Schneider zu Generalen machte, können die Regimenter nicht schlechter seyn.

Der einsame Mann starb in seinem Lehnstuhl in Sanssouci. Die Totenmaske zeigt ein sensibles Gesicht, fein gerunzelt und gerunt, von klassischer Schönheit. Die Totenmaske dürfte bei der Fertigstellung mehr gestreichelt worden sein, als das Antlitz im Original zu Lebzeiten.

Die Ausstellung zu Ehren Friedrich des Großen ist auch eine Schlesien-Ausstellung. Berlin dokumentiert die Nähe zu unserer alten Heimat.

Unsere Reise nach Schlesien

Am 3. 6. 1989 fuhren mein Schwager, meine Schwester, meine Frau und ich nach Schlesien, um den beiden mal die Stätte unserer Kindheit zu zeigen. Um 7 Uhr ging die Reise von Hamburg los. Wir benutzten den Grenzübergang Gudow-Zarrentin, an dem die Abfertigung sehr rasch und reibungslos vonstatten ging. Wir fuhren über den Berliner Ring in Richtung Forst. Auch an diesem Übergang wurden keine Kontrollen durchgeführt, nur die Nummer meiner Videokamera wurde notiert.

Mit einem guten Urlaubswunsch des polnischen Zollbeamten durften wir die Grenze passieren und uns auf den Weg nach Breslau machen.

Wir erreichten nach zügiger Fahrt um 19 Uhr die Stadt. Da die Hotelhinweisschilder gut plaziert sind, haben wir das Hotel Monopol auch relativ schnell gefunden. Die Zimmer waren, wenn man nicht so genau hinsah, sauber, nur unter die Betten und Schränke durfte man nicht sehen. Warmes Wasser am Morgen war reine Glücksache, meistens war es kalt oder es lief gar nicht. Das Wasser roch sehr stark nach Chlor, man konnte es nicht als Trinkwasser benutzen.

Das Frühstück war gut, es konnte unter drei Gedecken gewählt werden. Das Personal war freundlich und zuvorkommend. Das polnische Publikum und Hotelgäste waren verschieden. Viele waren nett und man konnte sich gut mit ihnen unterhalten. Es gab aber auch andere, die uns mit Heil Hitler und dem Absingen des Liedes: Denn heute gehört uns Deutschland und morgen die ganze Welt, empfingen. Die Leiterin des Hotels hat sie aber sehr schnell zur Ruhe gebracht.

Uns fiel auf, daß viele Kinder am Straßenrand standen und die Hand hoben, also winken war das nicht. Wenn man bedenkt, daß es Kinder von 10 bis 14 Jahren waren, stimmt einen das doch etwas nachdenklich.

Die Landstraßen in Schlesien sind in gutem Zustand und die Felder waren alle bestellt und das Getreide und die Hackfrüchte standen gut. Ich persönlich kann nicht begreifen, daß Polen die Welt um Lebensmittel anruft. Soviel ich mich erinnern kann, waren die heutigen polnischen Westgebiete früher die Kornkammern halb Europas.

Am zweiten Tag machten wir einen Besuch bei meiner Cousine Else Landskron geb. Tiegel in Ohlau. Ihr geht es sehr schlecht, sie kann sich nur noch mit zwei Krücken fortbewegen. Sie hat das Haus ihrer Eltern behalten und hat zwei Untermieter bei sich wohnen. Ihre Rente beträgt

36.000 Zloti, das ist zum Leben zu wenig und zum Sterben zu viel. Das Haus ist sehr verwittert. Die Freude war sehr groß, als wir ankamen, denn wir hatten allerhand mitgebracht. Sie hat alles stehen und liegen gelassen und hat sich erst mal einen Kaffee gekocht. Sie sprach auch über die Paketaktion der Bundesrepublik Deutschland. Sie aber hat nie eines bekommen, da sie evangelisch ist.

Ohlau, das in der deutschen Zeit 13 000 Einwohner hatte, ist heute auf 50 000 angewachsen. Die ganze Oderstraße ist mit Hochhäusern bebaut.

Von Else aus fuhren wir nach Minken. Es war Sonntag und die Kinder hatten Kommunion. Wir waren sehr erstaunt, wie gut die Kinder und auch die Erwachsenen gekleidet waren. Die evangelische Kirche (jetzt katholisch) war so voll, daß die Leute sogar vor der Tür standen. Wir sind dann zu unserem Elternhaus gefahren. Da haben wir aber dumm geschaut. Als wir 1976 da waren, war das Haus noch eines der besten im Dorf. Heute ist es vollständig verkommen. Das Dach senkt sich und viele Dachziegeln fehlen, es müßte ein ganz neuer Dachstuhl rauf. Ich schätze in spätestens 10 Jahren fällt das ganze Ding zusammen.

Aber noch schlimmer sieht das Wohnhaus vom Kunze Otto aus, das müßte jeden Tag zusammenbrechen.

Ich habe alles auf Video aufgenommen. Die Frau Kache kam gerade von einer Kur aus der BRD, sie erzählte uns freudestrahlend, daß sie ihre Rente jetzt in deutschem Geld ausbezahlt bekommt, weil ihr Mann im Krieg gefallen ist. Ich weiß zwar nicht, wieviel sie bekommt, aber bei diesem Umrechnungskurs, da kann sie einen sorglosen Lebensabend verbringen. Sie hat uns dann für Samstag zum Kaffee eingeladen, aber leider wurde nichts daraus. Da es sehr stark regnete, fuhren wir über Markstädt, wo ich die Pätzoldschmiede für Frau Pätzold fotografierte, nach Quallwitz. Dort habe ich das Ortsschild und das Geburtshaus meines Cousin Erich Wieczorek auf die Platte gebracht, er und Frau Pätzold haben sich sehr gefreut.

Das Geburtshaus meiner Mutter steht nicht mehr. Die Häuser in Markstädt und Quallwitz gleichen in etwa denen in Minken. Das Schloß des Grafen Saurmar und die Kirche in Markstädt sehen von außen recht gut aus. Über Fünfteichen, Kraftborn und Brockau fuhren wir nach Breslau zurück.

Auf dem Parkplatz hinter der Oper sprach uns ein junger Pole an. Er sprach gutes Deutsch und im Laufe des Gespräches bot er sich an, uns für zehn Mark die Stunde durch Breslau zu fahren. Er kannte erstaunlicherweise alle deutschen Straßennamen. Wir einigten uns, und am nächsten Morgen stand er vor dem Hotel.

Es ging zur Jahrhunderthalle, die wir für fünf Mark besichtigen konnten. In der Halle ist nichts verändert worden, nur die große Orgel ist nicht mehr vorhanden. Das Umfeld der Halle hat sich nicht so viel verändert. Weiter ging es zum Stadion, da steht das Gras einen halben Meter auf den Tribünen. Die Laufbahn wurde gerade für ein Sandbahnrennen vorbereitet. Weiter ging es zur Dominsel. Der Dom wird gerade restauriert. Die Kreuzkirche und Maria am Sande sind nach Originalplänen wieder aufgebaut. Nach Besichtigung der drei Kirchen ging es zur Universität. Dort bezahlten wir wiederum fünf Mark, um die Aula Leopoldina besichtigen zu dürfen. Es ging dann ein bißchen kreuz und quer durch die Stadt. Zum Schluß durch die Flurstraße am Postamt 2 vorbei zum Hauptbahnhof, der übrigens sehr sauber ist, durch die Gartenstraße zum Hotel zurück. Das ganze dauerte ca. dreieinhalb Stunden. Wir haben dem Polen 50 DM gegeben. Er hat sich sehr gefreut.

Meine Frau hat in Klein-Strehlitz noch entfernte Verwandte, und da fuhren wir am nächsten Tag hin. Es war der 6. Juni und gleich nach dem Frühstück ging es über die Autobahn bis Brieg über Jenkwitz-Grottkau-Friedewalde-Bösdorf-Neisse-Ziegenhals-Zulz-Moschen nach Klein-Strehlitz. Wir wurden mit großer Freude empfangen. Es wurde viel erzählt. Da meine Frau das letzte Mal 1944 dort war, gab es viel Gesprächsstoff. Um 18 Uhr ging es wieder zurück. Diesmal fuhren wir über Friedland-Volkmannsdorf-Neisse-Ottmachau-Patschkau-Camenz-Frankenstein-Reichenbach-Jordansmühl-Prisselwitz nach Breslau zurück, wo wir im Novotel unser Abendbrot einnahmen.

Die Nacht im Monopol war eine Horrornacht. Es wurde an die Türen gedonnert, auf den Gängen rumgeschrien, das Telefon klingelte am laufenden Band. Die ganze Nacht bekamen wir keinen Schlaf. Trotz allem ging es am nächsten Morgen wieder auf Tour in Richtung Glatz.

Ich würde sagen, die Stadt hat sich nicht viel verändert, nur eben älter ist sie geworden und Farbe für die Fassaden gibt es wohl nicht.

Die Festung ist gut erhalten, zwar fehlen manche Stufen an den Aufgängen. Die Prospekte sind in polnisch abgefaßt, aber von Friedrich II., der die Festung gebaut hat, ist nichts zu lesen.

Über Schlegel Neurode-Königswalde kamen wir nach Waldenburg. Im Hotel Sudeten kehrten wir ein und stärkten uns für die Weiterfahrt über Salzbrunn Freiburg-Schweidnitz-Mörschelwitz wieder nach

Breslau, wo wir im Hotel Monopol unser Abendbrot einnahmen. Als wir aus dem Fenster sahen, hielt vor dem Hotel ein Bus aus der Bundesrepublik mit einem großen CD-Schild an der Windschutzscheibe. Es waren Diplomaten aus Bonn, die sich in der Oper ein Ballett ansehen wollten. Wir fragten uns, ob die ihre Reise selbst bezahlt haben? Es ist ja nicht schlecht einfach von Bonn nach Breslau in die Oper zu fahren. Auch diese Nacht war wieder viel Krach und Radau im Hotel.

Am nächsten Tag traf ich eine Frau aus Oldesloe, die mit ihrem Mann und ihrer Mutter auch im Monopol wohnten. Die erzählte mir, daß in das Zimmer ihrer Mutter gleich am zweiten Tag eingebrochen und alles einigermaßen Wertvolle gestohlen wurde. Die sind dann gleich am nächsten Tag abgefahren. Ich habe daraufhin meine Videokamera und Wertsachen an der Rezeption abgegeben. Am nächsten Tag ging es wieder Richtung Brieg. Am Stadtrand von Brieg ist ein sehr schönes, kleines Hotel mit drei Nebenhäusern gebaut worden. Dort haben wir Mittagspause gemacht. Von dort ging es über Michelwitz-Rogelwitz-Namslau-Bernstadt, wo wir versuchten, das Haus unseres Onkels Fritz Ottmann zu finden. Da sich Bernstadt auch verändert hat, mußten wir ganz schön suchen. Wir haben es aber nach einiger Zeit gefunden. Das Haus ist auch ziemlich verkommen. Hof und Garten sind eine wilde Landschaft. Von Bernstadt ging es über Oels nach Breslau zurück.

Dann kam der Freitag und wir fuhren wieder über Märzdorf-Ohlau-Jeltsch-Markstädt-Beckern-Rodeland nach Minken. Ich habe versucht, mit der Videokamera unser Dorf zu fotografieren. Ich bin am Dorfanfang bei Wieloch aus dem Wagen gestiegen und bin durch das ganze Dorf gelaufen und habe fast jedes Haus und jeden Hof gefilmt. Ich muß sagen, ich war sehr traurig dabei und meine Schwester, die am Sonntag ja nur das Kret-Ende gesehen hatte und da schon leicht geschockt war, sagte immer nur, das ist doch nicht unser Minken.

Ich will nun versuchen, unsere Eindrücke festzuhalten:

Wieloch-Platzke Ruhm-Scholz-Nowak sind einigermaßen erhalten. Niechziol Otto ist fast kein Putz mehr an den Wänden. Auf der anderen Seite: Niechziol Paul, Großer und Brix sehen etwas besser aus. Die Kornecke hat sich nicht viel verändert. Wieczorek und der Glaser-Hof sind eingeebnet. Bei Mierswa am Wohnhaus fehlt der Putz. Fleicher-Kunze-Bochnig-Werft sind annehmbar. Dann kommt der Kunze Otto! Ich würde sagen, das mit Abständen schlechteste Haus im ganzen Dorf. Kinast Oskar, Schaar, Kosok Ernst und Schöpke nicht schlecht. Blasche nicht gut. Hirschfeld, Kunze-Kinast Erwin, Platzke, Schmidt, Miserre

Georg und Poguntke Erwin sind ganz gut erhalten. Auf der anderen Seite: Vogt August steht nichts mehr. Gerlach ist gut, Boomschel-Kinast ist schlecht, Junak Ernst geht, Drobek ist das Wohnhaus weg, Ottmann ist schlecht, Vogt Gottlieb und Poosche-Kinast sind gut, Schüller geht, Junak August ist schlecht, Fleischer-Kinast ist gut, Vogt Paul sehr schlecht. Miserre Oskar und Kiontke Paul sind sehr gut und gepflegt. Fieber-Kinast fällt auch bald zusammen. Wuttke ist ein großer, freier Platz, Schmalisch-Bäcker steht, aber braucht Putz und Farbe. Krautwurst und Schmalisch Otto sind eine wilde Landschaft. Das Gritzke-Haus braucht Farbe, Knorr und Brix müßten überholt werden. Nowak Anna und Kreuz-Mühl sind soweit in Ordnung. Glaser-Bürger ist ist gut, Gutsmann steht nur noch der Schornstein, alles andere ist weg. Knies, Sattler-Franz und Ziegler sind gut. Die ev. Schule ist weg, das Pastorhaus ist ein Jugendzentrum und die Spielschule ist Kindergarten geblieben.

Tischler-Kinast geht, Junak Karl, Ruhm Erwin, Brzuske, Kinast Karl und Kirsch sind reparaturbedürftig. Kinast Auguste, Pächter Geidetzka, ist alles weg. Konietzke Robert ist gut, Kiok, Teuer sehr schlecht. Das Dreieck zwischen den Straßen nach Mühlatschütz und Bischwitz: Kutzke, Ruhm Johann, Nitschke Tine, Nitschke Ernst, König und Lange sind akzeptabel, Schmalisch ist sehr schlecht. Die Eichen bei Schmalisch und auf dem Ring stehen noch. Kosok Otto, Müller Robert und Kutzke fehlt der Putz und Farbe, Wagner ist gut.

Nun zurück zum Ring:

Das Sägewerk ist nicht mehr, das Haus von Ruhm Richard verfällt. Kunze Erwin geht, zwischen Kunze und Junak wird ein neues Haus gebaut. Junak Oskar ist ganz gut erhalten. Schleifer, Berger und Liebske sehen gut aus. Kosok Ernst und Kosok Fritz nicht schlecht, ebenso Walter und Bürger Paul. Ruhm schlecht, Tscheslog, Lontke, Nowak Johann annehmbar. Bedranowsky da fehlt etliches, Müller Paul geht, Urban ist alles weg. Kosok Schneider, Grieger August, Grieger Karl und Harmuth sehen ganz gut aus. Nitschke Heinrich, Kinast Walter, Kosok Johann, Ruhm Gottfried und Gewande sieht alles nicht schlecht aus. Nitschke Hermann steht nur ein kleines Wohnhaus.

Nun zu den Häusern auf dem Berge: Vetter, Butzek und Bürger Erwin sind gut erhalten. Die Ziegelei ist nicht mehr. Beim Berg-Kinast sieht es sehr schlecht aus. Wo Ottes Haus stand, haben die Polen ihren Friedhof angelegt. Die ev. Kirche ist sehr reparaturbedürftig, am Turm fehlen etliche Schieferplatten. Konietzke und Boleg sehen nicht gut aus.

Golesch sieht gut aus. Zwischen Golesch und dem kath. Pfarrhaus ist eine neue Schule gebaut. Das Pfarrhaus sowie die kath. Kirche machen einen gepflegten Eindruck.

Bochnig, Exner und Peschke sehen gut erhalten aus, wogegen es beim Kinast Paul nicht gut aussieht. Bei Glatzels ist ein schönes, neues Haus gebaut. Gans und das Bäckerhaus sehen aus wie damals. Das Köberleinhaus sieht grausam aus, der Putz fällt von den Wänden, am Dach fehlt auch etliches. Die Wurche-Mühle sieht aus wie vor 50 Jahren. Die Köberleingasse ist durchgehend asphaltiert.

Nun kommen wir auf die Bahnhofstraße:

Auf der linken Seite das Jäschkehaus ist sehr gepflegt. Ruhm Paul und Herbert, Hübner, brauchen Putz und Farbe. Schleifer Erich und die Konietzke-Villa sind gut erhalten, ebenso die beiden Köhl-Häuser, auch Bethmann und Reinsch sehen gut aus. Auf der rechten Seite Kinast und Stiller sind ganz gut. Beim Mühl Albert sieht es sehr schlecht aus, die Stallungen werden mit Balken abgestützt, damit sie nicht zusammenfallen. Das Haus von Liebe ist in Ordnung. Zwischen Liebe und Wurche ist ein kleines Kaufhaus mit einer Speisewirtschaft entstanden. Das Wurche-Haus müßte Farbe haben. In die Richtergasse bin ich leider nicht gekommen. Wie es bei Dr. Tiltsch, Liebschwager, Reich, Grieger und Richter aussieht, kann ich leider nicht sagen. Die Häuser von Kinast, Kunze-Tischler, Nestor, Weigelt und Wenzel sehen nicht schlecht aus.

Die Kinast-Villa ist ein Schmuckstück und das schönste Haus von ganz Minken. Der Bahnhof sieht aus wie vor 50 Jahren.

Nach gut vier Stunden, die ich für die Aufnahmen brauchte, fuhren wir schweren Herzens über Peisterwitz-Grüntanne-Alt-Bergel nach Ohlau und sind rechts vom Ring in einem für uns neuem Restaurant eingekehrt. Danach ging es wieder über Märzdorf nach Breslau. Mein Schwager Hermann, der ja mit seinem Wagen die Reise unternahm – meiner hat einen Kat und bleifrei ist in Polen schlecht zu kriegen –, wollte unbedingt die Schneekoppe sehen, deshalb konnten wir nicht mehr zu der Frau Kache nach Minken, was mir persönlich leid tat.

Also ging es am Samstag durch das Waldenburger-Bergland über Schmiedeberg nach Krummhübel. Die Koppe war allerdings in leichten Dunst gehüllt, so ersparten wir uns den Aufstieg. Als wir später Krummhübel verließen, kam uns der Bus mit den Bonner Diplomaten entgegen. Es ging dann über Hirschberg-Bolkenhain wieder nach Breslau zurück. Im Novotel nahmen wir das Abendbrot ein, und da wir noch genügend Zloti hatten, wollten wir im Monopol noch gemütlich etwas trinken. Es war aber ein Schuß in den Ofen. Der Speisesaal war voll besetzt und als ein Tisch frei wurde, und wir uns setzen wollten, wurden wir ganz höflich hinaus komplimentiert. Es half auch nichts, daß wir sagten, wir seien Hausgäste. Ein Kellner kam noch zu uns und fragte, ob er uns etwas auf das Zimmer bringen soll. Um unsere Zloti loszuwerden, bestellten wir jeder eine Flasche Wodka und erstaunlicherweise gab es auch tschechisches Bier. Übrigens, der Wodka hat sich Zuhause als ganz gewöhnlicher Korn entpuppt.

Am Sonntag, dem 9. 6. ging es dann wieder Richtung Hamburg. Die Grenzabfertigungen gingen zügig vonstatten, so daß wir um 18 Uhr wieder in Hamburg waren. Abschließend möchten wir sagen, daß es für uns eine schöne Reise in die Vergangenheit war, auch mit dem Wetter hatten wir Glück.

Als Anmerkung möchte ich noch erwähnen, es fiel uns auf, daß die Dörfer und Städte zwischen Neustadt, Oppeln und Gleiwitz aber auch im Gebirge viel gepflegter und sauberer waren als in der Ebene. Vor allem als in den Kreisen Oels, Namslau, Ohlau, Strehlen und dem Kreis Breslau.

Nun liebe Heimatfreunde, ich glaube, daß mir vieles gelungen ist, vielleicht manches nicht aber Ihr müßt bedenken, ich bin kein Reporter und mache das zum ersten Mal in meinem Leben. Paralell zu diesem Bericht habe ich den Videofilm über Minken gedreht, den ich beim nächsten Minkener-Treffen gerne zeigen möchte.

Heinz Ottmann

Der Besuch meines Heimatdorfes Minken im August 1989

Um 16 Uhr, Dienstag, dem 1. 8. 1989, begann der schwerste Teil meiner Reise – der Besuch meines Heimatdorfes Minken.

Dieses Dorf ist tatsachlich in der Vergangenheit vom Fortschritt links liegengelassen worden.

Am Dorfeingang fuhr vor uns ein Pferdewagen mit Getreide beladen. Die ersten Hauser waren ein großer Schock für mich, seit 45 Jahren keine Farbe, kein Putz, einfach deprimierend.

Das abgebrannte Bauernhaus meines Onkels Paul Niechziol ist weggeräumt, auch unsere abgebrannte Metzgerei und unser Gasthaus Laugwitz.

Bei meinem Onkel wohnen Polen im früheren Schweinestall, bei uns im Schlachthaus.

Als ich die Gräber meiner Verwandten auf dem katholischen Friedhof suchte, fand ich nichts mehr, nur noch Wiese und Unkraut. Da konnte ich meine Tränen nicht mehr zurückhalten.

Anschließend trafen wir den Küster (die Reisegruppe der Kleintierzüchterjugend Zell). Er sprach gut deutsch und erklärte sich bereit, uns die frühere evangelische Kirche aufzuschließen, die jetzt als katholische Hauptkirche benutzt wird.

Als ich nach meinem früheren polnischen Freund Frantek fragte, erfuhr ich, daß dieser jetzt in Kattowitz arbeitet.

Der Bahnhof an der Strecke Breslau-Oppeln sieht einigermaßen gepflegt aus, die Strecke ist elektrifiziert worden.

Ein Storchenpaar brütet auf einem Bauernhaus.

Als wir wegfuhren, versprach ich mir: Hier komme ich nie wieder her!

Herbert Wuttke

Zu Besuch bei Gerhart Hauptmann

Im Filmtheater am Tauentzienplatz in Breslau habe ich als Kind den Ufa-Film „Die Jungfern vom Bischofsberg" gesehen. Die Schauspielerin Bruni Löbel ist mir in Erinnerung geblieben, die Gartenmauer von Hohenhaus und der Vagabund, der schlesisch sprach. In späteren Jahren mit den Werken unseres großen Dramatikers beschäftigt, hörte ich wieder, was der Vagabund in dem Lustspiel sagte, als er im großen Kaminzimmer des geräumigen Hauses auf dem Bischofsberg gefragt wurde:

„Wie sind sie denn hier hereingekommen?"

Er hat geantwortet:

„Auf Ehre, das weiß ich alleene nich! Erschtlich bin ich durch Gestrippe gestiegen, dann bin ich durch einen Weinberg runtergekommen, dann durch einen scheenen Speisesaal, dann über ein kleines Treppchen rauf, und nu mechte ich gerne in meine Heimat."

„Die Speisekammer?"

„Nein, Usingen ist mein Heimatland!"

Mit diesem Gefühl des Vagabunden im Herzen, stand ich im Sommer vor Gerhart Hauptmanns Haus Seedorn in Kloster auf der Insel Hiddensee. Von Schaprode auf Rügen fuhr die Fähre nach Vitte. Von dort führt ein Weg am Strand entlang nach Kloster. Hier also empfing der Dichter seine Eindrücke zu dem Roman „Die Insel der Großen Mutter", kam mir in den Sinn, während des Wanderns an all den Nackedeis vorbei. Inzwischen sind es die erwachsenen Enkel der Großen Mutter, die sich im weißen Sande sonnen.

Haus Seedorn ist von alten Bäumen umstanden, Föhren, denen die unteren Äste zum Weiterwachsen fehlen, Birken, vom Winde der Ostsee gebogen, Efeu, Farne, Blumenwiesen zu ihren Füßen. Es ist ein anheimelndes Haus, das von Hiddensee, das von dem Museum der Insel, dem Rat der Gemeinde gepflegt wird.

Der Rat der Gemeinde hat ein Buch herausgegeben: Gerhart-Hauptmann-Gedenkstätte Kloster auf Hiddensee. Dr. Gustav Erdmann, der Autor dieses Hauptmann-Buches, hat, wie in der Staatsbibliothek Berlin nachzulesen ist, an der Ernst Moritz Arndt Universität in Greifswald studiert und 1957 seine Dissertation geschrieben: Gerhart Hauptmann – Erlebte Welt und gestaltetes Werk.

Im Haus Seedorn, das innen so anheimelnd wie außen ist, suchte ich etwas. In der Glasvitrine war die Titelseite einer Ausgabe von „Schluck und Jau" zu sehen. Gerhart Hauptmann hat zwei schlesischen Gestalten Hiddenseer Familiennamen gegeben. Als uns das junge Mädchen im Haus zum Gehen ermahnte, sagte ich ihr, ich sei enttäuscht, weder den Namen Schlesien, noch das Wort schlesisch zu finden, wo doch die Schlesier so stolz auf ihren Dichter seien.

Auf dem Inselfriedhof tröstete mich die efeuberankte Ruhestätte Gerhart Hauptmanns, denn mein Kinast-Großvater aus Minken in Schlesien, der in Aerzen Kreis Hameln Pyrmont fünf Jahre nach der Vertreibung gestorben ist, liegt auch unter so einer ewiggrünen Efeudecke begraben. Ist wenigstens das schlesisch?

Die Efeuranken auf Gerhart Hauptmanns Erdhügel sind Ableger vom Efeu des George Washington-Hauses aus den Vereinigten Staaten von Amerika. Ein Findling als Grabstein mit Namen nur ohne Lebensdaten. Warum hat man den Findling gespalten? Dahinter lehnt ein Rechen mit dem jemand die Fußspuren im kleinen Hain beseitigt, damit der Sand wieder klare Linien zeige, so, als würden die Fußspuren des Dichters Ruhe stören.

In der Inselkirche schrieb ich mich ins Besucherbuch ein: Namen, Wohnort und „1946 aus Minken und Hirschberg in Schlesien vertrieben".

„Denkst du, das liest jemand", fragte zweifelnd mein Ehepartner.

„Ja!"

„Der Pastor?"

„Der liebe Gott."

Das junge Mädchen im Haus Seedorn hatte auf meine Enttäuschung geantwortet, hier stelle man Gerhart Hauptmann Leben und Werk ganz und gar bezogen auf die Insel Hiddensee vor, aber in Erkner Kreis Fürstenwalde/Spree nähme man Bezug auf Schlesien.

Die Grenzen in Deutschland sind offen, sind keine mehr. Das ist zum Heulen schön. Wird die Volksträne in Gold gefaßt? Wir fuhren nach Erkner, am Müggelsee vorbei ins Märkische. Und da waren wir in der Laßenschen Villa in Erkner bei Gerhart und Marie Hauptmann, seiner ersten Frau. Was in Haus Seedorn, vielleicht durch das Wesen der zweiten Frau Margarete, leicht und beschwingt wirkt, ist in Erkner schwer und statisch.

Zwei gleiche, sich gegenüberstehende Eichenschränke mit Eisenbeschlägen präsentieren das Arbeitszimmer des Dichters. Ein Stehpult mit raffinierten Taschen aus Holz und ein mächtiger Schreibtisch mit einem Teppich belegt. Entstand hier „Bahnwärter Thiel"?

Die Bibliothek ist ausgestattet mit Goethe, Schiller, Herder, Wieland, Shakespeare, Schlegel, Pauli = sämtliche Werke. E.T.A. Hoffmann, Deutsche Geschichte von Karl Lamprecht. Dunker: Geschichte des Altertums, Stresemann: Vermächtnis, Wilhelm Busch = alle, Kant, Hegel u.a. An der noch freien Wand hängen Zeichnungen vom Riesengebirge. Viel Schlesisches ist im angebauten Museumstrakt zu sehen. Eine Anzeige aus der Breslauer Zeitung:

Heute mittag wurde meine Frau Marie geb. Strähler von einem gesunden Knaben glücklich entbunden. Salzbrunn, 15. November 1862
Robert Hauptmann

Des kleinen Gerhart Spielzeug, ein abgegriffenes Holzpferdel, das wohl auch seine drei Söhne aus erster Ehe in ihren Patschhändeln hatten, liegt aus, und Marie Hauptmanns Sandtortenrezept: Ein halbes Pfund Mehl, ein halbes Pfund Butter, ein halbes Pfund Zucker und Zitrone werden eine ganze Stunde unaufgehört gerührt.

Die Sandtorte ist eine der vier Säulen schlesischer Kuchenvespern, neben Streuselkuchen, Mohnbabe und Frankfurter-Kranz.

Plakate der Gerhart Hauptmann Festspiele zu Breslau vom 11. bis 22. August 1922 zeigen: Dreizehn Dramen wurden aufgeführt, in der Jahrhunderthalle, im Stadttheater, im Lobetheater.

Ein Porträt in Bronze ist ausgestellt, es zeigt den schlesischen Dialektdichter Bernhard Wilm-Saalberg.

Gerhart Hauptmanns Werk ist ein Lebenswerk. Es ist ein Lebenswerk nicht nur für den, der es geschrieben, erdacht, erfühlt hat, es ist auch ein Lebenswerk für den, der es liest. Die Herausgeber seiner Werke und die Verlage stehen noch immer vor großen Aufgaben. Dr. Gustav Erdmann schreibt in seinen Literaturhinweisen:

Der literarische Nachlaß wurde von Gerhart Hauptmanns Sohn aus zweiter Ehe in die Schweiz gebracht und von dessen Witwe Barbara Hauptmann für 3,8 Millionen Deutsche Mark an die Stiftung Preußischer Kulturbesitz verkauft. Es handelt sich um hundertfünfzigtausend Manuskriptblätter, siebenundsiebzigtausendsiebenhundertdrei Seiten literarischer Hinterlassenschaft und sechzigtausend Briefe an Gerhart Hauptmann mit zahlreichen Antwortkonzepten und -kopien.

Wer die gesammelten Werke, die bisjetzt erschienen sind, erwerben möchte, hat mehrere Möglichkeiten, zu raten ist da nicht.

In seinem Haus Wiesenstein in Agnetendorf im Riesengebirge ist Gerhart Hauptmann am 6. Juni 1946 gestorben.

Ich habe mich oft gefragt, wollte er, der große Sohn Schlesiens, nicht in schlesischer Erde beerdigt sein? Die Antwort wurde mir durch Gustav Erdmann zuteil. In seinem Buch heißt es auf der letzten Seite in einem Brief von Margarete Hauptmann an den Pastor der Inselkirche in Kloster auf Hiddensee:

Agnetendorf, den 11. Juni 1946

Verehrter und lieber Herr Pastor! Der Abschied von Wiesenstein naht – der Abschied für immer. Ich verlasse das Haus – ich sage: ich. Denn Gerhart Hauptmanns Ahnnung ist am 6. Juni Wahrheit geworden: „Lebend bringt ihr mich nicht vom Wiesenstein fort."

Manchmal sagte Gerhart zu mir: „Wenn ich nicht fürchten müßte, meine guten Schlesier zu kränken, so möchte ich am liebsten auf diesem schlichten Friedhof von Hiddensee meinen ewigen Schlaf schlafen." Da sein Schlesien mit ihm stirbt, so kann ich nun seinen letzten Wunsch erfüllen. Erwarten sie uns, lieber Freund.

Ihre Margarete Hauptmann.

Schlesien

Haus Wiesenstein in Agnetendorf im Riesengebirge in Schlesien steht noch. Die Polen haben daraus ein Kinderheim gemacht. Es ist nicht Sache der Polen, Gerhart Hauptmann mit des Dichters Haus als Gerhart-Hauptmann-Gedenkstätte zu ehren. Wäre es nicht Aufgabe des Ostdeutschen Kulturrates und der Landsmannschaft Schlesien? Auch wenn wir durch Gestrüppe müßten. Usingen ist unser Heimatland.

Deister- und Weserzeitung
TAGESZEITUNG FÜR DAS WESERBERGLAND · GEGRÜNDET 1848
Dewezet

Videofilm zeigte: Minken ist noch da, wo es hingehört

Rückblick auf das Treffen der Minkener in Emmerthal / Zum ersten Mal ohne Miserre und Schmalisch

Es war das erste Minkener-Treffen ohne meinen Vater, den alten Amtsvorsteher Georg Miserre des Amtsbezirkes Minken, Kreis Ohlau. Schon auf dem Parkplatz des Dorfgemeinschaftshauses in Emmerthal, Kreis Hameln-Pyrmont, als ich die ersten vertrauten Gesichter sah, wurde mir schwer ums Herz.

Willi Kinast, der mit Ernst Nitschke junior und dem im April 1989 verstorbenen Gustav Schmalisch das Fest ausgerichtet hatte, ging in seiner Rede auf die Gründer unserer Treffen ein: Karl Kinast, Ernst Nitschke senior, Georg Miserre, auf das erste Treffen in den fünfziger Jahren, als die Minkener, im Kreis Hameln-Pyrmont verstreut, aus den Dörfern gelaufen kamen oder mit dem Fahrrad.

Begrüßt wurden wir auch vom Bürgermeister der Großgemeinde Emmerthal, Herrn Heißmeier, als willkommene Gäste im Dorfgemeinschaftshaus unserer Patengemeinde, das wir, als Geschenk gedacht, umsonst benutzen durften. Als Ehrengäste saßen der Altbürgermeister von Emmern, Erich Koß, und Gemeindedirektor Ludwig Weber am Honoratiorentisch.

Der älteste anwesende Minkener war der Landwirt Paul Kinast, geboren 1899, der jüngste ist zwei Jahre alt, Enkelsohn von Gerda Kretschmer. Das Kind saß lieb und brav zwischen Mutter und Großmutter im vollbesetzten Saal. Sein Vater, Detlef Schmalisch, fungierte als Tontechniker. Auf der Empore des ersten Stockwerkes hatte er zwei Fernsehgeräte mit Videorekorder installiert. Etwa jeweils fünfzig der über zweihundert Minkener konnten dort selbst einen Videofilm sehen, den Valentin Schmidt im August 1988 in Minken gedreht hat. Da saßen wir alle und schauten hin mit dem Versuch, das Unfaßliche faßbar zu machen. Denn Minken ist noch da, wo es hingehört, das Stationsgebäude, die Bahnerhäuser, unser Dorf, der Wald, die Feldmark, die Stimmen der Ebene. „Die Wege sind noch alle dieselben geblieben", kommentierte Valentin Schmidt. Und in den Häusern, die wir verlassen mußten, wohnen Polen. Der Sonderbefehl vom Juni 1946 für die deutsche Bevölkerung fiel mir ein:

„Laut Befehl der polnischen Regierung wird befohlen: Jeder Deutsche darf nur 20 kg Reisegepäck mitnehmen. Kein Transport (Wagen, Ochsen, Pferde, Kühe usw.) wird erlaubt. Das ganze lebende und tote Inventar in unbeschädigtem Zustande bleibt als Eigentum der polnischen Regierung.

Nichtausführung des Befehls wird mit schärfsten Strafen verfolgt, einschließlich Waffengebrauch.

Auch mit Waffengebrauch wird Sabotage und Plünderung verhindert. Alle Wohnungen müssen offenbleiben, die Wohnungs- und Haustürschlüssel müssen nach außen gesteckt werden."

In einer Marschkolonne zu vier Personen latschten wir aus unserem geliebten Dorf die acht Kilometer nach Markstädt zum Verladen. (Dort wurden wir noch einmal gefilzt.) Über hundert Arbeitspferde standen in Minken im Stall, unsere Pferde, und die Altbäuerin Frau Platzke, die nicht mehr laufen konnte, mußte von ihrer Tochter auf der Radber transportiert werden, zum Kret-Ende hinaus, das mir im Film viel kurvenreicher erschien, als ich es in Erinnerung hatte.

Kosok Walter zeigte uns seinen Videofilm „Minken 1984". Menschen haben zwei Augen, damit sie eins immer zudrücken können, sagte Gustav Knuth, der Schauspieler, einmal. Aber ich glaube, wir Vertriebenen schließen am besten beide Augen, wenn es um unsere alte Heimat geht.

Unten im Saal wurde das Mikrofon wieder aufgebaut, denn jetzt sollten wir die Schwestern Gieseia und Marga Schulter aus Rodeland mit einer Darbietung hören. Sie sangen die Lieder „Oh, du Heimat lieb und traut" und das Riesengebirgslied. Zwei schöne Stimmen, Sopran und Alt, von Herzen kommend, zu Herzen gehend.

Für die Tanzbeinschwinger wurde bald eine Fläche im Saal freigeschoben. Gemütlich und froh soll es bis zwei Uhr nachts weitergegangen sein. Zwölf Stunden Minkener-Treffen! Kennen tun wir uns alle noch, auch wenn manche Minkener nicht gleich wiederzuerkennen sind, besonders die, die zum ersten Mal dabei waren. Schön ist so eine Zeit des Wiedersehens. Wir machen weiter. Im Mai 1991 ist das nächste Minkener-Treffen in Emmerthal.

Marie-Luise Miserre Enkelmann

Georg Wurche

Ansbach, 18. November 1992

Liebe Liesel!

Während ich Deinen Brief lese, spüre ich Neid bei allen Heimattreuen, würden sie von der Repräsentanz der Minkener erfahren. Als Nutznießer solcher Obhut und heute natürlich für Deinen ausführlichen Brief ein großes Dankeschön.

Bezüglich der Minkener Ansichtskarten meinen wir zwei verschiedene. Die von meinem Vetter stammende ist jüngeren Datums. Ich erinnere mich an sie, ein schönes Gesamtbild von Minken, aber die mich störende Überschreibung Minken Kr. Brieg.

Zu unseren Autos, es gab deren zwei. Das erste, ein 4/20er Opel, kaufte Vater 1930. 1936 ein Neukauf, wieder ein Opel vom Typ Olympia. Die ersten Olympischen Spiele in Deutschland waren Taufpate für diese Typenbezeichnung. Lieferant beider Wagen war die Firma Adalbert Ettel in Ohlau, auch Wirkungsstätte von Hermann Köberlein.

Private Nutzung von Autos wurde bei Kriegsbeginn eingestellt. Unseres durfte aber, bei rationiertem Benzinbezug, weiterrollen. Zugelassen zunächst für die Mühle als ernährungswirtschaftlicher Betrieb und dann für Minken als Sitz der Müllerinnung Ohlau-Brieg-Strehlen, der Vater ab 1932 bis zum Schluß, kurzfristig wegen politischer Querelen unterbrochen, als Obermeister vorstand. Verwaltet wurde zwar von der Kreishandwerkerschaft Ohlau, ansonsten ging aber „alle Gewalt" von Minken aus. Äußeres Zeichen der Fahrerlaubnis im Krieg war damals ein roter Winkel im rechten oberen Eck des hinteren Nummernschildes. Ich nehme an, daß diese Erlaubnis bis zur Beschlagnahme durch die Wehrmacht bei Ausbruch des Rußlandfeldzuges bestand.

Mein Führerschein ist noch Vorkriegsgüte. 1938 Fahrschule Müller, Breslau, Gartenstraße.

Solltest Du meinen, ich könnte Dir noch etwas sagen, dann frage bitte. Ich stehe Minken immer zur Verfügung.

Meine Frau dankt für Deine lieben Grüße. So heute von uns abschließend Dir und den Deinen

herzlichst und heimatlich verbunden

Verzeichnis der Autoren

Ganzseitige Fotografien

112. Erntekranz 1932 mit Walter Mieze, Schröter Frieda, Glaser Mariechen, Poguntke Erwin, Vogt Alfred, Kinast Oskar und Mühl Albert. Der Harlekin ist ein rheinischer Schneidergeselle vom Herrmann-Schneider.

118. Stellmacher und Brunnenbauer Paul Ruhm mit seinem Sohn Herbert und einem Gesellen. Ein eisenbereifter Kastenwagen erhält gummibereifte Räder.

118. „Entenarsch" nannten die motorisierten Ruhm-Jungen ihren selbstgebauten Sportwagen.

119. Autowerkstatt mit Tankstelle.

120. Die Bahnhofstraße: Im Vordergrund von links nach rechts: Grieger Fritz, Becker Karl, Wachtmeisterhaus Richter und Koschnig, (Eigentümer Georg Miserre).
Dahinter: Kurt Liebe (Eigentümer Nowak), links davon Bauernhof Mühl Albert, die Scheunen von Jürge-Kinast und Stiller.
Über der Straße von rechts nach links: Landmaschinenhandel Paul Fuhrmann, Köhl, Schleifer Erich und Gertrud (Hebamme).

130. Gottfried Konietzke und Elisabeth (Hebamme) vor ihrer Villa.

131. Gritzke Else und Ruhm Erna vor dem Rosenrondell der Konietzkes.

132. Kiok Liesbeth mit den Brüdern Willi und Paul Ruhm und deren 8 Zylinder Horch und einem Freund in Konietzkes Garten. Das Nummernschild mit den Buchstaben IK ist das Kennzeichen für Schlesien.

142. Im Juni 1943 heiraten Irmgard Scholz und Joachim Czock.
Vier Monate später ist Irmgard Witwe.

153. Jorg Miserre junior auf dem elterlichen Bauernhof mit der Stute Ella und ihrem Fohlen.

169. Mariechen Glaser zieht ein Rehkitz groß.

176. Jorgel, Liesel, Luise und der Schürzezippel von Hildchen vor Kinast-Großvaters Scheunentor.

181. Die Fußballelf des SV Germania Minken. Jeweils von links nach rechts: Obere Reihe: Wuttke Werner, Winter Kurt, Liebschwager Walter, Koschel Heinz, Unbekannt. Mittlere Reihe: Kittner Erwin, Landwirtschaftslehrling bei Bauer Oskar Miserre, Gawor Werner. Untere Reihe: Miserre Jorg, Tiltsch Felix, Rinke Erwin.

190. Das Geschäft von Max Krautwurst früher Himmelseher.

Inhaltsverzeichnis

Und mehr als 90 Fotografien